삼자경
인문학

三字經
삼자경
인문학

세 글자로
배우는
천년의 지혜

한예원 지음

아카넷

동아시아의 지혜가 담긴 천년의 고서,『삼자경』

초학자의 경서

『삼자경三字經』은 1구句 3자字로 이루어진 책이다. '어렵지 않다'는 것을 강조하기 위해서 세 글자를 전면에 내세웠다. 이렇게 1구 3자를 통해 한문 특유의 함축성을 살리고 있는 것이『삼자경』의 묘미이다. 쉬운 세 글자를 읽어가면서, 독자는 세상을 살아가는 데 필요한 기초 지식뿐 아니라 중요한 지혜도 배울 수 있다. 단 세 글자로 구句를 이루기 때문에 문장 전체의 맥락을 생각하느라 긴장하지 않아도 된다. 그 대신 한 글자 한 글자에 집중할 수 있고, 그 과정에서 글자의 표면적 의미뿐 아니라 함축적 의미도 생각할 수 있다.

　『삼자경』은 3자 356구, 전부 1,068자로 이루어져 있다.[1] 사용 한자는 중복된 것을 제외하면 512자 정도로, 전부 기초적이고 일상적인 한자이다. 일부 인명이나 곡식, 기물의 명칭(인명의 두竇·희羲·리嬴, 곡식명의 숙菽, 악기명의 포匏, 기물명의 영籝 등)을 제외하면, 거의 대부분이 교육용 한자(1,800자)에 속한다. 매 구절이 운문韻文 형식으로 되어 있어 암송하기 쉬운 것도『삼자경』의 매력이다.

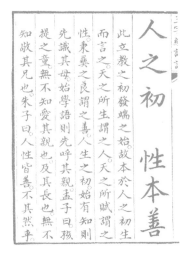

『삼자경훈고』의 시작 부분

　　『삼자경』의 저자 및 제작 시기는 명확하지 않다. 송宋 말기의 왕
응린王應麟(1223~1296) 또는 구적자區適子를 저자라고 보기도 하고, 원
말명초元末明初의 여정黎貞을 저자라고 보기도 한다. 그러나 일반적으
로는 송의 왕응린을 저자로 꼽는다.[2] 왕응린은 진사進士 출신으로 대
학자이자, 교육가, 정치가로 두각을 나타냈다. 만년에는 일족의 자제들
을 교육하기 위해 중국문화의 정수를 압축한 『삼자가결三字歌訣』 1권
을 지었는데, 그것이 바로 『삼자경』이다.

　　『삼자경』은 처음 출간된 이후, 역사 기술 부분이 여러 차례 수정
되었다. 왕응린은 송말원초宋末元初 사람이기 때문에 역사 부분은 남송
의 멸망에서 역사 서술이 끝난다. 따라서 그 이후에 등장하는 판본에
서는 원元나라에서 청淸나라까지의 역사를 보충했고, 그 결과 시대 기
술이 다른 다양한 판본이 존재하게 되었다. 현재 중국에서 출판된 『삼

자경』역시 근거하는 판본에 따라 내용이 일정하지 않아 독자들을 혼란스럽게 만든다. 이 책은 청나라 왕상王相이 주석을 붙인 『삼자경훈고三字經訓詁』를 저본으로 삼는다. 왕상은 청나라 강희康熙 연간의 학자이지만, 왕응린의 『삼자가결』을 근거로 주석을 붙였기 때문에 역사 기술이 송에서 끝난다. 따라서 송나라 이후의 역사 기술은 민국民國 시대의 한학 대가인 장병린章炳麟이 보충한 『중정삼자경重訂三字經』을 따랐다(부록 2 참조).

중국에는 자녀에게 황금을 한 광주리 남겨주는 것보다 경서를 한 권 남겨주는 것이 더 가치가 있다는 말이 있다. 돈을 남겨주는 것이 자식을 행복하게 만들지는 않는다. 그런 돈이 있으면 뛰어난 스승을 찾아 가르침을 받게 하는 것이 더 낫다. 지식과 지혜를 얻는 것이 돈을 얻는 것보다 더 중요하다는 것이다. 『삼자경』은 그런 경서 중에서도 가장 기본이 되는 초학서로 높은 평가를 받았다. 그런 이유에서 "『삼자경』을 잘 읽으면 천고千古의 일을 알 수 있다"라는 말이 유행했으며, 명明의 조남성趙南星은 "문장[句]이 짧아서 읽기 쉽다. 특히 어린이를 교육하는 데 적합하다"라며 『삼자경』 공부를 권장했다. 이것이 어린 시절 『삼자경』을 암송하면 죽을 때까지 이익을 얻을 수 있다고 여겨진 이유이다.

세 글자 『삼자경』, 네 글자 『천자문』

세 글자 1구로 구성된 『삼자경』은 한자문화권에서 초학자들을 위한 계몽서로 널리 사용되었다. 다만 한국(조선)에서는 네 글자 1구의『천자문千字文』이 더 널리 읽혔다. 여기서는『삼자경』과『천자문』을 비교하면서,『삼자경』의 특징을 조금 더 부각시켜 보고자 한다.

『천자문』은 보통 '백수문白首文'이라고 불린다. 양대梁代(6세기 전반) 주흥사周興嗣(470 전후~521)가 양 무제武帝의 명에 따라 하룻밤 사이에 1,000자를 선별하고 백발이 되었다는 설화에 따라 그렇게 불리게 되었다. 주흥사는 왕희지王羲之의 작품에서 1,000자를 선택하여 한 편의 책을 완성하고『천자문』이라는 이름을 붙였다. 천자문은 4자 1구의 운문 250구로 이루어져 있다. 그 문장은 결코 쉬운 내용이 아니지만, 문체가 화려하고 예술적 가치가 높은 명문名文으로 인정받아 문인文人 묵객墨客의 애호를 받았다.

『삼자경』도 대략 1,000자 정도로 구성되었지만『천자문』과 달리 수식구가 적어서 소박한 느낌이 들고, 사용된 한자는 약 500자 정도이다.『천자문』과 달리『삼자경』은 화려한 형식미를 강조하지 않는다. 단순한 일상적인 어휘를 사용하면서, 영원히 변치 않는 인간 삶의 보편적 원리를 설명하는 데 중점을 두고 있다.『삼자경』은『천자문』과 같은 화려함은 없지만, 소박하지만 깊은 의미를 가진 성리학적 세계관을 표현한다는 게 장점이다.

한자, 한문을 공부하는 사람이라면 대부분『천자문』이라는 이름을 들어본 적이 있은 것이다. 하지만『천자문』의 전체적인 내용이나 구성을 이해하는 사람은 실제로 많지 않다.『천자문』은 전통적 세계관에 따라 자연, 사회, 역사, 수신양성修身養性, 인륜도덕人倫道德, 음식기

거飲食起居 등 인간의 다양한 삶의 모습을 표현하고 있다. 『천자문』은 남북조 시대에 유행한 도가적道家的 세계관에 입각하여 자연 친화적인 관점을 드러내는 한편, 유가적儒家的 정치론을 반영하여 성인(선왕)과 그들이 창조한 문화를 묘사했다. 『천자문』을 제대로 읽고 이해할 수 있다면, 자연에서 출발하여 문명으로 나아가는 인식의 지평을 확대할 수 있다.

『삼자경』 역시 수준 높은 문화와 역사에 대한 기술을 담고 있다. 하지만 『삼자경』은 글자가 중복되어서는 안 된다는 제약이 없기 때문에 일상적으로 널리 사용되는 쉬운 한자로 중국문화 각 영역의 지식을 표현하고, 경사經史의 고전을 자유자재로 활용한다. 단순히 문자 교재에 그치지 않고 문화와 역사를 아우르는 '종합적인 초학서'를 만드는 것이 목표였기 때문이다.

한국(조선)에서 『천자문』이 널리 사용된 것은 분명하지만 『천자문』은 결코 쉬운 책이 아니다. 체제가 어려울 뿐만 아니라 인용된 고사가 모두 중국 역사에서 나온 것이기 때문에 조선의 초학자들은 천자문 학습에 큰 곤란을 겪었다. 따라서 『천자문』을 대체할 교재가 필요함을 인식한 학자들은 다양한 교재 편찬에 착수했다. 최세진崔世珍(1468~1542)은 한자 학습서인 『훈몽자회訓蒙字會』를 지어 『천자문』의 난해함을 해소하려고 했다. 다산 정약용丁若鏞의 『아학편兒學編』 역시 천자문의 어려움을 극복하려는 시도였다.

중국에는 한대漢代 이전부터 초학 교재가 존재했다. 창힐편蒼頡篇은 중국 최초의 초학 교재로 알려져 있지만 현재는 전하지 않는다. 현대 중국에서는 초학 교재로 '삼백천三百千'을 꼽는데, 이것이 바로 『삼자경』, 『백가성百家姓』, 『천자문』이다. 당 이후 초학 교재는 문자 학습을 위한 교재로도 사용되었다. 특히 '삼백천'은 각각 1,000자 정도의 분량으로 편찬되어 양적으로 초학 교재에 적합했다. 이 중 『천자문』은 양이나 질에서 단연코 수준이 높다. 『천자문』은 한자와 한문 및 역사와 철학에 대한 소양과 지식이 없이는 배우기 어려운 책이다.

이런 여러 초학 교재 중 오로지 『삼자경』에만 '경經'이라는 명칭이 붙어 있다. 그 이유는 무엇일까? '경'이란 줄기에 해당하는 큰 길이다. 천하의 모든 거마車馬와 행인行人이 통행하는 도로이다. 거기서 법칙, 원칙이라는 의미가 파생했다. 전통적으로는 성현의 언행을 기록한 책을 경전經典이라고 불렀다. 따라서 『삼자경』에 '경'이라는 명칭을 붙인 이유는, 그것이 오랜 세월을 두고 전승되고 학습되기에 마땅한 성현의 말씀이 담겨 있기 때문이다. 다시 말해, 시공을 초월하여 세상에 펼쳐질 진리를 담고 있는 책이라는 의미이다.

『백가성』은 중국사회를 대표하는 중요한 가문의 성姓과 출신지를 배열한 것이다. 각자는 미상이기만 처초이 구何가 송宋의 창립자인 '조趙' 성에서 시작하고 있는 것으로 보아, 송대 초기에 완성되었을 것이라고 본다. 『백가성』의 글자 수는 568자, 4자 1구, 2구 1연連으로 전부

71연, 각 연의 말미에는 압운押韻을 두는 운문체이다. 따라서 암송과 기억에 유리하다. 내용상 전체 문구에 특별한 의미가 있는 것은 아니다. 다만 성씨라 독특한 혈연관계에 근거한 것이기 때문에 독자는 혈연관계의 연결망 속에서 성씨를 살펴보는 재미를 느낄 수 있다. 따라서 『백가성』에 포함된 500여 자의 한자는 내용상 유기적으로 연결되어 있지 않다. 더구나 『백가성』에는 문화적 지식에 대한 관심이 전혀 없다. 이런 단점을 보완하기 위하여 편찬된 것이 『삼자경』이다.

'삼백천' 중 깊이 들어가려고 하면 가장 어려운 것이 『삼자경』이다. 하지만 나이가 들고 다양한 독서 및 인생 경험이 쌓이면 『삼자경』은 매력적인 책으로 다가온다. 그런 점에서 제대로 이해하려면 마흔은 넘어야 한다고 하는 『논어』와 비슷한 면이 있다. 이런 사정 때문인지 중국에서 『삼자경』 강좌에 노인들이 많이 모인다고 한다.

『삼자경』의 활용

『삼자경』은 원대元代 이후, 초학자를 교육하기 위한 텍스트로 사용되었지만, 역대 학자들에 의해서 여러 차례 개정판과 주해본이 만들어졌다. 1840년 아편전쟁 이후, 중국에서는 전통교육을 개혁함으로써 새로운 중국을 창조하려는 열망이 분출했고, 서양의 각종 근대 과학기술, 정치 및 경제 제도 등을 받아들이는 것을 급선무로 여겼다. 따라서 중국의 근대 지도자들은 과감히 전통적인 유학교육을 폐지하는 결정을 내렸지만, 초학교육을 위한 교재로서 『삼자경』은 명맥을 이어나

갔다. 서양의 근대 과학기술을 받아들이는 한편, '중체서용中體西用'의 관점에서 중국의 전통문화와 정신을 전면적으로 부정하는 것에 반대했던 강유위康有爲(1858~1927), 양계초梁啓超(1873~1929), 장병린章炳麟(1868~1936) 등 일부 지식인들은 전통문화 이해를 위한 입문서로『삼자경』의 가치를 높게 평가했다.

　1928년 당시, 국학의 대가로 명망이 있던 장병린은 신문화교육을 받은 대학생들이 주공周公의 이름조차 알지 못할 정도로 중국문화에 대한 이해가 낮은 것을 걱정하여 기존의『삼자경』을 보충하여 중정본『삼자경』을 편찬했다. 그는『삼자경』이야말로 중국의 전통 학문에 대한 최선의 입문서라고 생각했다. "『삼자경』은 중국문화의 기본 개념에서 시작하여 경經, 사史, 제자諸子 등에 이르기까지 아이들을 가르쳐 이끄는 내용이 대략적으로 갖추어져 있으며, 조리가 흐트러지지 않았다"(「重訂三字經題辭」, 『重訂 三字經』)라고 평가했다.『삼자경』을 어린 학생들에게 중국문화와 역사를 가르치는 기본 교재로 자리매김시킨 것이다.

　『삼자경』은 전근대적인 초학자용 교재였지만 1950년대 이후에도 초등학교 저학년 교재로 계속 사용되었다. 전통적인 문자교육 교재들은 2,000년 역사를 가진 중국문화 전통을 배우는 데 주안점을 두고 있기 때문에, 일부 내용을 보완하면 장기간에 걸쳐서 사용할 수 있다. 남송의 왕응린이 서민교육을 염두에 두고 주도면밀한 준비와 엄청난 노력 끝에 편찬한『삼자경』의 내용 및 정신은 현대 중국에서도 발전적으로 계승되고 있다고 말할 수 있다.[3] 중화인민공화국이 성립하고 10년이 지난 1958년『아동 삼자경』이 출간되었다. 현재의 중국 출판계는『삼자경』의 원본·주해본 외에 다양한 형식의『삼자경』관련 저작을 출간하고 있다. 그런 노력에 힘입어『삼자경』은 현대의 중국인에게 여전히 가장 친숙하고 보편적인 초학 교재로서 자리 잡았다.

2004년 중국에서는 장경蔣慶을 중심으로 한 현대판 '유자儒者' 그룹이 유교경전이야말로 중국인의 고전이며, 중국문화의 미래를 위한 가치를 담지하고 있다고 주장하는 '독경운동'을 전개했다. "현재 중국은 위대한 부흥기를 맞고 있다. 중화민족의 부흥을 위해서는 민족문화의 부흥이 선행되어야 하는데, 문화적 부흥을 담당할 아동들이 중화문화의 정신을 습득하도록 해야 한다. 성현들의 가르침을 이해하고 실천할 때 문화의 대창조에 기여할 수 있다"라는 중국 특유의 중화 민족주의적 발상에서 고전을 정치적으로 이용하려는 정치유학 운동을 벌였다. 실제로 장경은 곧이어『정치유학』이라는 저술을 통해 유학을 정치적으로 활용하는 정치유학의 이념을 선전하기 시작했다.[4] 그 후 장경은 그런 운동의 일환으로 중국 고전 텍스트를 선별하여 〈중화 문화경전 기초교육 송본〉을 편집하고, 어린이들에게 암송시키는 문화운동을 전개했다.[5] 『삼자경』은 이런 '독경운동'의 시발점에 자리 잡고 있다. 일례로, 2011년 북경 만권출판공사에서 출판한 〈소학생판사고小學生版四庫〉라는 시리즈가 있다. 이 시리즈에는『논어』·『맹자』·『시경』·『사기』·『삼자경』·『백가성』·『천자문』·『제자규』등이 포함되어 있는데, 원문과 현대어 번역 그리고 어린 학생들이 흥미를 갖도록 삽화와 관련 읽을거리를 제공하고 있다.

『삼자경』의 구성

왕응린은 『삼자경』을 집필하면서 문단을 구별하지 않았다. 의도적으로 그렇게 한 것 같지만, 이 책에서는 청淸 강희康熙 5년(1666)에 왕상이 지은 『삼자경훈고』의 경문을 토대로, 전체를 다섯 영역으로 분류하여 독자의 이해를 돕고자 했다. 다섯 영역에는 각각 하나의 독립적인 중심 주제가 있지만, 이 영역들이 합쳐져 하나의 온전한 『삼자경』을 이루고 있다.

우선 『삼자경』의 서두는 배움과 가르침의 중요성에 대해 말하고 있다. 이어지는 본론에서는 배움의 내용을 세 부분으로 나누어 제시하고 있다. 첫째는 '수敷'와 사물의 세계, 둘째는 고전의 세계, 셋째는 역사의 세계이다. 마지막 끝맺음 부분은 결론으로서 인간이 '어떻게 살 것인가'를 생각하게 하는 내용을 배치했다. 이 다섯 가지 대영역을 도식화한 것이 '『삼자경』의 전체 구조'를 나타낸 표이다. 다음에서는 각

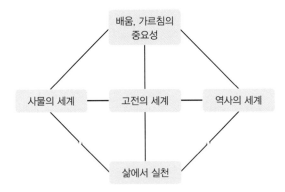

『삼자경』의 전체 구조

부분의 주요 내용을 소개한다.

제1부 교육과 학습의 중요성: 처음 시작 부분 40구가 여기에 해당된다. 이 부분은 『삼자경』의 서두이면서 전체를 아우르는 대주제를 제시하고 있다. 즉 인간다움을 실현하기 위해서는 덕성의 함양이 필요하다는 사실을 지적한다. 이어서 덕성을 함양하기 위해서는 무엇보다도 어린 시절 배움이 중요하다는 사실을 강조한다. 어린이의 성장 과정을 인간다움을 갖추어가는 과정이라고 보면서, 인간으로서 배우고 실천해야 할 덕목을 고전의 명구를 통해 제시하고, '맹모삼천孟母三遷'과 '두연산竇燕山의 다섯 아들 교육' 등에 관한 일화를 제시하면서 구체적인 사례를 통해 감동을 느낄 수 있도록 배려하고 있다.

제2부 수數와 사물의 분류: 서두의 40구를 빼고, 그 이후 66구가 여기에 해당한다. 이 부분은 서두의 '배움과 가르침'의 하부 구조에 해당하는데, 구체적인 학습 내용으로서 수라는 개념을 통해 사물을 이해하는 원리를 제시한다. 따라서 이 부분은 '숫자로 보는 중국문명'이라고 말할 수 있다. 인간으로서의 덕성을 갖추었다고 해도 사회 속에서 소통하면서 조화로운 인간관계를 맺기 위해서는 문화를 읽는 코드를 이해할 줄 알아야 한다. 십진법에 근거한 사물 이해, '삼재三才', '삼강三綱', '사시四時', '사방四方', '오행五行', '오상五常', '육곡六穀', '육축六畜', '칠정七情', '팔음八音', '구족九族', '십의十義' 등의 개념을 통하여 중국적 세계관과 그 세계관을 뒷받침하는 기본 사유를 이해할 수 있다.

제3부 고전의 지혜: 107구부터 시작해서 175구까지의 68구가 여기에 해당한다. 이것 역시 서두에 제시된 '배움과 가르침'의 하부 구조인데, 구체적인 학습 내용으로 중국인의 중요 고전을 개괄적으로 보여주고 있다. 고전은 단지 오래된 책이 아니다. 학습자의 가치관에 영향을 주고 삶의 태도를 바꾸게 하는 힘을 가지고 있을 때, 진정한 고전이 된다. 이 부분에서는 고전을 통해 중국문화가 추구했던 가치를 이해하고, 올바른 삶에 대한 관점을 얻는 것의 중요성을 역설하고 있다.

『삼자경』은 단지 고전의 이름을 제시하는 데 그치지 않고, 고전의 독서 순서에 대한 통찰력을 제시한다. 초학자는 먼저 『소학小學』 및 『효경孝經』에서 시작하여 기초를 다지고, 그 다음에 〈사서四書〉와 〈육경六經〉으로 점진적으로 나아간 후, 그 토대 위에 제자백가 및 중요한 사상가의 저작을 읽어나가도록 유도한다. 또한 각 고전을 읽을 때, 주의해야 할 사항을 간략하게 언급하고 있다.『삼자경』에 따르면, 초학자는 기초가 되는 유가 경전과 제자백가의 책을 읽고, 최종적으로 역사서를 읽어야 한다. 이런 가이드라인을 통해서『삼자경』이 추구하는 것은 학습자들로 하여금 '전통지傳統知'의 다양한 측면을 통섭하는 융합적인 사고를 키울 수 있도록 하는 것임을 알 수 있다.

제4부 역사의 흐름: 176구에서 264구까지 88구가 여기에 해당된다. 진실잉의 복희伏羲, 신농神農, 황제黃帝고부디 송의 멸망에 이르기까지 17사의 주요 역사적 평가와 그 가치를 검토하고 있다.『삼자경』은 이 부분에서 역사상 중요한 왕조의 흥망성쇠를 제시했을 뿐만

아니라, 각 왕조의 주요 특징을 매우 간결한 표현으로 개괄하고 있다. 중국 왕조사의 전개 및 주요한 연호는 동아시아 문화를 이해하는 표준이다. 하지만 전문가가 아닌 이상 왕조의 순서, 각 왕조의 개국과 멸망의 상황, 왕조가 유지된 기간 등을 즉석에서 말하기는 쉽지 않다. 따라서 중국문화와 역사의 흐름을 1,000여 자에 압축해 놓은 『삼자경』은 중국문화의 입문서로서 손색이 없는 텍스트라고 할 수 있다. 왕응린이 편찬한 『삼자경』의 중국사 서술은 송대에서 끝난다. 따라서 원대부터 청대까지의 역사는 장병린의 중정본에 의거하여 보충했다('중정본 읽기' 참조).

제5부 어떻게 살 것인가: 마지막 94구가 여기에 해당된다. 이 부분은 『삼자경』의 서두와 호응하는 결론이다. 이 부분에서 『삼자경』은 역사적 사례 안에서 배움에 온 힘을 쏟았던 다양한 사람들을 소개하고 있다. 그들이 가졌던 배움의 동기 및 가르침을 실천하는 마음가짐을 통하여 어떻게 사는 것이 올바른 삶이고 사람다운 삶인지를 생각하게 한다.

위에서 간략하게 살펴본 것처럼 『삼자경』 전체는 다섯 개의 대영역으로 분류되어 있지만, 전체를 관통하는 일관된 주제는 '배움과 가르침, 실천'이야말로 인간다운 인간이 되는 지름길이라는 것이다. 또한 동아시아 전통문화의 핵심이 되는 여러 가지 문화적 요소들, 특히 중국의 고전, 사상, 역사에 대한 상식을 갖추는 데 대단히 요긴하다. 더구나 3자 1구라는 짧은 문장 형식을 통해 자기도 모르는 사이에 한문에 대한 이해력을 향상시킬 수 있다는 장점도 있다. 한문을 읽는 것은 단순히 외국어를 배우는 일과는 차원이 다르다. 서양의 문화를 깊이 이해하기 위해서는 라틴어를 알아야 하는 것처럼, 동양의 라틴어라고 할 수 있는 한문을 알면 동아시아 문화의 깊은 차원에 도달하는 기쁨을 누릴 수 있다.

『삼자경』 읽는 법

『삼자경』을 읽을 때 유의해야 할 사항이 있다.

첫째, 삼자경은 전통적 지식을 다루는 책이기 때문에, 현대적 감각과 배치되는 내용이 일부 있을 수 있다는 점을 고려해야 한다.

고대 사회에서는 상식이라고 여겨졌던 것이 오늘날에는 결코 상식이 아닐 뿐 아니라 받아들이기 어려운 가치관을 표명하는 경우도 적지 않다. 고전을 읽기 위해서는 일단 나의 관점을 내려놓고 당시 사람들의 눈으로 사물을 바라보려는 노력이 필요하다. 『삼자경』은 수백 년 전 중국에서 만들어진 책이다. 따라서 오늘날에는 수용하기 어려운 봉건적 가치관이 드러나는 곳이 적지 않다. '시대에 따른 가치관의 차이가 있을 수 있다'는 것을 전제해야 한다.

나의 가치관과 다른 시대, 다른 장소에 살던 사람들의 가치관을 읽는 일은 다른 사람의 안경을 쓰고 사물을 보는 독특한 경험이나. 그러한 경험을 통해, 현재의 가치관만이 불변의 진리라거나, 나의 관점만이 불변의 가치를 가진다고 믿는 좁은 안목을 벗어날 수 있다. '고전 읽기'는 현재 우리에게 익숙한 관점만을 절대시하고 다른 모든 것은 '나쁘다'라고 판단하는, '인식의 편협성'을 극복하는 소중한 기회를 제공한다. 그들이 그런 가치관을 가진 이유는 무엇인가? 왜 그들은 우리와 다른 눈으로 세상을 바라보았을까? 자신에게 익숙한 가치관과 다른 가치관을 마주하면서 자신의 가치관과 인식을 되돌아보고, 자신의 가치와 자신의 인식의 '근거'에 대해 되물어 반성하는 자세를 키우는 것이 인문학적 독서의 진정한 가치가 아닐까? 이것이 바로 이 책의 제목을 『삼자경 인문학』이라고 붙인 이유이다. 인문학은 단순히 역사, 철학, 문화 지식을 습득하는 학문이 아니다. 다양한 역사적 사건, 인물, 사상을 통해 자신의 존재 근거를 되물어 보는 반성적 능력을 획득하는 것이 인문학의 진짜 목표이다.

둘째, 일반인에게 익숙하지 않은 인명과 역사적 일화를 깊이 이해하기 위해서는 참고문헌을 활용하는 것이 도움이 된다. 『삼자경』에는 복희, 신농, 황제와 같은 전설상의 제왕을 비롯하여, 49명의 인물이 소개되고 있다. 맹모孟母·자사子思·증자曾子·주공周公·우禹·탕湯 등 널리 알려진 인물이라면 문제가 없지만, 3자 1구의 형식 안에 생략형으로 제시된 인명이 나오기도 하고, 인명은 생략된 채 일화만을 상징적 어휘로 기록하고 있는 경우도 있다. 이 책은 비록 간략하게나마 각 인물 및 인물과 관련된 일화를 쉽게 이해할 수 있도록 설명하기 위해 노력했다.

셋째, 역사적 배경에 관한 참고문헌을 활용하는 것이 도움이 된다. 인명과 마찬가지로 역사 기술에서도 생략과 상징적인 어구를 사용하는 경우가 적지 않기 때문에 중국 고전에 익숙하지 않은 사람은 그 내용을 직관적으로 받아들이기 어려울 수 있다. 이 책에서는 그런 내용을 간략하게 설명하기 위해 노력했지만, 미진한 부분은 전문서를 참고할 필요가 있다.

넷째, 『삼자경』 어구를 축자식逐字式으로 독해할 때 어순이 한글과 다르다는 사실이다. 한문은 서술어 다음에 목적어나 보어가 오는 구조이다. 따라서 주술구조, 수식구조, 병렬구조 등은 위에서부터 차례로 읽어 내려가면 되지만, 술목구조나 술보구조의 경우는 아래서부터 거꾸로 읽어야 된다. 따라서 한문 문장을 읽어나가는 독해의 순서를 아는 것은 한글과 한문 문장의 차이를 인식하는 데 도움이 된다. 『삼자경』은 길어도 2구 6자로 문장이 정리되고 있기 때문에, 구句의 구조가 매우 단순하다. 이것은 장점이기도 하지만 단점이기도 하다. 『삼자경』의 한문을 읽는 것만으로는 복잡한 구조를 가진 한문 문장을 독해하는 훈련으로 충분하지 않기 때문이다. 따라서 『삼자경』을 읽을 때 본문 어구의 전고典故가 되는 문장 등을 함께 읽으면 내용을 이해하는 데 도움이 될 뿐만 아니라 좀 더 복잡한 한문 문장을 읽는 훈련도 될 것이다. 예를 들면 '석맹모昔孟母, 택린처擇隣處' 구의 경우, 『열녀전列女傳』의 '맹모삼천'의 고사故事를 함께 읽는 식이다. 이러한 다섯 가지 사항에 유의하면서 『삼자경』을 읽고, 한문 이해력을 높이고 중국문화에 대한 지식의 기초를 다질 수 있기를 기대한다.

차례

제3부 고전의 지혜

제4부 역사의 흐름

제1부

교육과 학습의 중요성

1 인간의 본성은 선하다

人之初, 性本善. 性相近, 習相遠. ①

인 지 초 성 본 선 성 상 근 습 상 원

사람은 태어날 때 본성이 선하다.
본성은 서로 가깝지만 습관 때문에 멀어진다.

苟不敎, 性乃遷. 敎之道, 貴以專. ②

구 불 교 성 내 천 교 지 도 귀 이 전

가르치지 않으면 본성은 나쁘게 변한다.
가르침의 길에서 귀하게 여기는 것은 집중이다.

『삼자경』은 첫머리에서 '사람이란 무엇인가'에 대해 말한다. 물론 사람의 겉모습은 아니고 내면을 들여다본다. 여기서 '성性'은 사람이 생명체로서 가지는 본래 모습, 곧 사람다움이며 사람의 본성이다. 이 성이 '선善'한 것은 사람다움은 태어난 순간부터 완전한 것이기 때문이다. '선'은 완전하다는 의미이다. 모든 사람은 '선'이라는 원점에서 출발한다.

그럼에도 사람들은 왜 선하지 않은 일을 할까? 『삼자경』은 사람들이 바른 교육을 받지 못했기 때문이라고 말한다. 사람은 선한 본성을 가지고 태어나지만 바른 교육을 통해 타고난 선을 유지하지 않으면 바르게 자라지 못한다. 이 구절은 교육의 중요성을 강조하는 『삼자경』의 취지를 선포하는 부분이다.

人之初 性本善

인지초 성본선

초初는 사람이 태어난 순간의 처음이다. 성性은 '심心'과 '생生'이 결합한 형태인데, '생'이 '땅에서 식물의 싹이 움트는 모습'이기 때문에 생명[life]이라는 뜻으로 본래 의미가 확장되었다. '성'에 기본적으로 '생명'이라는 의미가 들어가 있는 이유이다.

이 구절은 맹자의 성선설性善說에 근거한다. 맹자는 교육의 시작을 사람의 탄생에 비유했다. 하늘이 사람을 낳고 거기에 사람다움[性]을 부여했는데, 그가 가지고 태어난 바른 성향을 '선善'이라고 했다. "인성人性의 선함은 물이 아래로 흘러가는 것과 같다. 물이 아래로 흐르지 않는 것이 없듯이, 사람 중 선하지 않은 사람이 없다."[6] 맹자는 모든 사람의 본성은 선해서 누구든 타고난 완전함을 훼손할 수 없다고 말했다. '성'이 선하다는 맹자의 '성선설'은 송나라 성리학에 계승되어 동아시아 세계에 널리 확산되었다.

반면 순자_{荀子}는 "사람의 성은 악하다. 그것이 선해지는 것은 인위적인 노력 때문이다"[7]라고 말한다. 이것이 맹자의 '성선설'과 대립되는 '성악설性惡說'이다. 하지만 인간을 선하게 만들기 위해 교육을 강조한다는 점에서는 맹자와 다르지 않다. 또 『맹자』에 등장하는 고자告子는 성은 선하게도 악하게도 될 수 있다고 주장했다. 물길을 어디로 터주느냐에 따라 고여 있던 물이 동쪽으로도 서쪽으로도 흐를 수 있는 것처럼, 인성도 마찬가지라는 것이다.[8] 이렇듯 성을 바라보는 시각은 사람마다 다르지만 그들 사이에 공통점이 있다. 사람은 본성으로서 '성'을 가지고 태어난다는 점을 인정한다는 것이다.

性相近 習相遠
성상근 습상원

習습은 후천적 습관과 습성으로 『논어』에서 가져온 말이다.[9] 공자는 '성'의 선이나 악에 대해서는 언급하지 않았다. 다만 성이 환경이나 학습 및 습관 때문에 달라질 수 있다고 보았다. 사람이 태어날 때는 지혜롭고 어리석고의 차이가 없다. 그러나 후천적인 습관에 따라 결과가 달라진다고 말했다. 공자는 사람이 결과적으로 지혜롭게도 되고 어리석게도 되는 이유는 후천적 습관 때문이라고 생각했다. 여기서 '습관[習]'은 단순한 지식이 아니라 살면서 몸에 밴 것, 즉 몸으로 익힌 것이라고 볼 수 있다. 그렇게 몸에 밴 습관에 따라 군자도, 소인도 될 수 있는 것이다.

苟不敎 性乃遷 만일 제대로 가르치지 않으면 본래 타고난 선한
본성도 움직인다. 즉 선이 떠나고 악이 대신한다는 뜻이다. 공자의 교
육관을 단적으로 보여주는 말이 '유교무류有敎無類'이다. 공자는 사람
을 가르치는 일을 중시했을 뿐, 그 사람의 신분에는 무관심했다. 모든
사람을 근본적으로 동일하다고 보았기 때문에 사람을 차별하지 않았
던 것이다. '류類'는 종류, 귀천의 차별이다.

남송 성리학을 집대성한 주희朱熹(朱子, 1130~1200)는『논어집주』
에서 "사람의 본성은 모두 선하지만, 귀천에 따라 선악의 차이가 생긴
다. 이것은 기질과 습속에 물든 것이 다르기 때문이다. 따라서 군자가
가르치면 모든 사람이 선을 회복할 수 있으므로, 부류의 악함을 논하
는 것은 마땅치 않다"라고 말했다. 이는 맹자의 '성선설'에 입각한 해
석이다. 교육은 선한 본성을 잃지 않고 유지하도록 돕는 일이다. 사람
은 누구나 타고난 신분에 얽매이지 않고 적절한 교육을 받기만 하면
타고난 사람다움을 간직할 수 있다.

敎之道 貴以專 도道는 방법, 원칙이고, 전專은 전심, 집중이다. 가
르침에서 가장 중요한 지점은 한 가지 일에 집중하는 힘[專一]을 기르게
하는 것이다. 어떤 일을 완성하느냐 못 하느냐, 공부를 잘하느냐 못 하
느냐는 집중력을 얼마나 발휘하느냐에 달려 있다고 해도 과언이 아니
다. 집중력을 기르기 위해서는 먼저 대상에 흥미를 느껴야 한다. 가르
침이란 배우는 사람을 우물까지 데려가는 일이라고 할 수 있다. 물을
마시고 안 마시고는 우물에 도달한 당사자가 알아서 할 일이다. 물을

입 안에 넣어주는 것은 가르치는 사람의 몫이 아니다. 가르침의 핵심은 성실함과 집중력이다. 성실하지 않으면 지속하지 못하게 되고 집중하지 않으면 최종적인 완성에 이르기 어렵기 때문이다.

2 자녀 교육의 사례

昔孟母, 擇鄰處, 子不學, 斷機杼. ③

석 맹 모   택 린 처   자 불 학   단 기 저

옛날 맹자의 어머니는 좋은 이웃을 찾아 세 번 이사했고,
아들이 학업을 중단하자 베틀의 실을 잘랐다.

竇燕山, 有義方, 敎五子, 名俱揚. ④

두 연 산   유 의 방   교 오 자   명 구 양

두연산은 올바른 규범을 지키면서,
다섯 아들을 가르치고 모두 급제시켜 이름을 날렸다.

자식은 부모의 등을 바라보면서 자란다. 여기서는 고대 중국에서 '어머니 교육[母教]'의 대명사인 맹자 어머니와 '아버지 교육[父教]'의 대명사인 두연산竇燕山을 소개한다. 예로부터 친구는 가려 사귀고, 이웃은 가려 살아야 한다고 했다. 공자도 "인仁이 살아 있는 마을이 아름답다. 인이 있는 마을을 선택하지 못한다면, 어찌 지혜롭다고 하겠는가?"[10] 라고 말하며, 환경의 중요성을 강조했다. 이처럼 교육 환경을 중시한 대표적 사례가 맹자 어머니이다. 두연산은 대대로 내려오는 가법家法에 따라 다섯 아들을 교육하여, 자식들이 세상에 나가 혁혁한 공을 세우도록 했다. 이 두 사람은 가정교육의 중요성을 잘 보여준 사례로 널리 회자되고 있다.

昔孟母 擇隣處 처處는 장소인데, 여기서는 사는 곳을 의미한다.
맹자는 공자 다음가는 성인이라 하여 '아성亞聖'으로 불린다. 이름은 가軻, 자字는 자여子輿이고, 전국 시대 추鄒나라 사람이다. 어려서 아버지를 잃고 어머니 장仉씨 손에서 자랐다.

맹자 어머니의 교육은 '맹모삼천孟母三遷'과 '맹모단기孟母斷機'로 압축된다. 맹모삼천은 맹자 어머니가 아들을 교육하기 위해 세 번이나 거처를 옮겼다는 고사에서 비롯된 성어이다. 첫 거처는 시장의 푸줏간 근처였다. 거기서 어린 맹자는 고기를 자르고 파는 푸줏간 일을 흉내 내며 놀았다. 그러자 맹자 어머니는 교외의 묘지 근처로 거처를 옮겼다. 여기서 맹자는 장례 지내는 모습을 흉내 내며 놀았다. 맹자 어머니는 다시 거처를 학교 근처로 옮겼다. 이곳에서 맹자는 아침저녁으로 문안 인사를 흉내 내며 예의 바르게 행동했다. 마침내 맹자 어머니는 이곳이 자식을 키울 만한 곳이라 생각하고 만족해했다고 한다.

자불학 단기저
子不學 斷機杼　저杼는 베틀에서 가로 방향의 씨실을 끄는 데 사용하는 도구이다. 평소 베 짜기를 생업으로 삼고 아들을 뒷바라지하던 맹자 어머니는 중도에 학업을 포기하고 돌아온 아들을 가르치기 위해 단호히 베틀에 걸려 있던 날실을 잘랐다. 어머니의 행동을 본 맹자는 무릎을 꿇고 이유를 물었다. 그러자 어머니는 "너의 학문은 나의 베 짜기와 같구나. 실 가닥을 쌓아야 한 치가 되고, 한 치가 쌓여서 한 자가 되지. 한 치 한 자에서 그만두지 않아야 쓸 만한 옷감을 만들 수 있거늘. 지금 너의 학문은 성현이 되기 위한 것인데, 공부에 싫증을 내고 게을리하여 돌아왔으니, 이는 마치 내가 짜던 옷감을 완성하지 못한 것과 같다"라고 말했다. 맹자는 어머니가 몸소 보여준 가르침을 깨닫고 곧바로 공자의 손자인 자사子思의 문하에 들어가서 공부를 계속하여 마침내 뛰어난 학문을 성취했다고 한다. 모든 것이 어머니의 가르침 덕분이었다.

두연산 유의방
竇燕山 有義方　두연산의 본명은 두우균竇禹鈞이고, 오대五代 후진後晉의 유주幽州(지금의 북경) 사람이다. 집이 연산燕山(지금의 북경) 부근에 있어 사람들은 그를 두연산이라고 불렀다. 의방義方은 마땅히 준수해야 하는 규범이나 도리인데, 여기서는 자녀 교육의 정도正道, 가정교육을 의미한다.

두연산의 자녀 교육에서 '두씨오룡竇氏五龍'이라는 성어가 생겼다. 젊어서부터 두연산은 대단한 부자였는데 항상 사치를 부리고 오만하여 남에게 베풀 줄을 몰랐다. 나이가 서른이 되도록 자식이 없었는데 하루는 꿈에서 아버지를 보았다. 아버지는 이렇게 말했다. "너의 지금 처세나 행동은 바르지 않구나. 너는 마땅히 자선을 베풀면서 좋은 일을 더욱 많이 해야 한다." 잠에서 깬 두연산은 아버지의 가르침을 받들어 다른 사람이 되었다. 재물을 바르게 쓰고 부서진 다리와 도로를 수리하고 곤란한 처지의 이웃을 도우면서 선량한 사람이 된 것이다.

教伍子 名俱揚 (교오자 명구양) 두연산은 뒤늦게 의儀, 엄儼, 간侃, 칭稱, 희僖라는 다섯 아들을 얻었다. 이들은 아버지의 엄격한 교육을 받으며 자랐다. 두연산은 조정 예절만큼이나 엄숙하게 가정 예절을 준수했고, 군대를 이끄는 것보다 더 엄격하게 자식을 가르쳤다고 한다. 훗날 아들 셋은 진사가 되고 둘은 거인擧人이 되어, '오자등과五子登科'라는 말이 생겨났다.

한편 『좌전』 「은공 3년」에는 아버지 교육의 실패 사례가 나온다. 춘추 시대 초기 위衛나라 장공莊公에게는 두 아들이 있었다. 장공은 작은아들 주우州吁를 매우 사랑했다. 주우는 아버지의 총애를 믿고 방자하고 제멋대로 행동했다. 보다 못한 대신 석작石碏이 나서서 장공에게 간언했다. "제가 들으니 아들을 아끼고 사랑하면 올바르게 교육해야 나쁜 방향으로 나아가지 않는다고 합니다. 그렇지 않으면 아들이 재앙의 근원이 된다 하더이다."[11] 하지만 장공은 그 간언을 귓등으로 듣고 넘겼다. 주우는 방종한 행동을 멈추지 않았고, 장공이 세상을 떠난 뒤에 주우의 형이 아버지의 뒤를 이었다. 형이 안중에도 없던 주우는 끝내 반란을 일으켜 형을 죽였다. 그러자 그를 원망하는 소리가 항간을 가득 메웠다. 주우의 폭거에 이웃 제후들이 격노했고, 연합군을 꾸려 주우를 토벌했다. 주우는 이렇게 멸망하고 말았다. 아들 주우에 대한 장공의 지나친 사랑이 오히려 아들을 망치는 결과를 가져온 것이다. 석작은 '올바른 규범[義方]'에 따라 자식을 가르쳐야 한다고 충고했는데, 두연산의 자녀 교육이 그 충고를 충실히 따른 사례라고 할 수 있다.

3 교육에서 스승과 어른의 책임

養不教, 父之過. 敎不嚴, 師之惰. ⑤

양 불 교　부 지 과　교 불 엄　사 지 타

먹이기만 할 뿐 가르치지 않는 것은 아버지의 과오이다.

가르칠 때 엄격하지 않은 것은 스승의 게으름이다.

子不學, 非所宜. 幼不學, 老何爲. ⑥

자 불 학　비 소 의　유 불 학　노 하 위

자식이 배우지 않는 것은 마땅한 일이 아니다.

어려서 배우지 않으면 늙어서 무엇을 하겠는가?

'부교사엄父教師嚴'이라는 말이 있다. 아버지는 가르치고, 스승은 엄격하게 이끈다는 뜻이다. 사부師父는 둘이지만 하는 일은 하나이다. 아버지와 스승이 가르치는데도 배움을 완성하지 못하면, 그것은 자식의 죄罪이다. 공자는 사람은 어릴 때 고난을 겪어야 성숙해진다고 말한 바 있다. 시간은 빠르게 흘러가는데, 어려서 배우지 않으면 늙어서 할 수 있는 일이 없어지기 때문이다. 어릴 때 배우지 않으면, 뒤늦게 후회해도 아무 소용이 없다.

養不敎 父之過　과過는 명사로 쓰이면 허물, 과오이다. 이 구절은 『고문진보古文眞寶』에 실려 있는 사마온공司馬溫公의 「권학문勸學文」에 등장하는 표현이다. "자식을 먹여 기를 뿐 도道를 가르치지 않는 것은 아버지의 잘못이고, 제자를 가르치고 이끌면서 엄격함이 없는 것은 스승의 게으름이다[養子不敎父之過, 訓導不嚴師之惰]." 사마온공은 사마광司馬光을 이르는 말로, 그 유명한 『자치통감』의 저자이다. 사마광은 송나라 신종神宗 때 왕안석의 신법이 실시되자 뜻이 맞지 않아 관직을 떠났다. 그 후 철종哲宗이 제위에 오르면서 조정에 나와 신법당을 축출했다.

　자녀 교육에서 아버지의 역할은 돈을 벌어서 경제적으로 가족을 부양하는 것에 그치지 않는다. 아버지는 본보기가 되어 자식들에게 삶의 방향을 제시해야 한다. 그러나 현대 사회에서 '아버지의 부재'는 일상이 되었다. 아버지가 바깥일은 처리하고 어머니는 집안일을 담당한다는 분업이 실현되고부터 가정에서 아버지의 존재감이 사라졌다.

　전통 시대에는 아버지와 할아버지가 아이들에게 삶의 태도와 가치관을 가르쳤다. 남성 어른들의 교육을 통해 아이들은 사회성을 길렀다. 그런 역할을 다하지 못하는 아버지는 제 역할을 못 했다는 지탄을 받았다. 따라서 부모는 자식을 자애롭게 대하지 못할까 염려하지 말고 바르고 엄격하게 가르치지 못하는 것을 걱정해야 한다. 자식을 올바른 인간으로 가르치지 못하는 것은 전적으로 아버지의 과오이기 때문이다.

教不嚴 師之惰
<small>교 불 엄 사 지 타</small>
  스승과 어른은 제자를 대할 때 가르침이 없는 것을 걱정하지 말고, 가르침이 엄격하지 않은 것을 염려해야 한다. 엄격하지 않으면 제자는 게을러져서 가르침을 따르지 않고, 생각이 짧아져서 중도에 학업을 포기하게 된다. 『삼자경』은 이것이 스승 된 사람의 가장 큰 잘못이라고 경계한다.

子不學 非所宜
<small>자 불 학 비 소 의</small>
  자子는 어린이, 나이 어린 자제이다. '근학勤學'은 어린 시절 부지런히 배움에 힘쓴다는 뜻이다. 흔히 "배움에는 때가 있어서 어려서 배우지 않으면 늦다"라고들 말한다. 나이 들어서 무언가를 배우는 일이 힘들다는 의미이지만, 나이 들어 무언가 큰 성취를 이룬 사람은 어려서부터 착실하게 공부했다는 의미이기도 하다. 어릴 때 배움이 인생을 살아가는 데 중요한 자산이 된다는 점을 일깨우고 있다. 사람은 배움을 통해 성장하는 존재이기 때문이다.

幼不學 老何爲
<small>유 불 학 노 하 위</small>
  『명심보감』「권학문」에는 주희의 권학문이 실려 있다. "오늘 배우지 않고 내일이 있다고 말하지 말라. 올해 배우지 않

으면서 내년이 있다고 말하지 말라. 내일, 내년 하고 미루는 사이 시간이 흘러 늙어버린다." 이렇듯 「권학문」은 송대 이후 학문을 권장하는 성리학적 분위기에서 많은 작품이 출현했다. 특히 그중 엄선한 8편의 유명한 「권학문」이 『고문진보』에 실려 있다.

당나라 서예가 안진경顏眞卿이 배움에 관하여 쓴 「근학시勤學詩」도 기억해 둘 만하다.

三更燈火五更鷄(삼경등화오경계)

한밤중에 등 밝히고 새벽에 닭이 울 때까지

正是男兒讀書時(정시남아독서시)

참으로 장부가 책을 읽기 좋은 시간이네.

黑髮不知勤學早(흑발불지근학조)

머리 검을 때 열심히 배울 줄을 모르면

白首方悔讀書遲(백수방회독서지)

흰 머리가 되어 독서가 늦은 걸 후회하리라.

4 배움의 의미와 목표

玉不琢, 不成器, 人不學, 不知義.　⑦

옥 불 탁　불 성 기　인 불 학　불 지 의

옥도 다듬지 않으면 기물을 만들지 못하듯이,
사람도 배우지 않으면 바른 도리를 모른다.

爲人子, 方少時, 親師友, 習禮儀.　⑧

위 인 자　방 소 시　친 사 우　습 예 의

자식 된 사람은 어린 시절에,
스승과 바른 친구를 가까이하고 예의를 배워야 한다.

학문의 목표는 인격이 성숙하고 사회에 유용한 사람이 되는 데 있다. 이런 목표를 달성하기 위해서는 공부를 해야 한다. 아무리 뛰어난 자질을 갖추고 있어도 배우지 않으면 사회 규칙이나 도리를 알 수 없다. 배워야 사람됨의 도리[예와 의]를 알게 된다. 도리는 성숙한 가치관의 기준, 사회 규칙의 기준을 제공한다. 배움이란 결국 그런 기준을 갖추는 것이다. '예禮'와 '의義'는 나면서부터 가지고 있는 것이 아니고, 배움을 통해 몸에 익히는 것이다. '예'와 '의'는 사회가 요구하는 몸짓이다. 인간 사회에 살면서 '예'와 '의'를 모르면, 올바르게 사는 방법을 모르는 것이다.

玉不琢 不成器

'옥玉'은 뛰어난 물건 또는 보물의 원재료이다. 원재료가 아무리 좋아도 다듬지 않으면 보물이 되지 않는다. 원석原石 상태에서는 누구도 그것을 보물이라고 평가하지 않는다. 원재료를 용도에 맞게 조각하거나 연마하는 과정을 거치지 않으면 쓸모 있는 기물을 만들어내지 못한다. 이 구절은 『예기』「학기學記」에 나온다. 아무리 좋은 옥돌도 제대로 자르고 다듬지 않으면 쓸모 있는 물건이 되지 않는다. 그렇듯이 아무리 자질이 뛰어난 사람도 배우지 않으면 성숙한 사람이 되지 못한다.

人不學 不知義

의義는 도의, 도리이며, 사람으로서 마땅히 따라야 할 올바른 준칙이다. 사람이 제아무리 뛰어난 자질을 갖추고 있어도 배우지 않으면 인간적 성숙함에 이르기 어렵다. 의란 결국 사회가 요구하는 행동양식, 올바른 삶의 태도이다.

『시경』「위풍衛風」에 나오는 〈기욱淇奧〉이라는 시는 올바른 삶의 태도에 대해 노래한다. "아름다운 군자는 뼈와 상아를 다듬은 것과 같고, 구슬과 돌을 쪼고 간 것과 같다[有匪君子, 如切如磋, 如琢如磨]." '절차탁마'는 이 시에서 비롯된 숙어이다. 군자는 스스로 도덕과 학문을 갖추기 위해 노력하는 사람이다. 군자의 노력은 마치 뼈와 상아, 구슬과 돌을 가공하듯이 스스로를 가다듬는 일에 비유할 수 있다. 『이아爾雅』「석기釋器」의 해석에 따르면, 뼛조각을 가공하여 기물을 만드는 것이 '절切', 상아를 가공하여 기물을 만드는 것이 '차磋'이다. 구슬을 가공하여 기물을 만드는 것이 '탁琢', 돌을 가공하여 기물을 만드는 것이 '마磨'이다. 『삼자경』의 "玉不琢, 不成器, 人不學, 不知義"는 아무리 바탕이 좋아도 끊임없는 절차탁마의 과정을 거치지 않으면 쓸모 있는 물건이 될 수 없다는 도리를 말하고 있다.

爲人子 方少時 ^{위 인 자 방 소 시} 위인자爲人子는 사람의 자식 된 사람, 즉 젊은이 또는 자제이다. 『삼자경』 말미에 보이는 '소생小生'이나 '유학幼學'과 비슷한 말이다. 어린이나 젊은이는 그 시절에 반드시 새겨들어야 할 가르침이 있다. 사람은 누구나 어린 시절에 다양한 지식과 경험을 쌓기를 원한다. 그리고 누구보다 총명하고 강해지기를 바란다. 비록 누구나 그렇게 되기를 원하지만 올바른 방법을 제대로 알고 실천하는 사람은 드물다. 그 올바른 방법으로 『삼자경』은 두 가지를 알려준다. 바른 친구와 훌륭한 스승을 만나는 것, 그리고 그들과의 만남을 통해 사람의

도리와 지식을 배우는 것이다.

親師友 習禮儀^{친 사 우 습 예 의}　공부할 때 가장 중요한 것은 훌륭한 스승과 바른 친구를 가까이하는 일이다. 바른 친구를 사귀지 못하면 공부에서 진전을 이루기 어렵다. 공자 역시 친구의 중요성에 대해 강조하기를 마다하지 않았다. "이익이 되는 친구가 세 종류 있고, 손해가 되는 친구가 세 종류 있다. 정직하고, 도량이 크고, 견문이 넓은 친구는 도움이 된다. 견문이 좁고, 우유부단하고, 아첨하는 친구는 손해가 된다."[12] 훌륭한 스승과 바른 친구를 가까이하기 위해서는 본인이 먼저 그에 대한 안목과 가치관을 갖추어야 한다.

　　예의 혹은 예의염치禮義廉恥는 요즘 들어 퇴색한 감이 있지만, 사실 중요한 말이다. 요즘 사람들은 예의는 몰라도 에티켓은 안다는 씁쓸한 농담도 있지만, 보통 예의를 차린다고 하면 선물을 준다는 말인 줄로 아는 경우가 있다. 물론 작은 선물로 인정을 나누는 일도 중요하지만 예의의 핵심은 그것이 아니다. 예의는 '인사'에서 시작된다. 친구 사이의 인사, 스승의 강의를 듣는 바른 태도로서 인사, 이웃끼리 나누는 인사, 이런 모든 것이 바로 '사람의 일'로서 '인사人事'이고, 예의의 시작이다. 예의는 사람과 사람 사이에 마땅히 가져야 할 몸가짐이고, 사회가 요구하는 몸짓이다.

　　『논어』「팔일」에는 예의를 강조하는 공자의 말이 보인다. 하루는 공자가 태묘太廟에 들어가서 각종 예기禮器와 의례 순서에 대해 책임자에게 가르침을 청했다. 그 모습을 보고 어떤 사람이 물었다. "누가 공자 같은 사람보고 예를 안다고 말하는가? 그는 태묘에 들어가서 일일이 다른 사람에게 질문을 한다네. 만일 그가 예를 안다면 저렇게 많은 질문을 하겠는가?" 공자는 그 말을 듣고 이렇게 말했다. "나의 이런 행동이야말로 예를 따르는 것이네."[13] 공자처럼 예禮의 전문가조차도 태묘라는 종묘사직을 모시는 공간에서는 그곳의 담당자에게 절차를 물어가면서 신중하게 행동하는 것이 바로 예라는 것이다.

사람은 사람을 통해 단련된다. 따라서 사람은 어릴 때 마땅히 훌륭한 스승을 가까이하고 바른 친구와 사귀는 노력을 게을리해서는 안 된다. 그런 노력을 통해서만이 사회에서 자립할 수 있는 근거를 마련할 수 있기 때문이다.

5 가르침의 실천: 효도와 겸양

香九齡, 能溫席. 孝於親, 所當執.   ⑨

향 구 령   능 온 석   효 어 친   소 당 집

황향黃香은 아홉 살에 잠자리를 데울 줄 알았다.
부모에 대한 효도는 사람의 마땅한 도리이다.

融四歲, 能讓梨. 弟於長, 宜先知.   ⑩

융 사 세   능 양 리   제 어 장   의 선 지

공융孔融은 네 살 때 배를 양보했다.
아우가 형을 공손히 대하는 것은 반드시 먼저 알아야 한다.

'효孝'와 '제悌'는 동아시아 문화에서 가장 중요한 미덕이다.『삼자경』
은 효제를 가장 중요한 덕목으로 제시한다. '효'란 부모를 소중하게 생
각하는 것이다. '효孝'에 '문文'을 더하면 '교敎'가 된다. 즉 가르침이란
'효'를 아는 것에서 시작한다는 뜻이다. '효'는 '제'와 함께 '효제'라는
성어를 이룬다. '제'를 '효'만큼 중시하기 때문이다. '효제'를 중시하는
사고는 사람 간 연결을 소중하게 여기는 동양적 지혜의 핵심이다.

香九齡 能溫席 　향香은 황향(68?~122)이다. 석席은 좌석처럼 넓은
의미의 자리인데, 여기서는 잠자리를 가리킨다. 이 구절은 고사성어
'황향온석黃香溫席'에서 유래한다. 황향은 동한東漢 시대 강하江夏(지금
의 호북성) 사람으로, 학문이 뛰어났고 상서령을 지냈다. 9세에 어머니
를 잃고 아버지와 단둘이 생활했는데, 지극한 효성으로 아버지를 섬
겼다. 집안이 몹시 가난하여 깔개 한 장으로 사계절을 나기 일쑤였다.
여름철 무더위로 아버지가 잠들지 못하면 부채질을 하고, 엄동설한에
는 체온으로 잠자리를 따뜻하게 했다는 일화가 전해진다. 나중에 사람
들은 황향을 두고 "천하에 둘도 없는 강하의 황씨 아이[天下無雙, 江夏黃
童]"라고 불렀다. 그 후 중국에서는 황향이 실천한, 즉 저녁에는 잠자
리를 살펴드리고 아침에는 문안을 여쭈는 '혼정신성昏定晨省'과 겨울
에는 따뜻하게, 여름에는 시원하게 해드리는 '동온하정冬溫夏凊'을 효
도의 기본으로 삼았다.

孝於親 所當執 　사람이 태어나서 지각이 생기면 가장 먼저 부모를

알아본다. 맹자는 "겨우 손 붙잡고 데리고 다니는 서너 살 아이도 자기 부모를 사랑할 줄 알고, 자라면 손윗사람에게 예의를 갖출 줄 안다"[14]라고 말했다. 맹자는 '효'란 배워서 아는 것이 아니라 사람의 타고난 성향이라고 생각했다.『효경』에서도 "효도는 하늘이 정해준 규범이고 땅이 따르는 순응이고 사람이 실천하는 행위이다"[15]라고 말한다. 또한 "사람의 행위 중 효도가 가장 크고 중하다"[16]라고도 말했다. 이처럼 유학에서 '효'는 수많은 덕목 중 가장 근본이다. 나아가 '가국일체家國一體'를 내세우는 정치 체제 안에서 혈연관계의 덕목인 '효'는 국가 통치[平天下]의 원리로 확대되었다. 다시 말해 자신을 수양하고[修身], 집안을 다스리고[齊家], 국가와 천하를 다스리는[治國, 平天下] 원리로 확대된 것이다.

融四歲 能讓梨
융 사 세 능 양 리

融은 후한後漢의 학자이자 건안칠자建安七子 중 한 사람인 공융(153~208)을 이르는 말이다. 이 구절은 형제의 우애와 겸양을 강조하는 고사성어 '공융양리孔融讓梨'에 기반한 글귀이다. 공융은 총명하고 배우기를 좋아했다. 사고가 민첩하고, 언어에 능숙하여 모두 그를 '기동奇童'이라고 불렀다. 그는 겨우 4세에 수많은 시문을 암송했고, 예절에 밝아서 부모도 그를 대견하게 여겼다. 하루는 아버지의 친구가 배 한 광주리를 공융 형제들에게 먹으라고 주었다. 아버지가 공융을 불러 배를 나누게 하자, 공융은 자신이 제일 작은 배를 가지고 나머지는 나이 순서대로 형제들에게 나누어주고는 이렇게 말했다. "제가 나이가 어리니까 응당 작은 배를 먹어야 하고, 큰 배는 형님들에게 주어야 합니다." 아버지가 이 말을 듣고 대견해하며 다시 물었다. "저 동생들은 너보다 어리지 않느냐?" 공융이 대답했다. "동생들은 저보다 어리기 때문에 제가 양보해야 합니다." 공융의 겸손함과 공손함이 잘 드러나는 대목이다.

弟於長 宜宣知 제弟는 동생인데, 마음 심忄이 붙어 있는 제悌와 동의어로 통용되면서 형에 대한 우애를 의미한다. 『좌전』에서는 "형은 사랑으로써 우애하고, 동생은 겸손함으로 순응順應한다"[17]라고 말하면서 제悌를 설명한다. 즉 형을 존경하고 동생을 사랑하면서 서로 화목하게 지내는 것이다. 전통사회에서는 형제 사이가 무너지면 곧바로 가족의 안녕과 번영이 깨지는 결과를 초래했다. 그래서 '제悌'가 가족 질서를 유지하는 데 대단히 중요한 덕목이 된 것이다.

『삼자경』은 '제悌'의 덕목 중에서도 특히 '겸양謙讓'을 강조한다. 겸양은 결코 쉬운 일이 아니다. 그렇기에 '공융양리' 고사는 교육적으로 매우 가치 있는 이야기라고 할 수 있다. 형제 우애의 '제悌'는 현대사회에서도 결코 그 의미가 퇴색하지 않는 중요한 가치이다.

제2부

수數와 사물의 분류

首孝弟, 次見聞. 知某數, 識某文.　⑪

수 효 제 　 차 견 문 　 지 모 수 　 식 모 문

첫 번째가 효도와 우애, 그 다음이 견문의 확대이다.

지식의 기본은 숫자를 아는 것이고, 그 다음은 글을 아는 것이다.

제1부에서는 배움의 내용으로서 효제孝悌의 중요성을 강조했다. 이어지는 제2부에서는 세상에 대한 넓은 이해를 강조한다. 그리고 제2부의 첫 구절은 배움의 전체상을 제시한다. 먼저 효제의 실천이 강조되며 이어서 견문見聞의 확대를 요구한다. 견문의 확대에서 다시 기본이 되는 것은 숫자의 이해이고, 그런 숫자의 이해라는 바탕 위에서 문장의 이해로 나아가는 것을 말하고 있다.

사회적 삶의 규칙으로서의 예의는 부모와 형제자매를 소중히 여기는 효제에서 시작한다. 사회에서 필요로 하는 인재상도 사실은 여기에서 벗어나지 않는다. 현대사회에서 중시하는 커뮤니케이션 능력 역시 '예의 바름'의 기초 위에서, 다른 사람과 정보 및 생각을 교환하고 인간적으로 교류하는 '인간관계의 능력'을 갖추는 것과 다름없기 때문이다. 유학에서는 지식을 소홀히 하는 것이 아니라 지식교육의 기초로서 예의와 인격의 성장을 중시한다. 그것이 현대적 의미의 교육과 다른 점이다.

首孝弟 次見聞　수首는 머리, 시작 또는 첫 번째라는 뜻이고, 효제孝弟는 부모에 대한 효도, 형제에 대한 우애를 가리킨다. 차次는 다음, 또는 두 번째라는 뜻으로 차석次席이라는 말에서도 알 수 있다. 견문見聞은 보고 들은 지식이나 경험이다. 초학자는 예의라는 몸 교육과 효세리는 마음 교육으로 토대를 마련한 다음 지식교육으로 들어가야 한다. 공자 역시 '효제'야말로 사람을 사람답게 만드는, 학문의 근본이라고 생각하여 이렇게 말했다. "젊은이는 집에 들어와서는 효도하고, 집

을 나서서는 겸양하고, 말할 때는 삼가 조심하고, 사람과 사귈 때는 신뢰를 얻고, 널리 대중大衆을 사랑하고, 성숙한 사람과 친하게 지내야 한다. 그렇게 하고도 남는 힘이 있을 때, 지식을 배우는 것에 힘써라."[18]

知某數 識某文
지 모 수 식 모 문

수數는 숫자, 산술, 수학이다. 고대 중국에서 숫자 및 산술 공부는 귀족 교육의 총체인 육예六藝[예의禮, 음악樂, 활쏘기射, 마차몰이御, 서예書, 산술數]의 한 과목이었다. 사회생활의 기본인 효제의 도리를 익히고 이해한 다음에는 숫자 및 산술 공부, 글을 읽고 쓰는 문장 공부가 그 뒤를 이었다. 고도의 학문이라기보다는 실용적 차원에서의 지식을 습득하는 것이 귀족에게 요구되는 최소한의 교양이었기 때문이다. 동서고금을 막론하고, 숫자를 알고 기본적인 셈법을 이해하는 것은 세상살이를 하는 데 반드시 필요한 지식이다. 복잡하기 짝이 없는 세상사 하나하나를 어린이에게 가르치는 것은 불가능하다. 하지만 숫자로 표현되는 세상사의 분류 체계[數]를 가르치면, 학생들은 그런 분류 체계를 기초로 세상에 대한 지식을 체계적으로 확장할 수 있다. 세상의 구성에 대한 기본을 알면, 경험을 축적하는 과정에서 이미 배운 것을 가감하면서 자기만의 인식 체계를 만들어갈 수 있기 때문이다. 공자는 그런 배움의 원리에 대해 이렇게 말한다. "많이 배우되 의심나는 것을 제거하고, 조심스럽게 그 나머지를 말할 수 있다면 실수가 줄어든다. 많이 보되 위태로운 것을 빼고, 조심스럽게 그 나머지를 실행할 수 있다면 후회하는 일이 적어질 것이다."[19]

2 '수數'의 세계: 십진법의 원리

一而十, 十而百. 百而千, 千而萬. ⑫

일 이 십   십 이 백   백 이 천   천 이 만

일이 열이면 십이고, 십이 열이면 백이다.

백이 열이면 천이고, 천이 열이면 만이다.

수數=數는 세상에 대한 막연한 생각을 명확한 것으로 바꾸어준다. 1개, 2개… 그렇게 셈을 하는 동안 막연한 생각이 분명해진다. 우리는 '수'를 통해 세계를 이해한다. 고대 그리스의 피타고라스는 "수數는 세계의 신비를 풀어내는 열쇠"라고 말했다. 우주가 '수'에 의해 지배되고 있다는 생각을 그렇게 표현한 것이다. '수'란 그 누구도 끝을 알 수가 없다. 아무리 뛰어난 수학자라도 '대략의 수'에 대해 말할 수 있을 뿐이다. 우주에 은하가 몇 개 있는지, 하나의 은하에는 몇 개의 별이 있는지, 인체를 구성하는 세포의 수는 몇 개인지를 완벽하게 계산하는 것은 불가능하다. 그러나 '대략적인 수'를 알면 대상의 전체적인 모습, 세상의 개략적인 상황을 이해할 수 있다. 계산이 빠른 사람은 그만큼 빠르게 판단하고 결단할 수 있다. 따라서 '수'를 이해하고, 그 '수'를 통해 세상에 대한 개략적인 그림을 그리는 능력은 교육 과정에서 반드시 철저하게 배울 필요가 있다.

一而十 十而百 십진법에서 수數는 1에서 시작하고 10에서 끝난다. 인류는 십진법을 기본으로 문화를 창조했다. 중국문화 역시 예외가 아니다. 십이진법이나 육십진법이 보조 수단으로 사용되기는 하지만, 기본은 어디까지나 십진법이었다. 컴퓨터가 발명되고 0과 1이라는 두 숫자로 계산하는 이진법이 십진법을 대체하는 중요한 셈법 원리로 채용되고 있지만, 일상생활은 여전히 십진법이 지배하고 있다. 그런 십진법 체계에서 수는 1에서 시작하여 10으로 끝난다. 그리고 10이 열 개 있으면 100이 된다. 100이 열 개면 1,000이고, 1,000

이 열 개면 10,000이라는 식이다. [정확하게 말하면 0에서 9의 열 개 숫자가 있다. 10은 단위가 높은 0이다. 인류는 인도에서 발견된 '0'을 사용하게 되면서 자리수를 명확하게 인식할 수 있게 되었다. '천 십'을 '1,010'이라고 표현할 수 있게 된 것이다. 수의 셈에서는 일의 자리, 십의 자리, 백의 자리, 천의 자리, 만의 자리 등 '자리'가 중요하다.]

百而千 千而萬
백 이 천 천 이 만

십이 열 개 있으면 백이 되고, 백이 열 개 있으면 천, 천이 열 개 있으면 만이 된다. 만을 넘어서면 수數는 끝이 없이 확장된다. 중국에서는 기원전 16세기를 전후하여 존재했던 은나라 시대 때부터 십진법이 사용되었다. 십진법은 0에서 9까지의 숫자를 기초로 해서 10에 가득차면 곧 한 자리 위로 나아가는 것을 차례대로 반복하는 것이다. 예를 들면, 234라는 숫자가 있다고 해보자. 234는 오른쪽 4는 1의 자리에 있어서 1이 네 개, 중간의 3은 10의 자리에 있어서 10이 세 개, 왼쪽의 2는 100의 자리에 있어서 100이 2개라는 의미이다.

중국에서는 십진법 외에도 십이진법, 육십진법 등이 보조로 사용되었지만, 특히 주목할 만한 것은 이진법이다. 이진법이 현재 컴퓨터의 기본 원리로 이용되고 있음은 상식이지만, 그 이진법이 『주역』이라고도 불리는 『역경』에서 나왔다는 사실을 아는 사람은 많지 않다. 『역경』에서는 한 가닥의 연결된 직선을 양陽[―], 중간이 잘린 단선斷線을 음陰[--]이라고 부르면서, 양과 음의 부호로 세상을 설명하려고 시도한다. 음양이 한 번 중첩된 것을 사상四象, 음양이 삼중으로 중첩된 것을 팔괘八卦, 음양이 여섯 겹으로 중첩된 것을 육십사괘六十四卦라고 부른다.『주역』은 이진법의 원리를 활용하여 육십사괘로 세상사를 설명하는 시도이다.

三才者, 天地人, 三光者, 日月星.　⑬

삼 재 자　천 지 인　삼 광 자　일 월 성

삼재는 천, 지, 인이고, 삼광은 일, 월, 성이다.

三綱者, 君臣義, 父子親, 夫婦順.　⑭

삼 강 자　군 신 의　부 자 친　부 부 순

삼강은 군신의 도리, 부자의 친밀, 부부의 화목이다.

중국문화에서는 인간, 사회, 우주의 일을 수數의 체계에 입각하여 개괄하는 방식이 널리 활용되었다. 그런 방식을 '수'에 입각한 분류라고 말할 수 있는데, 분류의 목표는 기억을 용이하게 만드는 것이었다. 『삼자경』은 '수'의 원리로 십진법을 제시한 다음, 3에서 9에 이르는 숫자 분류 체계를 제시한다. 이 구절에서는 삼三을 활용한 분류 체계로서 삼재三才 · 삼광三光 · 삼강三綱의 개념을 제시하여, 중국인의 세계관 · 우주관 · 인간관의 핵심을 개괄하고 있다. 한자 삼三은 세 개의 선으로 구성되어 있다. 三이라는 글자의 형태 자체가 사실은 천지인의 합일을 지향하는 세계관을 바탕으로 성립된 것이다. 三의 위 선은 하늘, 아래 선은 땅, 가운데 선은 인간 및 만물을 상징한다. 이처럼 수를 활용하여 기본적인 숫자는 물론, 추상적인 개념 및 문화적 이념을 가르치는 방식은 다른 문화권에서는 보기 어려운 탁월한 것이다.

三才者 天地人
삼재자 천지인

삼재三才의 재才는 재료 혹은 힘, 능력이다. 삼재는 우주를 형성하는 핵심적인 재료, 혹은 핵심적인 능력(힘)으로서 하늘[天], 땅[地], 사람 혹은 만물[人物]을 가리킨다. 내가 살고 있는 세계는 하늘과 땅, 그리고 사람과 만물로 구성되어 있다. 이런 생각을 '천인합일天人合一' 사상이라고 부르는데, "천지 사이에 사람이 있고, 천지와 인물은 결국은 하나이다"라는 세계관이다. 전통사회에서는 세계가 기氣로 이루어져 있다고 생각했다. 우주가 아직 명확한 형태를 가지고 있기 전에, 혼돈의 기만 존재하고 있었다. 그것을 태허太虛라고 부른다. 그 태허의 기 중에서 맑고 가벼운 것은 위로 올라가서 하늘[天]

이 되고, 무겁고 탁한 것은 아래로 내려가서 땅[地]이 되었다. 그 하늘
과 땅을 이루는 두 가지 종류의 기가 뒤섞여 하늘과 땅 사이에 사는 여
러 생명체와 만물이 만들어졌다. 그런 여러 생명체와 만물 중에서 사
람[人]은 가장 고귀한 존재로서, 하늘의 성질과 땅의 성질을 골고루 간
직하고 있다고 여겼다. 이런 생각에서 '인간은 만물의 영장靈長'이라는
관점이 만들어졌다. 인간은 만물 중에서 영적으로 가장 뛰어난 존재라
는 뜻이다.

하지만 천天은 단지 물질적인 '하늘'이라는 의미만 가진 것이 아
니다. 하늘[天]은 영靈의 근원이기 때문에, 특별한 영적 존재인 신神이
하늘에 속한다는 생각이 나온다. 이처럼 하늘은 종교적 의미를 가지게
되었고, 하늘의 결정인 운명運命이라는 의미도 가지게 되었다. 거기서
'진인사대천명盡人事待天命'이라는 유학적 인간관이 도출된다. 한편 땅
[地]은 만물이 생장하는 장소로서 대자연이라는 의미를 가지게 된다.
유학에서는 하늘, 땅, 만물[人物]을 삼재라는 하나의 개념으로 파악하
면서, 하늘, 땅, 인간을 분리시키지 않고 상호 영향을 주고받는 하나의
전체로 이해하는 유기체적 세계관을 발전시켰다. 유학에서는 인간을
포함하는 이 세계를 '천지天地'라고 부르는데, 천지는 만물을 포함하는
유기체로서의 우주라는 의미이다.

삼 광 자 일 월 성
三光者 日月星   삼광三光은 하늘에서 빛을 내는 세 천체로서, 태양
[日], 달[月], 별[星]이다. 태양과 달은 하나지만 별은 무수하다. 인간은
천지 사이에 존재하지만 하늘에는 무수한 별이 빛나고 있다는 인식

을 전제로, 인간은 세계 안에서 자신이 해야 하는 것, 자신이 할 수 있는 것, 자신이 할 수 없는 것을 분명하게 인식해야 한다. 태양은 양기陽氣의 에센스로서 낮에 온 세계를 비춘다. 달은 음기陰氣의 정수로서 밤에 빛을 밝힌다. 오성五星을 비롯한 뭇별들은 밤하늘을 아름답게 수놓으며 휘황찬란하게 퍼져 있다. 낮과 밤의 하늘을 장엄하게 만들어주는 해, 달, 별을 하나의 개념으로 포착한 것이 '삼광'이다. 『삼자경』은 초학자에게 이런 개념들을 통해 포괄적인 안목으로 세상의 질서를 포착할 수 있는 이론적인 무기를 제공하고 있다. 『삼자경』이 단순히 글자 학습서에 그치지 않고, 세상을 폭넓게 개괄할 수 있는 안목을 길러주는 철학서로서의 가치를 가진다는 사실을 다시 확인할 수 있다.

三綱者 君臣義
삼 강 자 군 신 의

삼강三綱의 강綱은 그물이 흩어지지 않도록 묶어주는 역할을 하는 부분이다. 거기서 확대되어 강綱은 사물의 원리, 벼리, 법칙, 강령이라는 의미로 사용된다. '삼강'은 유학적 인간관의 세 가지 핵심 가치이다. 그러나 그것은 법적인 강제에 의해 작동하는 원리가 아니라 긴 역사 속에서 형성된 관습적인 원리이다. 특히 『삼자경』에서 말하는 '삼강'은 일반적으로 알고 있는 전한前漢의 동중서董仲舒가 제시한 '삼강'과는 내용이 약간 다르다. "임금은 신하의 벼리가 되고[君爲臣綱], 아버지는 아들의 벼리가 되고[父爲子綱], 남편은 아내의 벼리가 된다[夫爲婦綱]"라고 말하는 동중서식의 '삼강'이 군신, 부자, 부부 관계를 일방적인 상하 관계, 명령과 복종의 관계라고 보고 있는 것과 달리, 『삼자경』의 '삼강'은 군주와 신하, 아버지와 아들, 남편과 아내 사이의 관계를 일종의 도道의 관계, 상호 협력 관계로 이해한다는 점에서 독특하다.

먼저 '군신의君臣義'는 군신 관계에 요구되는 일종의 도의道義이다. 군자와 신하는 일방적인 명령과 복종으로 이루어지는 상하 관계나 주종 관계가 아니라 도리에 의해 맺어지는 관계라는 사실이 강조되고 있다. 그런 도의적 관계가 유지되기 위해서는 군주는 군주대로 신하는 신하대로 도의에 입각한 행동 원리를 발휘할 필요가 있다. 군주가 군주로서의 의義=도의를 다할 때, 신하는 신하로서의 도의를 다한다. 군주의 도의가 예禮라면, 신하의 도의는 충忠이다. 군주가 예로써 신하를 대하지 않으면, 신하는 군주에 대한 충의 의무를 부담하지 않아도 좋다. 따라서 군주가 임명권자로서 신하에게 일을 맡기고, 신하는 군주를 위해 자신의 진심과 능력을 다한다. 그때 군주와 신하의 최종 목표는 백성의 안녕과 국가의 번영이다.

父子親 夫婦順   '부자친父子親'은 혈연관계에서 요구되는 친밀함이다. 혈연관계에서 친밀함이 없으면 그 관계는 유지되기 어렵다. 부자 관계를 묶어주는 벼리[綱]가 일방적인 명령과 복종이 아니라 '친밀함'이라고 가르치는 『삼자경』의 성리학적인 '삼강' 이해는 주목할 가치가 있다. 친親은 혈연관계에서 나오는 자연스러운 감정이다. 그런 자연스러운 감정의 발로가 없이, 바른 가족 관계는 유지되지 않는다. 어른이 나이만 믿고 아이에게 명령하고 폭력적으로 대하는 가정에서 '부자의 친'이라는 벼리는 의미가 없다. '부자의 친'이 성립하기 위해서는 아버

지는 자애롭고, 자식은 효도한다는 '부자자효父慈子孝'의 상호성 원칙이 기본으로서 지켜져야 한다. 그런 기본이 사라진 가정에서 부자의 벼리는 성립하지 않는다. 그런 '부자자효'의 바탕 위에서, 엄격함은 탁월한 교육적 효과를 발휘할 수 있다. 그러나 '부자자효'의 전제가 사라진 상황에서 엄격함은 폭력에 불과한 것이 될 수 있다.

한편 '부부순夫婦順'은 부부 사이의 화순和順이다. 화순은 상호 순종, 즉 상호 신뢰에 기반한 화목이다. 화순을 화목이라고 번역한 이유이다. 『삼자경』이 부부 관계의 벼리가 일방적인 상명하복의 관계가 아니라 친화순리적 관계, 즉 음양의 조화에 의해 형성되는 상호 신뢰라고 가르치고 있다는 사실은 기억할 가치가 있다.

曰春夏, 曰秋冬. 此四時, 運不窮.   ⑮

왈 춘 하   왈 추 동   차 사 시   운 불 궁

춘하라고 하고, 추동이라고 한다.
이런 '사시'의 순환은 끝이 없다.

曰南北, 曰西東. 此四方, 應乎中.   ⑯

왈 남 북   왈 서 동   차 사 방   응 호 중

남북이라고 하고, 동서라고 한다.
이 '사방'은 중⊪을 두고 대응한다.

시간과 공간은 관념의 세계이다. 전통 시대 중국을 비롯한 동아시아 각국은 농업을 주요 산업으로 삼았기 때문에 계절의 변화를 인지하여 그에 알맞은 농사를 실행하는 것이 무엇보다 중요한 과제였다. 온대 지역에 속한 중국은 춘하추동春夏秋冬, 즉 사계절이 비교적 엄격하게 순환하는 기후이다. 따라서 이런 사계절의 순환은 중국을 비롯한 동아시아 세계의 시간 개념을 이해하는 키워드가 된다. 사계절 중 '춘추春秋'는 문자 그대로는 봄과 가을이지만, 의미가 확장되어 '시간' 혹은 '1년의 기간', 나아가 '역사'라는 의미로 사용되기도 했다. 이런 시간 개념과 함께 중요한 것은 공간 개념이다. 자신이 처해 있는 장소의 공간적 위치를 아는 것은 대단히 중요한 일이다. 그런 위치를 알아야 방향 감각을 가질 수 있고, 자신의 행동을 결정할 수 있기 때문이다.

曰春夏, 曰秋冬　은殷의 갑골문자와 주周나라의 기록에서는 1년을 사계四季(=사시四時)로 나누고, 각 계절을 북두성의 운행과 연결 짓는 사유가 발견된다. "북두성의 자루가 동쪽을 가리키면 천하는 모두 봄이 되고, 북두성의 자루가 남쪽을 가리키면, 천하는 모두 여름이 되고, 북두성의 자루가 서쪽을 가리키면, 천하는 모두 가을이 되고, 북두성의 자루가 북쪽을 가리키면 천하는 모두 겨울이 된다." 그들은 음력으로 3월, 4월, 5월을 봄, 6월, 7월, 8월을 여름, 9월, 10월, 11월을 가을, 12월, 1월, 2월을 겨울이라고 생각했다.

此四時 運不窮　운運은 운행한다, 또는 돈다는 뜻이다. 여기서는

사계절의 움직임, 천지의 움직임을 의미한다. 천지의 움직임은 멈추는 법이 없다. 사시四時는 순환하여 멈추지 않고 천지의 운행은 계속된다. 따라서 추위와 더위 역시 번갈아 바뀌고 사계절 한 해가 완성된다. 사계四季의 순환은 단순히 자연현상에 대한 지식에 그치지 않고 하나의 세계관으로 자리 잡았다. 그런 세계관에 따라, 인간의 일생을 사시의 순환으로 사고하게 되었다. 봄은 유소년기, 여름은 청년기, 가을은 장년기, 겨울은 노년기라는 식이다. 이처럼 인생을 사계절의 순환에 빗대어, 차면 기우는 자연의 섭리를 본받아 겸손하게 살아가는 것을 지혜라고 여기는 인생관이 만들어졌다.

농사를 짓기 위해서는 사계절을 좀 더 정밀하게 구분해야 한다. 따라서 사계절을 각각 6등분한 24절기節氣 개념이 만들어졌다. 서주 시대에 이미 '팔절八節' 개념이 등장하는데, 이분二分[춘분春分과 추분秋分]과 이지二至[동지冬至와 하지夏至], 그리고 사립四立[입춘立春, 입하立夏, 입추立秋, 입동立冬]이 그것이다. 전국 시대가 되면 그것을 더욱 세분하는 24절기 개념이 출현한다. 특히 한대漢代에는 '동지冬至'를 특별히 중시하는 관념이 만들어지고, 당송唐宋 시대에 크게 확산되어 지금에 이르렀다.

왈 남 북   왈 서 동
曰南北 曰西東   자신이 있는 곳을 중심으로 전후좌우를 사방四方이리고 한다. 천게는 일반저으로 동서남북東西南北이라는 순서로 동쪽을 맨 앞에 두지만, 『삼자경』에서는 사방을 '남북서동'이라는 순서로 부르고 있다. 왜 남쪽을 처음 자리에 두는 것일까? 사실 방향이란 처

음부터 정해진 것이 아니다. 다
만 관념의 세계를 방향으로 표시
한 것일 뿐이다 앞에서두 언급한
것처럼 우주에 가득 찬 기氣가 음
양으로 나뉘고 다시 수화목금토
水火木金土의 오행으로 분리되었
으며, 거기서 팔괘가 만들어진다
는 고대 우주론에서 "정남正南은
완전한 양陽의 방향이기 때문에
건乾의 자리에 위치한다. 정북正

고태극도

北은 순수한 음陰의 방향이기 때문에 곤坤의 자리에 위치한다." 방향을
표시하는 그림에서 남쪽을 위쪽에 배치하는 이유는 양기가 강한 남쪽
을 태양이 위치한 위쪽에 두어야 한다는 생각 때문이다. 이것은 자연
적인 배치라기보다는 음양론에서 유래한 관념적 배치라고 할 수 있다.
남이 위쪽에 오면 북은 아래쪽, 동은 왼쪽, 서는 오른쪽에 위치하게 된
다. 보통 북쪽을 위에 오게 그리는 경우에 동쪽은 오른쪽, 서쪽은 왼쪽
이 되는 것과 달리 동서의 방향이 반대가 된다. 남북의 방향이 동서의
위치를 결정하는 것이다.

차 사 방 응 호 중
此四方 應乎中　　응應은 대응하다, 상응하다는 뜻이다. 중中은 중앙
이다. 동서남북東西南北의 네 방향은 중中을 가운데 두고 상하, 좌우로
대응한다. 이 말에서 중국 고대인의 현명함을 엿볼 수 있다. '남'이니

'북'이니 하는 방향은 정해져 있지만, 일상생활에서 남북, 동서의 방향을 정확하게 알기는 어렵다. 따라서 일상적으로는 동, 서, 남, 북 어디가 되었든, 먼저 기준이 되는 방향을 제시하고, 그것을 기준으로 대응하는 방향을 알 수 있도록 표시하면 편리하다. 만약 기준이 '동'이면 대응하는 방향은 '서', 기준이 '북'이면 대응하는 방향은 '남'이 된다. 그렇게 '동'과 '서', 혹은 '남'과 '북'이 정해지면, 그 다음에 사방 전체를 인식하는 것은 어렵지 않다. 결국 방향이란 어느 장소에서 어디를 바라보느냐에 따라 달라지는 기준의 지시일 뿐이다. 따라서 중앙을 기준으로 대칭하여 '남과 북', '동과 서'의 방향이 제시되어 있을 따름이다. 이런 방향 인식은 현재 중국의 도로 표지판에 잘 표현되고 있다.

중국의 도로 표지판

5   오: 오행五行 · 오상五常

曰水火, 木金土, 此五行, 本乎數. ⑰

왈 수 화   목 금 토   차 오 행   본 호 수

수화, 목금토라고 하는데,
이것은 오행으로 수數에 근본을 둔다.

曰仁義, 禮智信, 此五常, 不容紊. ⑱

왈 인 의   예 지 신   차 오 상   불 용 문

인의, 예지신이라고 하는데,
이것은 오상으로 어지럽힘을 허용하지 않는다.

고대 중국인들은 "만물은 어떻게 만들어졌을까?", "인간의 본성은 무엇일까?"에 대해 끊임없이 질문하고 대답했다. 만물은 천지 사이에 음양이라는 두 기氣, 그리고 그것이 작용하여 만들어진 다섯 가지 양태인 '목·화·토·금·수'가 서로 영향을 주고받으며, 변화하고 순환한다고 생각했다. 이 다섯 가지는 하늘에서 움직이는 다섯별의 이름을 가지고 있기 때문에 전부를 함께 부를 때는 오행五行이라고 했다. '행行'이란 하늘의 별이 운행한다는 의미이다. 그리고 그 오행을 인간에 적용한 것이 오상五常이다. 오상은 인간이 태어날 때부터 갖고 나오는 본성적 덕목으로, 유학에서는 그것이 인간됨의 근거라고 보았다.

왈 수 화 목 금 토
曰水火 木金土   고대 중국인은 만물이 '목·화·토·금·수'라는 다섯 종류의 기氣의 취합과 운동에 의해 만들어진다고 생각했다. 근대 이전의 서양 사람들은 만물이 '지地·수水·화火·풍風'이라는 사원소四元素로 이루어져 있다고 보았고, 고대의 인도인들은 '지地·수水·화火·풍風·공空'의 오대五大로 구성된다고 설명한다.

오행에 대해 조금 더 살펴보자. 하늘은 먼저 물을 만들고, 이어서 땅은 불을 만든다. 그 다음에 하늘은 나무를 만들고, 그 다음에 땅은 쇠를 만든다. 마지막으로 하늘은 흙을 만들었다. 하늘과 땅에서 만들어진 오행 중에서, 물은 대지를 적시며 아래로 흐르고, 불은 위로 불타오르고, 나무는 휘기니 곧게 자라고, 쇠는 전쟁에서 사용되고, 흙은 농사를 돕는다. 이것이 오행의 본래 성질인 동시에 덕목이다.

『서경書經』「홍범洪範」에는 오행의 상생相生과 상극相克의 관계에

오행의 상생·상극도

대해 다음과 같이 말한다. "오행 중에서 유일하게 생명을 가지고 활동하는 것은 나무이고, 생명은 물이 있어야 비로소 성장하므로 '물이 나무를 낳는다'[水生木]. 인류 중 가장 먼저 불씨를 얻은 사람은 나무를 비벼서 불씨를 얻었고, 그 위에 나무 종류를 태워서 연료를 얻었으므로 '나무가 불을 낳는다'[木生火]. 물체는 연소한 뒤에 재가 남고, 불타고 남은 재는 곧 흙이 되므로 '불이 흙을 낳는다'[火生土]. 쇠붙이는 진흙이나 돌덩이 속에 포함되어 있어서 녹이는 과정을 거쳐야 겨우 쇠붙이를 얻을 수 있으므로 '흙이 쇠를 낳는다'[土生金]. 고온은 금속을 녹여서 액체로 만들기 때문에 '쇠가 물을 낳는다'[金生水]. 이것은 곧 수생목水生木 → 목생화木生火 → 화생토火生土 → 토생금土生金 → 금생수金生水의 상생적 순환을 의미한다. 반대로 상극적相剋的 관계도 있다. '물은 불을 이기고'[水克火], '불은 쇠를 이기고'[火克金], '쇠는 나무를 이기고'[金克木], '나무는 흙을 이긴다'[木克土], '흙은 물을 이긴다'[土克水]."

이것은 오행의 관계에 대한 고전적인 입장으로서 유학 사상의 핵심이 되었다.

此五行 本乎數 ^{차 오 행 본 호 수} 여기서 수數는 어려운 개념이다. 수는 천지자연의 원리 또는 천지 운행의 원리라는 의미로, 오행과 수數는 서로 대응하는 것으로 설명되었다. 예를 들면 인간의 '사주팔자四柱八字'에 해당하는 생시生時 · 생일生日 · 생월生月 · 생년生年의 간지干支는 우주의 수數라고 여겨지는데, 이런 간지는 모두 오행과 대응된다. 오행설은 '목 · 화 · 토 · 금 · 수'라는 다섯 가지 기[五行]의 움직임이 우주의 움직임과 어떻게 관련되는지를 설명하는 사주명리학四柱命理學으로 체계화되었다. 명리학은 천지의 운행과 인간세계의 운명이 연결되어 있다는 생각에서 시작하여, 왕조의 교체는 물론 천지이변까지도 미리 이해할 수 있다는 미래 예측술로 발전했다.

오행의 관념은 음양의 관념과 결합하여 음양오행설로 발전했다. 오행설은 천지의 현상과 인간의 일[人事] 사이의 상호 관계를 나타낸다. 예를 들어, 일식日蝕이나 월식月蝕 같은 자연현상을 인간세계와 연결하여 해석하는 식이다. 한편 천지나 밤낮, 남녀 관계 등 인간세계의 변화에 근거하여 우주의 여러 현상을 이해하는 것이 음양설이다. 오행설은 전국 시대의 추연鄒衍이 체계화한 다음, 한대의 복생伏生이 왕조의 변화나 만물의 운동을 연결시키면서 음양설과 결합된 음양오행설이 널리 유행하게 되었다.

曰仁義 禮智信 왈 인 의 예 지 신　인仁은 혈연관계 안에서의 인애仁愛에서 출발하여 널리 타자에까지 확대되는 사랑의 마음이다. 의義는 비혈연적 인간관계에서의 정의와 평등, 혹은 공정이다. 예禮는 예의, 또는 사람이 살면서 지켜야 하는 사회적 질서, 지智는 총명, 지혜, 판단력이다. 신信은 신뢰와 계약을 준수하는 책임감이다. 『맹자』에서는 인간의 성性을 '인의예지'의 사덕四德이라고 말한다. 또한 맹자는 곤경에 빠진 사람을 불쌍하게 여기는 측은지심惻隱之心을 '인의 단서', 자신의 잘못을 부끄러워하고 남의 잘못을 미워하는 수오지심羞惡之心을 '의의 단서', 다른 사람에게 자기의 이익을 양보하는 사양지심辭讓之心을 '예의 단서', 옳고 그름을 가리는 시비지심是非之心을 '지의 단서'라고 말한다. 이러한 네 가지 단서를 사단四端이라고 하는데, 한漢나라 동중서는 그 '사단'에 '신信'을 부가하여 '인 · 의 · 예 · 지 · 신'이라는 덕목의 목록을 제시하였는데, 그것을 '오상'이라고 부른다. 송나라 주희가 '삼강'과 '오상'을 함께 거론한 이후, '오상'은 유학 윤리의 핵심으로 확고한 지위를 획득했다.

此五常 不容紊 차 오 상 불 용 문　문紊은 문란하다, 어지럽다는 의미이다. 오상의 첫 번째 인仁은 사람[人]의 마음이다. 특히 사람을 대할 때 갖추어야 하는 진실한 마음이 인仁이다. 오상의 두 번째 의義는 올바름[宜]이다. 사람이 모여 만드는 사회를 유지하기 위해 반드시 요구되는 올바른 마음이 의義이다. 인仁이 목표라면 의義는 인仁을 실현하기 위한 방법이다. 오상의 세 번째 예禮는 예의 혹은 예절로서, 인간관계에서 요구되는 올바른 몸가짐이다. 그런 몸가짐이 갖추어질 때, 사회는 안정된 질

서를 유지할 수 있다. 오상의 네 번째 지智는 지식이고 지혜이다. 지智는 다른 말로는 총명예지聰明睿知라고 하는데, 사물의 조리나 일의 맥락을 이해하는 능력이 중심이 된다. 오상의 다섯 번째 신信은 사람과 사람 사이의 신뢰이다. 신뢰의 기본은 언행의 일치이며, 매사에 성실함과 정직함이 요구된다. 실제 교육에서는 먼저 '인'과 '의', '예'를 기본 덕목으로서 가르치고, 그런 바탕 위에서 '지'와 '신'의 덕목을 실천할 수 있도록 해야 한다. '인 · 의 · 예'의 기본 없이 '지 · 신'만을 강조하게 되면, 반드시 이기고자 하는 호승심好勝心이 강하고 자기 이익만 챙기려는 이기주의자를 양산하는 것으로 귀결될 수 있다.

6 육: 육곡六穀 · 육축六畜

稻粱菽, 麥黍稷, 此六穀, 人所食.　⑲
　도 량 숙　맥 서 직　차 육 곡　인 소 식

벼 · 좁쌀 · 콩 · 보리 · 수수 · 찰수수(고량),
이것은 육곡으로 사람이 먹는 주요 곡물이다.

馬牛羊, 鷄犬豕, 此六畜, 人所飼.　⑳
　마 우 양　계 견 시　차 육 축　인 소 사

말 · 소 · 양 · 닭 · 개 · 돼지,
이것은 육축으로 사람이 기르는 주요 가축이다.

전통 시대 중국을 비롯한 동아시아 지역의 주요 산업은 농사였다. 사람들은 농사를 위주로 하면서 부수적으로 가축을 길렀다. 중국의 북방 지역에서는 지금으로부터 9,000년 전부터 찰수수(고량), 콩, 보리, 기장, 좁쌀 등 다섯 종류의 곡식을 재배했다. 그 시기를 신농神農 시대라고 한다. 위의 오곡五穀에 벼를 포함시키면 육곡六穀이 된다. 벼농사는 지금으로부터 1만 4,000년 전, 중국의 남방 지역에서 시작되었고, 그 이후에 중국의 북방 지역과 아시아 전 지역으로 확산되었다. 가축의 선택, 사육과 훈련에도 길고 긴 시간이 필요했다. 가축은 고기는 기본이고, 피혁, 털, 우유, 노동력 등 엄청난 이익을 가져다준다. 기원전 16세기에서 11세기에 이르는 은주殷周 시대는 목축업이 특별히 발달한 시기였고, 다양한 가축 중에서 말은 으뜸으로 여겨졌다.

稻梁菽 麥黍稷
도 량 숙   맥 서 직

도稻는 벼, 양梁은 좁쌀의 일종으로 기장이라고도 한다. 숙菽은 콩류의 총칭, 서黍는 기장쌀, 즉 수수의 일종이다. 직稷은 고량미, 즉 찰수수이다. 육곡 중에서, 첫째는 벼 또는 쌀이다. 멥쌀, 찹쌀, 늦은 쌀 등이 있다. 둘째는 좁쌀[梁]인데, 중국 북방 지역에서는 노란색과 하얀색, 푸른색 등 여러 종류의 좁쌀이 생산된다. 셋째는 콩[菽]이다. 콩도 여러 종류가 있어서, 알이 큰 것, 작은 것, 노란 것, 검은 것, 푸른 것, 흰 것, 강낭콩[豇扁]과, 완두콩[豌豆] 등이 있다. 넷째는 보리[麥]도 여름철에 수확한다. 보리[大麥], 밀[小麥], 메밀 등이 보리에 속한다. 다섯째는 수수[黍]인데, 북방 지역의 곡식으로 '소미小米'라고도 부른다. 최근 중국의 전자제품 생산업체인 '샤오미'라는 명칭은 여기서 나왔다. 수수는 점성이 있는 것과 없는 것으로 구분된다. 여섯째는 찰수수[稷]인데, 제사에 주로 사용되며 누런색과 검은색이 있다. 현재 식용으로는 거의 재배하지 않는다.

此六穀 人所食 고대인은 이런 육곡을 하늘이 백성을 살리기 위하여 내려준 것이라고 믿었다. 육곡 중에서 수수와 찰수수는 점성이 있고 없고의 차이가 있지만 거의 같은 것이다. 따라서 그 둘을 하나로 묶어서 육곡이 아니라 오곡이라고 한다. 인간은 농경생활을 하면서 정착했고, 그 결과 문명을 발달시킬 수 있었다. 농경이 시작되기 전의 수렵·채집 생활로는 문명다운 문명을 만들 수 없었다. 따라서 문명의 탄생은 곡물의 재배와 불가분의 관계가 있다고 말할 수 있다.

馬牛羊 鷄犬豕 말[馬], 소[牛], 양[羊], 닭[鷄], 개[犬], 돼지[豕]의 여섯 가축을 육축이라고 한다. 중국인들은 복희씨에서부터 가축의 사육이 시작되었다고 말한다. 복희씨는 신농씨와 마찬가지로 전설적인 제왕, 즉 문화 영웅이다. 복희씨 때에 사람들은 주로 수렵생활을 하면서 살았다. 수렵을 통해서는 먹거리를 안정적으로 구할 수 없었기 때문에, 복희씨는 하나의 방법을 생각해 냈다. 사냥이 가능한 시기에 많은 동물을 사냥하고, 먹고 남은 동물은 남겨서 기르는 것이다. 이렇게 얼마의 시간이 지나면서 사람들은 몇 종류의 동물을 사육할 수 있게 되었다고 한다.

此六畜 人所飼　　시飼는 동물을 먹이고 길러 사육한다는 말이다. 가축은 식량이 될 뿐 아니라 여러 가지 용도로 활용할 수 있기 때문에 농경과 더불어 가축의 사육은 인류의 최고의 발명품 중 하나라고 말할 수 있다.

7 칠: 칠정 七情

日喜怒, 日哀懼, 愛惡欲, 七情具. ㉑

왈 희 노   왈 애 구   애 오 욕   칠 정 구

인간에게는 기쁨과 분노, 슬픔과 두려움,

사랑과 미움, 욕망이라는 칠정이 있다.

고대 중국인은 칠정을 마음의 활동 양상이라고 생각했다. 사람이 생존하기 위해서는 외부 세계를 감지하는 능력을 가지고 있어야 한다. 그런 감지 능력을 칠정이라고 생각한 것이다. 사람은 나무나 돌이 아닌 이상 마음의 활동인 정情을 가지고 있다. 정이 없다는 말은 목석처럼 외부 세계 혹은 다른 사람의 마음이나 상황을 읽을 능력이 없다는 말이다. 세상살이를 하는 동안 사람은 여러 문제에 맞닥뜨린다. 그리고 그때마다 다양한 형태의 감정을 표출하면서 살아간다. 최근에는 인공지능을 장착한 로봇도 감정을 가질 수 있다고 하는데, 하물며 사람은 어떻겠는가? 감정이 없는 인간은 인간이 아니라고 말할 수 있다.

曰喜怒 曰哀懼　『예기』「예운」에는 이런 말이 나온다. "무엇이 칠정七情입니까? 희喜, 노怒, 애哀, 구懼, 애愛, 오惡, 욕欲, 이런 7가지 감정은 배우지 않고도 능히 할 수 있는 것이다."[20] 사람은 배우지 않고도 누구나 여러 형태의 감정, 혹은 정서를 가진다는 말이다. 칠정은 두려움을 의미하는 '구懼' 대신 즐거움을 의미하는 '락樂'을 넣어서 희·노·애·락·애·오·욕이라고도 한다. 이것은 불교에서 유래한 칠정이라고 하기도 한다.

　　칠정의 기쁨[喜]은, 즉 쾌락 또는 환락이고, 노여움[怒]은 화내고 불쾌하게 여기는 마음, 슬픔[哀]은 상실의 감정이고, 두려움[懼]은 두려워하고 무서워하는 마음, 친밀함[愛]은 그리워하는 마음, 미움[惡]은 싫어하는 마음, 욕망[欲]은 자신이 가지고 있지 않은 것을 갖기를 원하거나 탐내는 마음이다. 이 칠정은 반드시 부정적인 의미를 가지는 것은 아니다. 하지만 그런 여러 감정은 지나치면 반드시 부정적인 방향으로 흘러가기 때문에, 유학에서는 칠정의 활동을 적절하게 제어하는 것을 수양의 목표로 삼는다.

愛惡欲 七情具 具는 갖추다, 구비하다는 의미이다. 사람의 칠정은 지혜로운 사람, 어리석은 사람, 현명한 사람, 미련한 사람, 상하 고하를 막론하고 모든 사람이 가지고 있는 기본적인 마음의 활동이기 때문에, 그것을 제거하는 것은 불가능하다. 그런 점에서 유학은 감정이 과잉으로 치닫지 않도록 제어하는 절욕節欲, 절정節情을 주장하지만, 인간의 모든 감정을 제거하고 억누르는 금욕禁欲은 반대한다. 유학에서 이상으로 삼는 군자는 감정의 과잉을 제어하여 적절하게 표출할 수 있는 사람이다. 결국 칠정을 적절하고 바르게 표출할 수 있으면 군자가 되고, 감정을 바르게 표출할 수 없으면 소인이 된다.

8 팔: 팔음八音

匏土革, 木石金, 絲與竹, 乃八音.   ㉒

포 토 혁   목 석 금   사 여 죽   내 팔 음

악기는 박, 흙, 가죽으로 만들거나 나무, 돌, 금속으로 만드는데,
여기에 현악기, 관악기를 합쳐서 팔음이라고 한다.

인간이 만들어낸 각종 악기는 만드는 재료에 따라서 각각 특색 있는 소리를 낸다. 고대 중국에서는 이런 모든 종류의 악기를 통칭해서 '팔음八音'이라고 불렀다. 이 '팔음'은 중국 고대의 황제黃帝 및 삼황오제三皇五帝 때부터 만들어지기 시작했다고 한다. 그들은 음악을 하느님[上帝]을 받들고, 귀신과 조상에게 제사를 드리고, 연회에서 빈객을 기쁘게 하는 수단으로 활용했다. 제사에서 술을 따르고 올릴 때 음악이 아니면 의식을 진행할 수 없었고, 빈객을 맞이하여 연회장으로 올라가고 내려가거나 서로 인사할 때, 음악이 아니면 조화를 유지할 수 없었다. 음악은 조화와 공경의 태도를 가르치는 교육의 수단으로 이용되기도 했고, 감정을 바르게 조절하는 수양의 수단으로 이용되기도 했다. 이른바 예禮와 악樂이 갖추어져야 정치가 완성된다고 생각했을 정도로 음악의 효용은 대단히 높이 평가되었다.

匏土革 木石金 악기는 만드는 재료에 따라 구분되었다. 박[匏]을 이용하여 호리병이나 오이[瓠瓜] 모양으로 만든 악기, 피리나 생황笙竽 같은 대나무로 만든 관악기, 흙[土]을 구워서 만든 와기瓦器 나팔[塤], 가죽[革]을 틀에 붙여서 만든 북[鼓] 같은 타악기 등이 있었다. 나무[木]로 만든 타악기인 축[柷敔] 같은 악기도 있었고, 돌[石]이나 옥석玉石으로 만든 경쇠[磬]와 같은 악기도 있었다. 그리고 금속[金]으로 만든 종[鐘鏞]과 같은 금속악기도 널리 사용되었다.

絲與竹 乃八音 실[絲]을 나무틀에 연결하여 만든 거문고[琴]나 비

팔음八音

파와 같은 현악기를 비롯, 대나무로 만든 피리[笛]나 퉁소 같은 관악기도 있었다. 이런 여러 종류의 악기를 총칭하여 '팔음'이라고 불렀다. 음악을 연주하는 사람은 '팔음'이 내는 소리의 조화를 이해한 다음에야 비로소 온전한 음악을 연주할 수 있었다.

음악은 의례나 축제 등 의식을 실행할 때 없어서는 안 되는 것이었다. 『논어』에는 음악을 사랑하고 중시했던 공자의 삶의 태도를 보여주는 여러 구절이 등장한다. 공자 당시 주周 왕조의 고전음악은 제齊나라에서 연주되고 있었다. 공자는 그 고전 음악을 배우기 위해 일부러 제나라를 방문하기도 했다. 제나라에서 연주되는 고전 음악을 들은 공자는 "음악을 듣고 그 감동으로 석달 동안 고기 맛을 잊을 정도였다"고고 말하기도 했다. 악樂은 예禮와 함께 예악禮樂이라고 한다. 또 '예악형정禮樂刑政'이라는 말로 쓰이기도 하는데, '형정'이 강제적인 금지를 수반하는 통치의 방식이라면, '예악'은 마음으로 느끼는 감동에 의

한 자발적인 규제를 추구하는 통치 방식이라고 말할 수 있다. 의례의 장場에서 음악이 의례의 절차를 정리 정돈하는 것처럼, 음악은 그것을 듣는 사람의 기분을 정리하고 음악이 울려 퍼지는 장소 자체를 정돈하는 역할을 한다.

9　구: 구족九族

高曾祖, 父而身, 身而子, 子而孫.　㉓

고 증 조　부 이 신　신 이 자　자 이 손

고조와 증조와 할아버지, 아버지와 나,

나의 아들, 아들 아래 손자.

自子孫, 至玄曾, 乃九族, 人之倫.　㉔

자 자 손　지 현 증　내 구 족　인 지 륜

아들과 손자, 증손曾孫과 현손玄孫까지가

바로 구족九族인데, 그것이 인륜 관계이다.

옛날 중국인들은 구九를 최고의 수, 즉 큰 수[大數]라고 생각했다. 따라서 "9와 9는 1로 돌아간다"라든지 "9와 9는 근원으로 돌아간다"라고 말했다. '9'는 극한을 의미하는 수數로 사용되었다. 예를 들어, 하늘이 겹겹이 존재한다고 생각해서 가장 높은 하늘을 '구층천九層天', 임금이 사는 궁궐을 '구중궁궐九重宮闕'이라고 불렀다. 이처럼 '구'라는 숫자는 중국문화에서 특수한 의미를 가진다. '九'라는 한자 자체가 용의 모양(또는 뱀의 형상)에서 온 것이기 때문에, 이 글자는 용과 같은 신성한 의미를 가진 존재인 왕을 가리키는 숫자로 사용되기도 했다. 나아가 '구'는 복잡한 가족 관계를 나타내는 말로 사용되었다. '구족九族'이라는 표현이 그것인데, "삼족을 멸한다"라거나 심각한 범죄의 경우에 "구족을 멸한다"라는 표현이 사용되었다. '구족'을 멸한다는 말은 인간을 벌할 수 있는 최고 수준의 강력한 형벌을 의미했다.

高曾祖 父而身 ^{고 증 조 부 이 신}　가정은 인류 역사에서 출현한 최초의 사회 단위이자 경제 단위이다. 모든 문화에서 가정 조직은 사회 조직의 기초였다. 동양에서 가족을 부르는 명칭으로는 삼족, 칠족, 구족 개념이 널리 사용되었다. 삼족의 범위에 대해서는 여러 입장이 있는데, 일반적으로 자기 자신 및 부모, 자신의 자녀를 삼족이라고 보기도 하고, 또는 아버지 쪽의 친가, 어머니 쪽의 외가, 아내 쪽의 처가를 합쳐서 삼족이라고 보기도 한다. 칠족은 증조할아버지에서 증손에 이르는 가족 관계였다. 명 왕조 때의 어떤 정씨鄭氏 대가족은 7세대에 이르는 가족 800여 명이 한 집에서 동거했다고 한다. 명 태조는 그 집에 '강남 제일가'라는

편액을 내려 칭찬했다.

 '구족'은 직계의 혈연관계로 이루어진 집단으로 자신과 매우 가까운 친족이다. '구족'의 첫 번째는 자신보다 4대 앞인 고조高祖이다. 고조라고 하면 막연하지만, 할아버지의 할아버지라고 생각하면 된다. 고조는 제사로 받드는 가장 위의 조상이고, 고조가 낳은 자손을 동족同族이라고 한다. 그중에서도 오복五服22 이내가 사실상의 친족이 된다. 두 번째는 3대 앞인 증조曾祖이다. 증曾이란 여러 겹으로 쌓은 것의 윗부분이다. 바꾸어 말하면 아버지의 할아버지, 즉 아버지의 조부이다. 세 번째는 할아버지[祖]로, 아버지의 아버지이다. 네 번째는 아버지[父]인데, 존칭으로는 가군家君 또는 엄군嚴君이라고 부른다. 아버지가 돌아가시면 고考라고 부르고, 어머니가 돌아가시면 비妣라고 부른다. 고조부, 증조부도 모두 고考가 되고, 고조모, 증조모도 모두 비妣가 된다. 다섯 번째는 본인 자신[身]이다. 자신의 배우자를 아내 혹은 처妻라고 부른다.

身而子 子而孫 <ruby>身而子 子而孫<rt>신 이 자 자 이 손</rt></ruby>　여섯 번째는 자子로 자신의 아들이고, 일곱 번째는 손孫으로 아들의 아들이다. 손孫이라는 글자에는 실을 의미하는 사糸가 들어가 있는데, 혈통의 줄이 서로 전해져서 계통[緒]을 유지하고 끊이지 않음을 의미한다. 자기 자신 뒤에 나오는 후손을 총칭하여 자손子孫이라고 부른다.

자 자 손 지 현 증
自子孫 至玄曾   여덟 번째는 3대 뒤에 오는 자손으로, 손자의 아들

이다. 손자의 아들을 증손曾孫이라고 부른다. 마지막 아홉 번째는 4대

뒤의 자손으로, 손자의 손자이다. 이를 현손玄孫이라고 부른다. 구족은

이 현손까지의 아홉 세대에 속하는 친족의 총칭이다.

내 구 족 인 지 륜
乃九族 人之倫   륜倫은 배열의 순서, 인간관계를 의미한다. 위에서

본 것처럼, 아홉 세대에 속하는 친족 집단이 구족九族이다. 이 경우, 족

族은 많다는 의미의 글자로, 무리[衆]를 의미한다. 가족이 확대되면서

태어나고 자라는 사람이 많아지고, 숫자가 번창하고 수數가 많아졌으

나, 각각에는 친하고 소홀함, 즉 친소親疏와 멀고 가까움, 즉 원근遠近

의 차이가 생긴다. 방대한 가족 집단 안에서의 자신의 현재 위치를 이

해하기 위해서는 자신이 어떤 선조로부터 이어져서 태어났고, 다시 자

신의 자손으로 이어져 내려간다는 계보를 이해하는 것이 중요하다. 그

런 가족의 계보를 정리한 것이 족보이다.

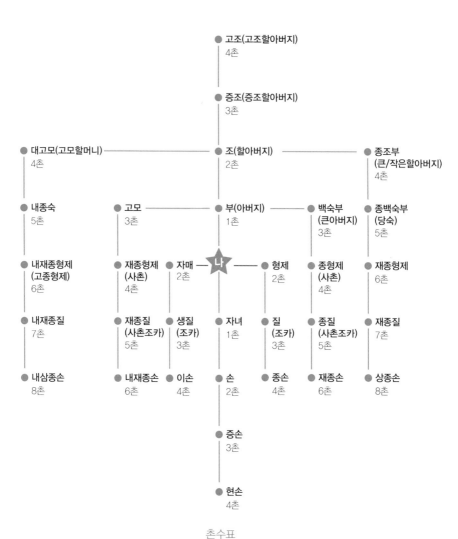

촌수표

10 십: 십의 ┼義

父子恩, 夫婦從, 兄則友, 弟則恭. ㉕

부 자 은 부 부 종 형 즉 우 제 즉 공

부모와 자식은 은혜가 있고, 남편과 아내는 서로 따르며,
형은 아우에게 우애하고, 아우는 형을 공경한다.

長幼序, 友與朋, 君則敬, 臣則忠.

장 유 서 우 여 붕 군 즉 경 신 즉 충

此十義, 人所同. ㉖

차 십 의 인 소 동

어른과 아이는 순서가 있고, 교우는 믿음이 있으며,
군주는 공경하고 신하는 충성한다.
이 십의는 모두에게 적용된다.

유학은 인간관계의 노리를 중요하게 여긴다. 동아시아에서는 도덕을 인간다움의 근거이자, 하늘이 부여한 인간의 본성이라고 생각했다. 즉 하늘이 부여한 인간 본성의 선善을 인간다움의 본질이라고 보았고, 그 것을 유지하기 위한 전제 조건이 바로 도덕이라고 생각했다. 유학에서는 인간다움을 유지하기 위한 기본 도덕을 '오륜십의五倫十義'라고 한다. '오륜'의 륜倫은 사람과 사람 사이의 관계이다. 그리고 그런 관계는 부자父子, 부부夫婦, 형제兄弟, 붕우朋友, 군신君臣이라는 다섯 가지로 정리될 수 있다. 현대사회에서는 부부 관계를 경험하지 못하는 사람, 형제가 없는 사람, 친구(붕우)가 없거나, 상하 관계를 벗어나서 사는 사람의 비중이 높아졌지만, 전통사회에서는 대체로 그런 다섯 가지 관계가 기본이 되는 인생을 살았다. 그리고 그런 관계를 맺는 것을 이상적인 인간의 조건이라고 생각했다.

父子恩 夫婦從
부 자 은 부 부 종

은恩은 사랑과 자애의 감정이다. 종從은 서로의 다름을 인정하고 조화를 이루면서 서로 존중하고 따르는 것이다. 아버지[父母]와 아들[子]의 관계는 불변하는 것이기 때문에, 자애와 효성이라는 도리에 의해 유지되어야 한다. 남자에게는 아내[室, 妻]가 있고, 여자에게는 남편[家, 夫]이 있다. 이런 부부 관계는 상호 존중에 의해 유지되는 관계이다. 따라서 부부는 서로 다름을 존중하면서 음양의 조화를 추구하는 관계이다.

兄則友 弟則恭
형 즉 우 제 즉 공

먼저 태어난 사람이 형이고, 나중에 태어난 사람이

동생이다. 형과 동생은 부모라는 같은 뿌리에서 나온 다른 줄기이다. 형제는 다르지만 같은 기운을 가지고 태어났다고 해서 동기同氣라고 부르기도 한다. 동기의 관계에서 형은 동생을 아끼고 동생은 형을 공경하고 따라야 한다. 유학에서는 이런 관계를 손발이 올바르게 움직이는 것과 같은 관계라고 말한다.

長幼序 友與朋　같은 가치와 취향을 공유하는 사람이 붕朋이다. 비슷한 환경에서 살아온 부류를 우友라고 부른다.[23] 붕우는 유사한 감정을 가지기 때문에 정서적으로 합치할 수 있고[感契], 예禮에 입각하여 여러 가지 일을 함께 처리한다[周旋]. 나이로 장유를 나누고, 올바름으로 일을 도모하고, 올바름으로 생사를 기약하고, 정으로 고락을 함께한다. 이렇게 깊은 관계가 되지 않으면 우연히 모이고 흩어지는 허망한 사귐에 지나지 않는다.

君則敬 臣則忠　군주는 세상을 이끄는 주체이고, 신하는 임금을 보좌하여 군주와 함께 세상을 경영하는 동반자이다. 군주는 총명함과 지혜로 백성에게 방향을 제시하고, 장엄하고 공손하고 엄숙한 태도로 신하를 대해야 한다. 군주에게 필요한 자질은 지혜와 관대함, 권위이다. 한편 신하는 공익을 추구하는 공명정대함을 잃지 않아야 한다. 충신은 공정함과 청렴함으로 군주의 명령을 받는 신하이다. 충忠은 본래 '자신의 진심을 다한다[盡己之謂忠]'는 의미이다. 충신은 공익을 실현하기 위해 성실한 태도로 직무에 임한다. 성실하고 순수한 마음으로 군주의

명령에 따르고, 백성의 안녕과 번영을 위해 봉사하는 충신이 많으면 좋은 나라가 될 가능성이 높아진다. 충忠은 군주에게 복종하는 것만으로 완성되는 것이 아니다. 반면, 간신은 공익의 실현을 도외시하고 군주의 뜻만 살피면서 자기 이익을 최대화하기 위해 노력한다. 그들은 군주의 기분을 맞추기 위해 옳지 않은 것을 옳다고 말하면서 아부하고, 아첨한다. 게다가 그런 자들은 군주의 힘을 업고 교만한 태도로 백성 위에 군림한다. 이런 간신이 관직을 가득 채우고 있는 나라는 금세 망조로 접어든다.

此十義 人所同
차 십 의 인 소 동

의義는 올바름, 즉 인간관계를 바르게 유지하는 데 필요한 바른 행동 준칙이다. '십의十義'는 오륜이라는 다섯 가지 인간관계를 맺는 쌍방이 서로 마땅히 준수해야 할 준칙이다. 『예기』「예운」에서는 '십의'를 다음과 같이 말한다. "아버지의 자애[父慈]와 아들의 효도[子孝], 형의 선량함[兄良]과 동생의 공경[弟悌], 남편의 올바름[夫義]과 부인의 청종[婦聽], 어른의 은혜[長惠]와 어린이의 순종[幼順], 임금의 배려[君仁]와 신하의 충성[臣忠]." 『예기』의 '십의'는 『삼자경』에서 말하는 것과 조금 다르지만, 그 내용은 동일하다. 그리고 여기서 눈여겨볼 점은, 효도와 짝이 되는 아버지의 자애를 강조하고, 부인의 청종과 짝을 이루는 남편의 의리(올바름)를 강조하고 있다는 사실이다.

제3부

고전의 지혜

1 문자 학습의 순서

凡訓蒙, 須講究. 詳訓詁, 明句讀. ㉗

범 훈 몽 수 강 구 상 훈 고 명 구 두

어린이를 가르칠 때는 반드시 깊이 생각해야 한다.

소리와 뜻을 자세히 밝히고, 구두점을 정확하게 해주어야 한다.

학문學問은 배우고 묻는 것이다. 학문은 문자 학습에서 시작한다. 한자를 공용문자로 사용하는 한자문화권에서는 우선 한자의 3요소, 즉 모양[形], 소리[音], 뜻[義]을 배운 다음, 작은 어구의 의미를 이해하고, 그 다음에 문장 전체의 의미를 탐구하는 것으로 나아간다. 최종적으로는 문장의 내용을 자기 것으로 만들기 위해 자신이 배운 것을 실천에 옮기는 것을 학문의 완성이라고 생각했다. 초학자에게 글자의 모양과 소리, 뜻을 가르칠 때는, 먼저 문자의 본래 의미를 알려줘야 한다. 그런 다음 문장의 끝나는 부분과 띄어서 읽는 부분을 구별하도록 지도해야 한다. 원래 한문은 현재와 같은 띄어쓰기나 구두점을 사용하지 않았기 때문이다.

범 훈 몽   수 강 구
凡訓蒙 須講究   몽蒙은 지식이 갖춰지지 않아 몽매하다는 뜻이다. 교육을 많이 받지 않은 초학자를 지칭한다. 강구講究는 좋은 대책과 방법을 연구한다는 의미이다. 세상의 도리道理를 알지 못하는 어린아이를 교육할 때 가장 좋은 방법은 스스로 조사하여 의미를 깊이 생각하게 만드는 것이다. 그런 뒤에 자구字句의 의미를 상세하게 설명하여 읽는 방법을 가르친다. 먼저 대상에 대한 호기심을 갖게 한 다음, 그 대상에 대한 문자 표현을 가르치는 순서로 나아가야 한다.

상 훈 고 명 구 두
詳訓詁 明句讀   훈訓은 소리의 형태에 근거한 의미 해석, 고詁는 고어古語나 고서古書 중의 어구의 의미를 해석하는 것이다. 훈고訓詁란 일반적으로 어떤 문자를 다른 문자로 대치하는 방식으로 의미를 이해

하는 해석 방법이다. 예를 들면, "정政은 정正이다[政者正也]"와 같이 "A는 B이다"와 같은 방식을 취한다. 훈고학이라고 할 경우, 넓게는 경서에 대한 주석 전체를 가리킨다. 청대에 편찬된 『십삼경주소十三經注疏』가 훈고의 집성으로서 훈고학을 대표한다. 협의의 훈고학은 한자의 형·음·의에 관련된 문자에 대한 학문적 성과를 의미한다.

고서를 읽을 때는 현재 사용하는 문자의 의미에서 출발하여 고대의 글자나 어휘의 뜻을 유추하고 해석하는 작업이 필요하다. 내용 설명에 앞서서 우선 문장 안에서 사용되고 있는 한자나 어휘를 자세하게 설명하고, 문장 중에서 띄어서 읽는 부분과 끊어서 읽는 부분을 명확하게 설명해 준다. 구두句讀의 구句는 의미가 완전히 정리되는 곳에서 끊어 읽기, 두讀는 한 구句 안에서 어기語氣가 멈추는 곳에서 띄어 읽기를 하는 것이다. 마침표를 찍는 문장을 구句라고 하고, 문장 중 쉼표를 찍는 부분까지의 어구語句를 두讀라고 한다. 만일 자구字句가 너무 길면, 중간에 끊어지거나 이어지는 부분에서 대략 점을 찍어, 어린 학생이 암송하기 쉽게 만들었다. 문자의 의미와 원리를 생각하면서 조사한 다음, 그것을 문헌에서 직접 찾아서 확실한 지식으로 만들 수 있도록 했다. 이런 훈고는 고전, 특히 경서에 관련된 학문에서 불가결한 작업이다.

2 〈사서四書〉

爲學者, 必有初, 小學終, 至四書. ㉘

위 학 자 　 필 유 초 　 소 학 종 　 지 사 서

학문에는 반드시 시작이 있으니,

소학이 끝난 다음 〈사서〉로 나아간다.

한문문화에 대하여 조금이라도 이해가 있는 사람이라면 『논어』나 『맹자』 정도는 들어보았을 것이다. 주희는 『예기』 중의 「대학」·「중용」 두 편을 독립시켜서 『논어』·『맹자』와 합쳐서 〈사서〉를 만들었다. 그리고 그 사서에 대한 역대의 중요한 해설과 설명[註]을 참고하면서 『사서집주四書集註』를 세상에 내놓았다. 송대에 유학의 입문서로 편찬된 〈사서〉는 명대 이후에는 유학을 공부하는 지식인의 필독서로서, 유학적 사유와 지혜의 원천이 되었다.

주희는 〈사서〉의 학습 순서로 "우선 『대학』을 읽어 인간사의 규범을 안정시키고, 다음에 『논어』를 읽어 마음의 근본을 세우고, 다음에 『맹자』를 읽어 외부로 일을 처리함을 보고, 다음에 『중용』을 읽어 고대인의 미묘한 정신세계를 이해해야 한다"라고 제안했다. 아울러 "초학자는 모름지기 일의 완급을 알아야 한다"라고 했다. 공부를 할 때에는 『대학』을 가이드라인으로 삼아 『논어』와 『맹자』의 심오한 의미를 이해하게 되면 머지않아 『중용』의 심법心法을 이해할 수 있게 된다는 말이다. 중국을 비롯한 동아시아 문화권에 큰 영향을 끼친 〈사서〉는 동아시아의 전통문화 형성에 보물과 같은 존재로, 지금에 이르기까지 그 가치를 인정받고 있다.

爲學者 必有初 초학자에게 한문으로 이루어진 고전古典을 가르칠 때, 학습의 순서에 따라 한 발 한 발 수준을 높여가는 것이 중요하다. 교육은 우선 기초 과정에 해당하는 입문서에서 시작하여 단계별로 영역을 확장해야 한다. 이처럼 학문은 순서대로 발전해 나가는 것이 바

람직하다. 그것을 유학에서는 순서점진順序漸進이라고 말한다. 초학자는 필수적인 기초 단계에서 시작하여 전문적이고 복합적인 내용으로 점진적으로 나아가야 할 필요성이 있다. 단계를 무시하고 건너뛰거나, 기초가 부족한 상태에서 깊은 내용을 자의적으로 이해하게 되면, 남의 의견을 받아들이지 않고 고집스러운 태도를 갖게 될 위험이 있다.

小學終 至四書 ^{소 학 종 지 사 서} 작은 학문을 의미하는 소학小學에는 두 가지 의미가 있다. 하나는 고대에 8세에서 15세 정도 초학자가 다니던 학교이다. 다른 하나는 한대漢代에 정착된 학문의 방법으로서 문자학이다. 전자는 학문의 수준에 따른 구분이고, 후자는 학문의 내용과 방법에 따른 구분이다. 그리고 수당 시대 이후에는 문자학, 훈고학, 음운학을 총칭해서 '소학'이라고 부르기도 했다. 주희는 "옛날의 교육에는 소학이 있고 대학이 있다"라고 말했다. 즉 선인의 교육경험과 자신의 교육실천의 기초 위에서 교육 과정을 '소학'과 '대학'의 두 단계로 구분하고, 그 두 단계의 학문이 서로 다른 임무와 내용, 그리고 방법을 가지고 있다고 보았던 것이다.

주희의 해석에 따르면, 고대에는 8세에서 15세에 이르는 소년은 신분의 귀천에 관계없이 나이와 심리적 상태가 정상이면 소학에 입학하고, 15세 이후에는 대학에 입학하게 했다고 한다. 소학 교육의 교육적 역할은 "성현이 초학자의 투박한 품성을 제거하는 것이다[聖賢博璞]"라고 말하고, "지금 어려서 기회를 잃으면 커서 (도덕의 내용을) 보충하려고 하여도 어려울 것이다"라고 말한다. 그는 한 사람의 성장 과정에서 어린 시절에 소학의 기초를 잘 다져야 한다고 생각했다. 고대에 소학의 주요 내용은 '육예六藝'와 쇄소진퇴灑掃進退의 예절이다. '육예'는 예禮·악樂·사射·어御·서書 수數의 문화 교육이나. 이런 생각을 가지고 있던 주희는 제자인 유자징劉子澄과 함께 초학자의 학습을 염두에 두고 『소학』을 편찬했다.

『소학』은 크게 두 부분으로 구성되어 있다. 마음 수양에 대한 내용을 모아놓은 전반부와 그것을 실제로 실천에 옮겼던 역사적 사례를 모은 후반부이다. 전반부는 다시 가르침을 세워서 자제를 교육한다는 내용을 가진 '입교立教', 인륜을 밝히는 '명륜明倫', 자신의 몸을 다스리고 나태함에 빠지지 않도록 수양하는 '경신敬身'으로 이루어져 있다. 후반부는 역사적 사례 중에서 입교, 명륜, 경신에 대한 모범이 될 행동을 모은 '계고稽古', 행동의 모범이 될 만한 말을 모아서 만든 '가언嘉言', 모범이 될 만한 사적을 모아서 만든 '선행善行'으로 구성된다. 결론적으로 주희는 소학의 교육에서 중요한 것은 단순한 지식이 아니라 몸으로 행동하고 실천에 옮기는 것을 중시하는 학문 방법론을 제시한다.

2 〈사서四書〉: 『논어論語』

論語者, 二十篇, 群弟子, 記善言.　㉙

논 어 자　이 십 편　군 제 자　기 선 언

『논어』는 이십 편으로,

공자 및 제자들의 가치 있는 말을 기록했다.

『논어』는 지금으로부터 약 2,500년 전에 살았던 공자(기원전 551~기원전 479)가 제자들의 질문에 답하고 그들과 함께 토론한 내용을 제자들과 후대의 사람들이 모아서 책으로 편집한 것이다. 『논어』에는 특히 공자의 제자 중 안연顏淵, 자로子路, 자하子夏, 자장子張, 증자曾子, 민자閔子 등이 주요한 제자로 등장한다. 그런 제자들의 문인들 역시 자기 스승의 언행 일부를 공자의 언행과 함께 수록하고 있다. 논어는 그런 문답을 기록한 것이기 때문에 대화 형식을 취하고 있다. 따라서 『논어』는 공자 및 공자 제자들의 사상을 이해할 수 있는 '전도傳道'의 책이라고 말할 수 있다. 현재 우리가 보는 『논어』가 완성되기 전에 『논어』는 몇 가지 판본으로 전해지고 있었다고 한다. 그중에서도 제나라에서 전해지던 『제논어齊論語』와 노나라에서 전해지던 『노논어魯論語』가 중요한데, 후대의 편집자는 그 두 판본을 절충하여 현재의 『논어』를 편찬했다고 알려져 있다.

현재 우리가 보는 『논어』는 전체가 20편으로 구성되어 있다. 각 편은 20~25장으로 이루어져 있고 전체가 482장이다. 각 편의 편명篇名은 후대의 편찬자가 각 편의 첫 문장의 머리글자 둘 혹은 셋을 선택하여 만든 것이기 때문에 반드시 각 편의 전체 내용을 정확하게 드러내는 것은 아니라고 설명해 왔다. 하지만 자세히 살펴보면 현재의 편명은 각 편의 내용을 집약적으로 잘 드러내고 있다. 편찬의 원칙과 합리성을 완전히 부정하지 않는 것은 온당하지 않다. 『논어』는 약 2만 7,000여 자로 구성되지만, 실제로 사용된 한자 수는 1,520자 정도이다. 몇몇 난해한 문자나 어구가 보이지만 초학자도 무난하게 읽어낼 수 있는 수준이다.

논 어 자 이 십 편
論語者 二十篇　　『논어』의 저자를 분명하게 밝히기는 어렵다. 공자
는『논어』의 주인공이지만, 공자가『논어』의 저자라고는 말할 수 없다.
전국 시대의 저서는 개인 저술이 없기 때문에, 현재 우리가 보는 제자
백가의 모든 저술은 개인 저작이 아니라 한 집단의 공동 저작이라고
보는 것이 타당하다. 그 점에서는『논어』도 마찬가지이다.『논어』의 가
치는 중국 역사상 가장 위대한 인격인 공자의 정치적 의견, 윤리적 입
장, 교육자로서의 입장은 물론, 그의 일상생활의 모습까지도 생생하게
볼 수 있다는 데서 찾을 수 있다. 게다가 당시 공자에게 배웠던 여러
사람들, 그중에서도 중요한 제자들의 사상과 당시 학문 집단의 존재
방식이나 생활 모습을 살펴볼 수 있다는 것이『논어』의 매력이다.

상론上論	하론下論
제1편 「학이學而」	제11편 「선진先進」
제2편 「위정爲政」	제12편 「안연顏淵」
제3편 「팔일八佾」	제13편 「자로子路」
제4편 「리인里仁」	제14편 「헌문憲問」
제5편 「공야장公冶長」	제15편 「위령공衛靈公」
제6편 「옹야雍也」	제16편 「계씨季氏」
제7편 「술이述而」	제17편 「양화陽貨」
제8편 「태백泰伯」	제18편 「미자微子」
제9편 「자한子罕」	제19편 「자장子張」
제10편 「향당鄕黨」	제20편 「요왈堯曰」

『논어』20편은 상론 10편과 후론 10편으로 구성된다. 상론은 주로 공자 생전의 제자들이 기록한 것인 반면, 후론은 공자 사후에 공자 직전 제자와 재전 제자들의 문답 및 기억에 토대를 두고 있다고 한다.

群弟子, 記善言 （군 제 자 기 선 언） 공자의 삶의 모습을 가장 잘 보여주는 자료는 사마천司馬遷(기원전 145~기원전 86)의 『사기史記』이다. 물론 『사기』자체가 전적으로 믿을 만한 자료인지에 대해서 의문이 없지 않지만, 현재로는 『사기』이외에 공자의 삶을 보여주는 더 확실한 자료는 찾을 수는 없다. 사마천은 공자에 관한 기록을 제후의 역사를 다루는 「세가世家」에 포함시켰다. 이것은 사마천이 공자를 제후의 한 사람으로 다루고 있다는 증거로 공자에 대한 사마천의 존경심을 보여주는 것이다. 『사기』의 「공자 세가」이외의 자료로서 공자의 삶을 기록하고 있는 것으로는 『공자가어孔子家語』라는 책이 있다. 그러나 『공자가어』는 위진 시대에 편찬된 '위서僞書'라고 여겨졌기 때문에, 그 책의 기록에 대한 신빙성이 문제가 되기도 했다. 하지만 최근에는 『공자가어』를 공자의 삶을 보여주는 믿을 수 있는 자료라고 보는 입장이 학계에서 힘을 얻고 있다. 그렇지만 공자의 진실한 모습을 전해주는 자료 중에서 『논어』를 능가하는 것은 없다.

공자는 기원전 551년 하급 무사였던 아버지 숙량흘叔梁紇과 어머니 안씨녀 사이에서 태어났다. 아들을 바라던 부모가 니구산尼丘山에서 기도하여 아들을 잉태했기 때문에 이름을 공구孔丘로 짓고, 어린 시절에는 중니仲尼라고 불렀다. 공자는 어려서 아버지를 잃고 홀어머니가 살림을 꾸리는 가난한 환경에서 자랐다. 공자는 자신의 삶을 회고하면서 "나는 어려서 가난하게 자랐다. 따라서 비천한 많은 일에 능숙하다[吾少也賤, 故多能鄙事]"라고 말한 적이 있다. 청년 시기에 공자는 창고의 관리직이나 목장 관리직으로 일한 경험이 있고, 생활은 풍요하지 않았지만 무엇이든 열심히 배우려는 마음을 잃지 않았다. 특히 전문 지식을 갖춘 사람을 만나면 반드시 무언가를 배우기를 열망했다. "세 사람이 걸어가면 반드시 나의 스승 될 사람이 있다. 장점을 선택하여 본받고, 단점을 바꾸고자 한다"[24] 등 배움에 대한 공자 본인의 태도와 각오를 보여주는 감동 어린 말들이 전해지고 있다. 공자는 죽을 때까지 이런 배움의 자세를 포기하지 않았다.

공자는 평생 몇 가지 일에 힘썼다. 사람으로서 올바른 삶을 사는 일, 자신이 이해한 삶의 길[道]을 젊은이들에게 가르치는 일, 자신의 정치적 포부를 실천하기 위해 자신의 능력을 인정해 주는 지도자를 찾는 일 등이다. 공자는 중년에 가졌던 정치적 꿈이 좌절된 이후, 말년에는 고향으로 돌아가 고대의 전적典籍을 정리하는 연구자이자 자신을 찾는 제자들을 가르치는 교육자로서 삶을 마쳤다.

孟子者, 七篇止. 講道德, 說仁義.　　　㉚

맹 자 자　칠 편 지　강 도 덕　설 인 의

『맹자』는 일곱 편으로 구성되어 있다.

바른 삶의 길[道德]을 강론하고, 인의를 해설하는 내용이다.

『맹자』는 전국 시대의 유학자 맹가孟軻(기원전 372~기원전 289)와 그의 제자들이 공동으로 편찬한 문헌이다. 맹자는 전국 시대의 사상가, 정치가로서, 유가儒家에서는 공자 다음의 성인이라는 의미에서 아성亞聖이라고 불린다. 맹자는 전국 시대에 제齊나라와 양梁나라에서 유세했지만, 자신이 제시한 인의와 덕치의 정책이 받아들여지지 않자 고향으로 돌아가 저술과 교육에 몰두했다. 맹자는 말년에 제자인 공손추, 만장 등과 함께 『맹자』7편을 저술했다.

맹 자 자 칠 편 지
孟子者 七篇止   지止는 그치다, 끝맺는다는 의미이다. 『맹자』는 전체가 7편으로 구성되어 있다. 각 편은 상하권으로 이루어졌기 때문에 실제로는 모두 14권이다. 맹자 전반부의 「양혜왕」, 「공손추」, 「등문공」의 3편에는 시간적 순서로 맹자의 말과 생각을 배열하고 있다. 한편, 맹자 후반부의 「이루」, 「만장」, 「고자」, 「진심」의 4편에는 시기를 특정하기 어려운 맹자의 생각과 주장을 어떤 체계도 고려하지 않고 배열하고 있기 때문에, 산만하고 무질서한 느낌이 든다.

『맹자』구성	
제1편	「양혜왕梁惠王 상·하」
제2편	「공손추公孫丑 상·하」
제3편	「등문공滕文公 상·하」
제4편	「이루離婁 상·하」
제5편	「만장萬章 상·하」
제6편	「고자告子 상·하」
제7편	「진심盡心 상·하」

講道德 說仁義
_{강 도 덕 설 인 의}

『맹자』의 핵심은 인간의 선한 본성을 실현하는 인의의 도덕론과 인의에 근거한 정치를 실현하고자 하는 왕도론王道論이다. 유학에서 도덕은 인의와 다른 말이 아니다. 유학에서 지향하는 바른 길, 즉 도道는 인(=충서)이고, 유학에서 추구하는 덕德은 의를 실현하는 것이기 때문이다. '도'란 천하고금의 모든 사람이 공유하는 것이고, '덕'이란 실천을 통해 얻는 것이다. 인과 의는 자연[天]에 근본을 두는 것으로 하늘이 사람에게 부여한 본성이다. 유학에서는 그것을 '성性'이라고 부른다. 본성은 본래부터 선한 것, 즉 인의를 함축한다. 그런 인의의 본성은 구체적으로는 어려움에 빠진 사람을 측은하게 여기는 측은惻隱의 마음과 자신의 잘못을 뉘우치고 반성하는 수오羞惡의 마음 등 네 가지 근본 마음으로 나타난다. 맹자는 그 네 가지 근본 마음을 사단四端이라고 부르고, 그 사단을 확충하여 인격 전체가 인의의 마음을 가득한 완성된 인격자가 되는 방법을 설파했다. 다른 한편 맹자는 위정자들이 인간의 본성적인 선, 즉 인의에 입각하여 정치를 펼치는 선정과 왕도의 정치를 펼칠 것을 주장하면서 천하 유세에 나섰다. 하지만 그의 주장은 당시 정치적 현실에서 보면 너무 이상적인 것이었기 때문에 어느 곳에서도 수용되지 않았다. 말년에 공자와 마찬가지로 정치적으로 좌절을 경험한 맹자는 고향으로 돌아가 성인의 문서를 연구하고 제자를 가르치는 교육자의 길을 걸으면서 여생을 보냈다.

2 〈사서四書〉: 『중용中庸』

作中庸, 子思筆. 中不偏, 庸不易. ③

작 중 용   자 사 필   중 불 편   용 불 역

『중용』을 지은 사람은 공자의 손자 자사이다.

'중中'은 치우치지 않는 것, '용庸'은 변하지 않는 것이다.

'중용'은 한쪽으로 치우치거나 극단으로 치닫지 않는 중도이다. 유학에서 최고의 가치로 여기는 '중용'은 과불급過不及이 없는 정도正道를 실행하는 것이다.『중용』은 본래『예기』제31편으로서 옛날부터 존재했다.『중용』을 이루는 글자 수는 3,568자로, 단편 논문에 불과하다.『중용』의 저자는 공자의 손자인 공급孔級이라고 전해져 온다(『사기』,「공자 세가」).『중용』의 핵심 사상으로 제시된 '성性'과 '천도天道'는『논어』에서는 거의 언급되지 않는다. 따라서 송대 성리학의 완성자 주희는 "공자 문하에 전수되던 심법心法이 후대로 내려와 큰 차이가 생겼다. 그런 상황을 걱정한 자사子思가 붓을 들어 책을 써서 맹자에게 전했다"라고 말한다. 주희는 공자가 비록 성과 천도를 적극적으로 가르치지는 않았지만, 공자의 핵심 사상 안에 성과 천도에 대한 가르침이 자리 잡고 있으며, 그런 가르침은 글이 아니라 심법으로, 즉 마음에서 마음으로 전달되는 가르침으로 존재했던 것이다. 그러나 자사의 시대가 되면 그런 심법이 사라진다. 따라서 공자의 가르침의 핵심 자체가 사라지는 위기에 처한다.

공자의 손자였던 자사는 그런 상황의 변화를 보면서 공자 사상이 영원히 사라질 것을 걱정했다. 그래서『중용』이라는 책을 써서 맹자에게 전달한 것이라고 말하고 있다. 사실 주희의 이런 주장이 무엇을 근거로 한 말인지는 알 수 없지만, 주희가 완성한 성리학이 동아시아의 보편 사상이 된 13~19세기에,『중용』은 공자의 심법을 전한 책, 가장 심오한 유학의 철리를 전하는 책으로 높은 평가를 받게 되었다. 특히『중용』에 보이는 중요 개념들, 예를 들면, 성性, 도道, 교敎, 신독愼獨, 미발未發, 이발

己發, 중화中和, 성명性明 등의 개념은 성리학자들이 목숨을 걸고 탐구했던 핵심 주제로서 천년 동아시아 사상의 방향을 결정했다.

作中庸 子思筆
<small>작 중 용 자 사 필</small>
앞에서 〈사서〉를 이야기할 때 언급한 것처럼, 『중용』은 송대에 〈사서〉의 하나로 승격되었다. 『중용』의 저자로 알려진 공급(기원전 483~기원전 402)은 자字가 자사子思이다. 공자의 손자인 자사는 대략 기원전 5세기 중엽을 살았다. 자사는 공자의 제자 증삼曾參에게 할아버지 공자의 사상과 학설을 배웠고, 문인을 통해 그가 배운 것을 맹자에게 전했다. 그래서 유학에서는 그를 성인 공자의 가르침을 조술한 '술성述聖'이라고 부른다. 주희는 『중용』의 주석서인 『중용장구中庸章句』를 만들면서 『중용』을 33장으로 정리하고, 전체를 상편(1장~20장)과 하편(21장~33장)으로 나누었다. 상편에는 공자 문하에 전해오는 심법을 주로 논하고, 하편은 『중용』을 실천하는 마음의 태도인 '성誠'을 주로 논하고 있다. 『중용』은 '성정性情의 수양'을 중심으로 유학의 인격 완성론을 설파하고 있으며, '중용'은 수양이 도달해야 할 목표로서 제시되고 있다.

中不偏 庸不易
<small>중 불 편 용 불 역</small>
'중용'이라는 개념에 대해 정자程子는 이렇게 말한다. "치우치지 않는 것을 중中, 바꾸지 않는 것을 용庸이라고 한다. 이것은 모든 사람이 배어나서 일상생활을 하면서 잠시도 떨어질 수 없는 도道이다. 이른바 자유롭게 놓아두면 널리 온 세계[六合]에 도달하고, 눌러서 억제하면 물러나 은밀한 곳에 숨는다." 이런 해석에 따르면

‘중용’이란 공정하면서 치우침이 없고, 영원토록 인류의 바른 가르침이 되는 가치의 기준이다.

한편 주희는 ‘중용’을 다음과 같이 해석한다. “중中이란 한쪽으로 치우치거나 들러붙음이 없고[不偏不倚], 지나치거나 부족함이 없는 것[無過不及]을 가리키는 말이다. 용庸은 평이하고 일상적인 것[平常]이다.” 주희는 ‘용庸’을 ‘일상’ 또는 ‘평상’이라고 해석하는데, 어떤 상황에서도 변하지 않고 왜곡되지 않는 중정을 실천하는 것이 유학의 중요한 가치라는 사실을 강조하고 있다.

作大學, 乃曾子. 自修齊, 至平治.   ㉜
작 대 학   내 증 자   자 수 제   지 평 치

『대학』을 지은 사람은 증자이다.
대학은 수신제가修身齊家에서 시작하여, 치국평천하治國平天下
로 끝난다.

『대학』은 전문이 1,768자에 불과한 단편 저술이다. 『대학』은 〈사서〉 가운데 분량이 가장 적은 책이지만, 유교교육의 체계를 설정하고 내용과 방법을 제시한 책으로서 대단히 높은 평가를 받고 있다. 『대학』은 유교의 실천 철학의 방법론으로 주로 '인사人事'를 논한다. 따라서 『대학』은 '천도天道'를 주로 다루는 『중용』과 표리를 이룬다고 할 수 있다. 『대학』은 본래는 『예기』 전체 49편 중 한 편이었다. 그러나 주희는 『대학』을 『예기』에서 분리 독립시켜 〈사서〉의 한 권으로 만들었다. 주희가 『대학장구』를 지어 『대학』에 대한 체계적인 해설을 붙이면서 『대학』은 유교 경전의 하나로서 중요한 지위를 획득하게 된다.

사실 『대학』은 당대唐代 이전에는 특별한 관심을 끌지 못하고 『예기』 중의 한 편으로서 그다지 중요하게 받아들여지지 않았다. 그러다가, 당대의 고문가의 한 사람이자 신유학 운동의 선구자라고 불리는 한유韓愈가 「원도原道」 등의 문장에서 『대학』의 내용을 인용한 이후, 점차 사람들이 관심을 끌게 되었다. 북송北宋 때, 도학道學의 창시자인 정호程顥와 정이程頤 형제가 『대학』에 주목하여 "공자의 유서遺書로서, 초학자들을 덕德에 들어가게 하는 입구[初學入德之門]"라고 평가한 것을 계기로 성리학에서 『대학』의 지위가 갑자기 상승하기 시작했다. 그리고 주희는 당말에서 북송에 이르는 성리학 운동의 기운 속에서 일어난 『대학』의 재평가를 계승하여 『사서장구집주四書章句集註』를 편찬하면서 『대학』을 〈사서〉의 하나로 인정했다.

주희가 『대학』의 장구를 지은 이후, 『예기』의 한 편에 불과하던 『대학』은 『예기』를 벗어나 독립적인 지위를 획득했고, 나중에는 〈오경)의 하나인『예기』를 뛰어넘는 중요한 문서로 승격했다. 주희는『대학』의 해석을 통해 '격물치지格物致知'의 방법론을 발견했고, 그것은 성리학의 목표인 '천리天理'에 도달하는 절대적인 방법으로서 주목을 받았다. 그리고 격물치지의 방법론을 근간에 두는『대학』은 이후 동아시아 사상계에 큰 영향을 끼쳤는데, 근대기에 서양에서 자연과학이 전래되었을 때, 서양의 자연과학을 '격물학'(격물의 학문) 또는 '격치학'(격물치지의 학문)이라고 번역했던 것을 보아도,『대학』의 격물방법론이 동아시아인의 정신세계 속에 얼마나 깊이 뿌리내리고 있었는지를 추측할 수 있다.

作大學 乃曾子 '대학大學'에는 두 가지 의미가 있다. 하나는 책명으로서『대학』이고, 다른 하나는 고대의 교육기관의 명칭으로서 '대학'이다.『대학』의 저자가 누구인지 정확하게 알 수는 없다. 하지만 전통적으로『대학』은 공자의 제자인 증자가 지은 것이라고 알려져 있다. 성리학의 완성자 주희가『대학장구』에서 그런 관점을 사실로 인정했기 때문에, 그 이후 그것은 사실로 받아들여지고 있다.

증자는 논어에 나오는 공자의 제자 증삼曾參(曾子, 기원전 505 ? ~기원전 435 ?)이다. 자字는 자여子輿로 성리학적 도통론의『사기』는『대학』뿐 아니라『효경孝經』도 증자의 저작이라고 말하고 있다.『논어』에서는 증자가 공자의 '일관의 도[一貫之道]', 즉 '충서忠恕'와 '인仁'의 사상을 전수한 인물로 그려지고 있다. 따라서 공자 문하에서는 증자를 '종성宗聖'이라고 부르면서 존경했다.

『삼자경』에서는 먼저 『논어』와 『맹자』를 말하고, 이어서 자사를 언급한 다음 증자를 가장 마지막에 말하고 있다. 삼자경을 편찬할 당시 『논어』와 『맹자』는 이미 책으로 완성되어 있었고, 『중용』은 『예기』의 31편, 『대학』은 『예기』의 42편에 들어 있던 것을 주희가 『예기』로부터 독립시켜 독자적인 책으로 만들어 〈사서〉에 넣었기 때문에 그런 순서에 따라 언급한 것이라고 생각된다.

自修齊 至平治　　　수제修齊는 수신修身과 제가齊家를 줄인 말이다. 평치平治는 평천하平天下와 치국治國을 줄인 말이다. 『대학』에서 가장 중점적으로 설명하고 있는 "격물格物, 치지致知, 성의誠意, 정심正心, 수신修身, 제가齊家, 치국治国, 평천하平天下"의 팔조목八条目 중의 마지막 부분이다. 『대학』의 방법론은 작은 것에서 큰 것으로, 가까운 것에서 먼 것에 나아가는 단계론적 방법, 즉 점진적 방법이다. 사람들이 『대학』을 대인大人의 학문이라고 부르는 이유는, 이 책에서 제시된 학문의 최종 목표가 개인의 작은 일을 완성하는 것이 아니라 천하를 다스리는 것으로 제시되고 있기 때문이다.

『대학』은 개인의 수양에서 시작하여 가정의 다스림을 거쳐 최종적으로 국가와 천하를 다스리는 일에 대해 말하고 있다. 학문의 주체인 군자는 궁극적으로는 정치에 참여하여 대중을 지도하여, 온 세상을 평화와 번영의 세계로 이끌어가는 책무를 짊어지고 있다. 이런 거대한 이상을 제시하는 『대학』의 방법은 동아시아 역사에서 학문하는 젊은이를 자극했고, 『대학』에서 제시한 이상을 실현하는 것이 독서인의 꿈이 되었다. 조광조, 퇴계, 율곡, 정약용에 이르는 모든 조선의 위대한 사상가들은 『대학』의 이상을 마음에 품고, 성인의 말씀을 공부하여 조선을 평천하의 이상향으로 만드는 일에 매진했던 것이다. 율곡의 『성학집요』, 다산의 『목민심서』가 모두 『대학』의 이상에 자극받고 『대학』의 이념을 실현하기 위해 지은 대작들이다.

3 독서의 순서: 『효경孝經』과 〈사서〉, 〈육경〉

孝經通, 四書熟, 如六經, 始可讀.   ㉝

효 경 통   사 서 숙   여 육 경   시 가 독

『효경』에 통달하고 〈사서〉를 숙지한 다음,
비로소 〈육경〉과 같은 고전을 읽을 수 있다.

『효경』은 중국 고대 유가의 윤리학 저작이다. 『효경』은 분량이 작은 소책자이지만 그 영향력은 다른 어떤 책에도 비길 수 없을 만큼 막강했다. 『효경』은 당나라 때 경서의 하나로 자리 잡았고, 남송 이후에는 〈13경〉의 하나가 되었다. 『효경』의 저자에 대해서는 의견이 일치하지 않는다. 사마천은 공자의 제자 증자가 『효경』의 저자라고 보는 입장을 제시했다. 그와 동시대 학자들 역시 사마천에 동의하면서, 증자가 공자의 말을 기록한 것이 『효경』이라고 보았다. 현재에 이르기까지 『효경』의 저자에 대해 의견이 일치하고 있지는 않지만, 대체로 기원전 3세기 무렵 전국 시대 말기에 유가 계열의 학자가 지은 것이라고 받아들여지고 있다. 물론 저작 시기를 훨씬 나중으로 미루어 보는 입장도 있다.

『효경』은 효의 실행을 요구하면서, 효가 사람의 모든 행위에 관통해야 한다고 생각하고, 효에 입각한 세밀한 실행 규정을 제시하고 있다. 효의 시작은 신체를 보호하는 것이다. "신체와 머리터럭과 피부는 부모에게서 받은 것이니 함부로 훼손시켜서는 안 된다"라는 유명한 『효경』의 말은 동아시아인의 상식으로 자리 잡고 있다. 그리고 효도의 마지막은 "관리가 되어 천하에 도를 실행하고 후세에 이름을 남겨 부모를 빛나게 한다"라고 했는데, 이 역시 동아시아인의 성공 관념이나 명예를 중시하는 출세관으로서 널리 영향을 주고 있다. 또 『효경』은 가국일체적 정치관에 입각하여 '효도'는 어버이를 섬기는 것에서 시작하고, 임금을 섬기는 것이 중간이 되며, 몸을 세워 출세하는 것에서 마치게 된다고 강조한다. 또 『효경』은 "부모 슬하에 있을 때는 공경하는 마음을 다하고, 봉양할 때는 어버이가 즐거움을 다하도록 하고, 병환의 때는 자식 된 근심을 다하고, 상례에는 자식의 슬픔을 다하고, 제사에는 자식으로서의 엄숙함을 다할 것"이라고 하면서 부모의 생로병사 및 제사라는 인생사의 전 과정에 맞추어 효도를 실천할 것을 요구한다. 또한『효경』은 각기 다른 신분에 속하는 사람들에게 서로 다른 방식의 효도를 실천할 것을 요구한다. 예를 들어, 천자의 효도는 "사랑과 존경으로 어버이 섬김에 극진히 하고, 도덕교육을 백성에게 베풀어, 사방 온 나라를 제어한다"라고 했다. 제후의 효도는 "윗자리에 있으면서 교만하지 않으면 높지만 위태롭지 않고, 절제하여 법도를 삼간다면 부가 가득하여도 넘치지 않을 것"이라고 하면서 제후의 계급에 어울리는 효의 실천을 요구한다.

孝經通 四書熟 (효경통 사서숙) 『효경』은 증자가 '효'에 대하여 공자에게 질문하고 다시 공자의 답변을 문답형식으로 기록한 책으로, 1경 18장에서 효의 도리를 밝히고 있다.『효경』에서는 '효제孝悌'를 설명하면서 "부모를 잘 섬기는 것이 효", "형과 어른을 잘 모시는 것을 제"라고 말하고 있다. 효는 모든 덕의 근본이며, '사람의 행동 중에 효보다 큰 것이 없다'는 것이『효경』의 기본 입장이다.『효경』은 첫머리에서 효친과 충군의 관계를 제시하고, 충은 곧 효라고 확대하면서 충의 의미를 효와 연결시켜 설명한다. 또 "임금 섬기기를 아버지 섬기듯이 하라"라고 말하면서, 어버이와 군주를 동일시하는데, 이것은 유가적인 가국일체家國一體 사상의 확립에 지대한 영향을 준다.

如六經 始可讀 『삼자경』의 저자는 배우는 사람은 먼저『효경』을 읽어서 자식으로서의 도리를 알고, 그 다음에 〈사서〉와 〈육경〉의 순서에 따라 배우는 것이 학문의 바른 순서라고 인식하고 있다. 이러한 관점은 주희에게서 유래한 것으로, 〈육경〉을 〈사서〉보다 더 난해하고 심오한 책이라고 보는 입장이다. 옛사람들은 배움에서 점진적인 순서가 중요하다고 보았다. 북송의 정이천은 사람을 교육할 때, 먼저『대학』과『논어』,『중용』,『맹자』의 내용을 이해하는 것에 힘을 쓰고, 그 다음에 〈육경〉으로 나아가도록 권유했다. 이런 순서의 강조는 내용의 난이도 및 책의 크기를 고려한 것이다.

〈오경〉 또는 〈육경〉이라는 유교 경전은 모두 성인의 저작으로 존중되고 있다.『삼자경』에서 '예禮'라고 하면 두 종류의 책을 가리킨다. 하나는『주례』이고, 또 하나는『예기』이다. 따라서 삼자경에서 말하는 〈육경〉은 고대 시가詩歌의 요체인『시경』, 역사 기록의 대표인『서경』, 철학 및 지혜의 문서로서『역경』, 조직 관리와 예법 제도의 문서인『주례』, 문화 자료의 총결산이라 할 수 있는『예기』, 노나라의 역사서 기록인『춘추』를 지칭한다. 유교의 경전을 통칭하거나 정리하는 입장은 다양하고, 또 시대에 따라 달라진다.

4 〈육경六經〉

詩書易, 禮春秋, 號六經, 當講求. ㉞

시 서 역　예 춘 추　호 육 경　당 강 구

『시경』,『서경』,『역경』과『의례』,『예기』,『춘추』를
〈육경〉이라고 하니, 마땅히 깊이 연구해야 한다.

〈육경〉은 본래 『시경』, 『서경』, 『의례』, 『악경』, 『주역』, 『춘추』의 여섯 경전이었다. 그러나 나중에는 『악경』 대신 『예기』와 『주례』를 〈육경〉에 포함시켰다. 〈육경〉이라는 표현 자체는 『장자』에서 처음 나온다. 반고班固는 『한서』 「예문지」에서 육예六藝라는 표현을 사용했다. 〈육경〉 중의 『악경』은 전해지지 않고, 다만 『예기』 안에 「악기」 한 편이 전해지고 있을 뿐이다. 한대에는 『악경』을 제외한 다섯 경전을 〈오경〉이라고 불렀고, 전한 한무제 때 '오경박사'를 설치했다.

『삼자경』에서는 『시경』, 『서경』, 『주역』 〈예禮〉(『의례』와 『예기』) 『춘추』를 〈육경〉이라 불렀다. 전승된 〈육경〉은 공자 학단의 교육용 교재로 사용되었다고 본다. 공자는 제자 3,000명에게 〈시〉, 〈서〉, 〈예〉, 〈악〉의 기본 경전을 가르쳤고, 그중에서 뛰어난 72명의 제자에게는 『역』과 『춘추』를 더하여 가르쳤다고 한다. 따라서 〈육경〉은 공자의 정리 및 수정을 거쳐 현재의 완전한 모습이 되었다고 전해진다. 그러나 현대의 학자들은 공자가 〈육경〉의 정리자라는 전통적인 입장에 의문을 제기하고 있다.

詩書易 禮春秋
시 서 역 예 춘 추

〈육경〉은 유가의 경전에 머물지 않고 중국 및 동아시아 전통문화에서 중요한 역할을 담당했다. 『시경』은 중국 최초의 시가집으로 '풍風', '아雅', '송頌'의 세 부분으로 구성된다. '풍'은 지역의 민요, '아'는 서주 시대 천자의 조정에서 연주되었던 아악, '송'은 종묘 제사의 무곡舞曲에 붙은 가사이다. 『서경』은 중국 최초의 역사 문헌이고, 『주역』은 고대의 점서占書이지만 유가에 의해 철학적 저작으로 변화되었으며, 〈예〉는 『주례』, 『의례』, 『예기』의 세 종류가 있는데, 『주례』는 고대 왕조의 이상적인 조직 원리에 관한 책이고, 『의례』는 귀족 계급의 예를 집대성한 책이다. 『주례』와 『의례』에 담긴 예는 주로 주나라 왕실에서 실행되던 제도와 전국 시대 각국의 제도에 근거를 두고 있다. 그리고 『예기』는 중국 최초의 예론 및 예의 세목에 관한 해설서로 한나라 이전의 각종 예의에 관한 논저를 집대성한 것이다. (〈예경〉에는 세 종류가 있기 때문에, 어느 것을 육경에 포함시키는지에 따라 약간의 차이가 있다.) 『춘추』는 중국 최초의 편년체 역사서이다.

〈육경〉은 각각 서술의 중점을 가지고 있다. 『장자』 「천하」에 따르면, 〈시〉는 마음의 지향[志]에 대해 말하고, 〈서〉는 사건[事]의 의미를 말하고, 〈예〉는 사람의 바른 행위[行]를 말하고, 〈악〉은 마음의 조화[和]에 대해 말하고, 〈역〉은 음양의 변화에 대해 말하고, 『춘추』는 일의 명분[名]에 대해 말한다고 개괄한다. 또 『한서』의 「사마천전」에서는 〈역〉은 천지, 음양, 사시, 오행을 드러내므로 변혁에 강하고, 〈예〉는 기강과 인륜이므로 실행에 뛰어나고, 〈서〉는 선왕의 일을 기록하므로 정치에 강하고, 〈시〉는 산천, 계곡, 금수, 초목, 자웅을 기술하므로 풍토에 뛰어나고, 〈악〉은 위치를 세우는 근거이므로 조화에 뛰어나고, 『춘추』는 시비를 분별하므로 사람을 다스리는 일에 뛰어나다고 설명하고 있다.

이처럼 세상사의 여러 측면을 논의하는 〈육경〉은 일종의 유기적 관계망을 형성한다. 즉 〈역〉은 중국 사유의 총론이라고 볼 수 있다. 〈서〉는 정치적 흥망성쇠의 원리를 말해주는 정치론이며, 〈예〉는 제도와 의식을 정리한 문화론이고, 〈악〉은 음악의 가치 및 효용을 설명하는 음악론, 『춘추』는 인간사의 배후에서 움직이는 질서와 원리를 통해 가치를 판단하는 윤리학, 〈시〉는 고대 중국의 모든 문화를 관통하는 정서적 지향을 종합한 예술론이라고 말할 수 있다.

號六經 當講求
호 육 경 당 강 구

한의 제왕들은 "효로 천하를 다스린다[以孝治天下]" 라는 이념을 표명하고, 그런 이념에 따라 세상을 다스리고자 했다. 그리고 후한 시대에 오면 〈오경〉 이외에 『논어』와 『효경』이 널리 독서인들의 필독서가 되었고, 그에 따라 유가의 경전은 〈오경〉에서 〈칠경〉으로 확대되었다. 당나라 때는 『춘추』에 대한 주석으로서 중요한 가치를 가진 『좌전』과 『공양전』, 『곡량전』을 경전의 반열에 포함시켰다. 이어서 『주례』, 『의례』, 『예기』를 〈예경〉의 범주에 포함시켰다. 이렇게 경전의 목록은 확대되었는데, 이 여섯 경전을 전통적인 삼경인 〈역〉, 〈서〉, 〈시〉와 합쳐서 〈구경〉이라고 부르는 관행이 성립한다. 그 결과 경전을 통칭하는 〈삼경〉, 〈오경〉, 〈육경〉, 〈칠경〉, 〈구경〉이라는 다양한 명칭이 존재하게 되었지만, 핵심은 『시경』, 『서경』, 『역경』, 『예경』의 〈사경〉이며, 『예기』나 『춘추』의 삼전三傳은 원래는 경經의 의미를 해설하는 주

분류	내용
삼경	시, 서, 역
오경	삼경+춘추+예
육경	삼경+춘추+주례(혹은 의례)+예기
칠경	오경+논어+효경
구경	삼경+삼례(의례,주례,예기)+삼전(좌전,곡량, 공양)

석서를 의미하는 '전傳'이나 '기記'가 가치가 승격되어 경전의 범주에 포함된 것에 불과하다.

　당대에는 『논어』와 『효경』을 강조하면서 '겸경兼經'이라고 부르기 시작했다. 경전과 함께 읽어야 하는 경전급 문서라는 말이다. 문종 때는 조정의 명령으로 〈구경〉에 『논어』, 『효경』, 『이아』를 더하여 〈십이경〉이라고 부르기 시작했다. 그리고 이런 여러 경서를 돌에 조각하여 영원불변한 가치를 천명하려고 했다. 그것을 석경石經이라고 하는데, 지금까지 전해지고 있다. 송대에 성리학자들은 『맹자』를 경서의 지위로 끌어올렸다. 북송의 철종 시기에 과거시험에 『맹자』를 포함시키면서 유가 경전은 〈십삼경〉(구경+논어, 효경, 이아, 맹자)으로 확대되었다. 이런 경전이 편찬된 연대는 고대부터 진한에 이르는 시기로 일정하지 않다. 경전이 다루는 내용은 철학, 역사, 정치, 경제, 언어문자, 윤리, 민속, 지리, 과학기술, 법령 제도 등 문화의 거의 모든 영역을 포함하기 때문에 경전은 중국의 전통사회를 이해하는 데 필수적인 자료라고 할 수 있다.

4 〈육경六經〉: 『역경易經』

有連山, 有歸藏. 有周易, 三易詳.　㉟

유 연 산　유 귀 장　유 주 역　삼 역 상

〈역易〉에는 연산·귀장이 있다.

주역이 등장하면서 삼역은 상세해졌다.

자연의 섭리로 인간을 이해하는 책이 〈역易〉이다. 인간은 미지의 천지, 우주, 만물의 변화를 가져오는 원리를 이미지로 형상화하는 데 성공했고, 그 결과를 정리한 것이 〈역〉이다. 〈역〉은 중국문화를 이해하는 핵심 원리로서 중국문화의 모든 영역, 특히 정치, 경제, 사회의 각 영역이 형성되는 데 거대한 영향을 끼쳤다. 또한 〈역〉은 유가의 중용의 도, 인의예지신의 윤리, 삼강오륜 등과 같은 사회생활을 형성하는 주요한 근거였기 때문에 '경전 중의 경전'으로 최고의 지위를 얻었다.

유 연 산　유 귀 장
有連山　有歸藏　　〈역〉에는 세 종류가 있다. 하나는 〈연산連山〉인데 복희씨가 간괘艮卦의 원리에 입각하여 순서를 정리했다고 한다. 둘째는 〈귀장歸藏〉으로 신농씨가 건괘乾卦의 원리에 입각하여 정리한 역이다. 그러나 〈연산〉과 〈귀장〉은 전설로만 전해질 뿐, 현재는 그 실체를 알 수 없다.

유 주 역　삼 역 상
有周易　三易詳　　셋째가 주나라 때에 성립한 역, 즉 『주역周易』이다. 지금 세상에서 『역경』이라고 부르는 것은 『주역』이다. 『주역』을 구성하는 64괘의 이미지는 복희씨에게서 시작되었다고 하며, 괘사卦辭, 즉 단사彖辭는 문왕文王이 지었고, 각 괘를 구성하는 6효의 효사爻辭는 주공이 지었다고 한다. 그리고 괘와 효의 의미를 해설하는 단전(단사는 괘사와 동의어, 단전은 괘사에 대한 해설)과 상전(대상전, 소상전), 그리고 건괘와 곤괘의 의미를 풀이하는 문언전, 나아가 주역의 전체적 의미를 해설하는 계사전 등은 공자가 지은 것이라고 한다. 현대의 학자들은 주역의

저자에 대한 전통적인 입장에 의문을 표시한다.『역경』은 중국 고대문화를 완성한 네 명의 성인의 업적으로 여겨진다.『역경』의 의미를 이해하기 위해 다양한 관점을 가진 주석서가 만들어졌지만, 주역의 전체 의미를 파악하는 것은 여전히 쉽지 않은 작업이다. 역사적으로 중요한 주석서가 많이 나타났지만, 현재 가장 널리 읽히는 주석서는 공영달의『주역정의』, 정이천의『역전易傳』(보통 역정전易程傳이라고 부른다)과 주희의『주역본의周易本義』, 청대에 만들어진『주역절중周易折中』등이 있다. 진시황에 의한 분서갱유 때『시경』과『서경』은 불탔지만, 점占이라는 실용적인 목적을 가진『역』은 살아남았다.

『역경』은 2만 4,000자 분량으로 경經과 전傳으로 나뉜다. 경의 이름이 곧『역』인데 64개의 괘 및 괘를 구성하는 여섯 효(전부 384효)의 위치와 형태에 입각하여 판단을 내리는 괘사와 효사로 역의 실제 내용을 이룬다. '64개의 괘'는 기본이 되는 '8괘'를 겹쳐서 얻어진다. 8괘는 음양 2효가 세 번 중첩되어 이루어진다.『역경』의 음양은 중단된 것과 서로 연결된 선형으로, 즉 --와 ―이다. 고대인들은 음양의 범주를 이용해서 추위와 더위, 해와 달, 남녀, 낮밤, 홀수와 짝수 등 많은 것을 표현했다. 이른바 '하나의 음과 하나의 양을 도라고 한다[一陰一陽之謂道]'고 할 때의 음양의 교환과 변화가『주역』의 사유를 형성하는 기초이다. 그런 기본적인 음과 양의 교대를 기초로 음양의 부호를 세 번 겹쳐서 여덟 종류의 서로 다른 이미지를 만들어 8괘라는 기본괘, 즉 경괘를 얻는다. 그리고 그 경괘(팔괘)는 자연 및 인사를 상징하는 부호로서 자격을 얻는다. 그리고 그 8괘가 중첩되어 64괘를 만들고, 인간사의 다양한 국면을 64개의 패턴으로 상징화한 것이 『주역』이다.

　『주역』의 '전' 부분은 『역경』의 '경'(64괘의 괘사와 효사)에 대한 상세한 해설이다. 64괘의 전체적 이미를 해설하는 「단전彖傳」이 상하 편, 괘의 형상(대상전) 및 효의 형상(소상전)을 해설하는 「상전象傳」이 상하 편, 건괘와 곤괘를 집중적으로 해석하는 「문언전文言傳」과 「계사전繫辭傳」의 상하 편, 「설괘전說卦傳」, 「서괘전序卦傳」, 「잡괘전雜卦傳」이 '전'에 속한다. 이처럼 「역전」은 모두 7종류이지만, 상하로 된 것이 있기 때문에, 그것을 다 합치면 10편이 된다. 따라서 그 모두를 통칭하여 「십익十翼」이라고 불렀고, 후대에는 그 십익을 보통 「역전易傳」이라고 불러 통용되고 있다.

4 〈육경六經〉:『서경書經』

有典謨, 有訓誥, 有誓命, 書之奧.

유 전 모   유 훈 고   유 서 명   서 지 오

『서경』은 전과 모, 훈과 고,
서誓와 명命이 담겨 있어 심오하다.

고대 중국의 성왕의 언행을 정리한 역사책이 『서경』인데, 『상서尚書』라고도 부른다. 이 경우 '상尚'은 연대가 오래되었다는 의미이고, '서書'는 역사 문헌이라는 의미이다. 왕충은 『논형』에서 『서경』이 "고대 제왕의 책[上古帝王之書]"이라고 말한다. 처음에 『서경』의 각 문장은 「우서」, 「하서」, 「상서商書」, 「주서」 하는 식으로 문장의 시대 이름으로 불렸다. 전국 시대에 들어오면서 간단히 〈서〉라는 이름으로 불렸으며, 한나라에 들어와서 『서경』이라고 불리기 시작했다.

『서경』은 중국의 가장 오래된 역사서이다. 상고 시대의 역사문헌 및 고대의 정치적 담론을 집대성한 저술로서 특히 상商(=은)과 주나라 초기의 중요한 역사적 사료를 보존하고 있다. 『서경』은 공자가 편찬하여 현재의 모습으로 정리했다고 전해진다. 공자가 과거부터 전해지던 3,000편 이상의 문서를 100여 편으로 정리하여 교육 교재로 삼았다는 것이다(『사기』「공자세가」참조). 그러나 현대 학자들은 『서경』을 공자가 정리했다는 전통적인 주장을 인정하지 않는 경향이 있다.

『서경』은 진시황이 일으킨 '분서갱유' 때 대부분이 사라졌다. 전한 초기에는 『서경』 중 29편이 전해지고 있었는데, 한대에 통용되던 예서隸書로 기록되어 있었기 때문에 〈금문상서今文尚書〉라고 불렸다. 〈금문 성서〉는 진秦의 박사였던 복생伏生에 의해 후세에 전해진 것이다. 전승에 따르면, 복생은 시서를 불태우라는 진시황의 명령을 어기고 〈서〉를 자기 집의 벽 속에 감추었다. 그 뒤 병란이 일어나 복생은 피난을 갔고, 한나라가 천하를 평정한 다음에 집으로 돌아와 숨겨두었던 〈서〉를 찾았으나 이미 수십 편이 없어지고 남은 것은 29편에 불과했다. 그는 그 책들을 보존하여 제나라와 노나라에서 개인적으로 전수했다. 나중에 한 문제文帝가 그의 이름을 듣고 그를 조정에 초대했다. 그러나 이미 90세가 넘은 복생은 도읍까지 갈 수 없었다. 문제는 즉시 장고관掌故官 조조晁錯를 파견하여 복생에게 〈서〉를 배우게 했다. 복생의 개인적인 노력과 조정의 제안에 힘입어 『서경』이 현재까지 전해질 수 있었던 것이다.

다른 이야기에 따르면, 한나라 무제 때 공자 고택의 벽장에서 전국 시대의 서체로 기록된 다른 한 종류의 『서경』이 발견되었다. 이것은 당시의 서체보다 오래된 서체로 기록되었다고 해서 〈고문상서〉라고 불렀다. 〈금문상서〉에 비하면 분량이 16편 더 많았다. 현재 통행하는 〈십삼경주소十三經注疏〉 안의 『서경』은 〈금문상서〉와 〈고문상서〉를 종합한 것이다.

有典謨 有訓誥 『서경』은 우虞, 하夏, 상商, 주周 각 시대의 전典 · 모謨 · 훈訓 · 고誥 · 서誓 · 명命 등 각종 양식의 문서로 이루어져 있다. 그 가운데 우, 하, 상대의 문헌은 전설을 기록한 것이기 때문에 전적으로 신뢰하기 어려운 내용이다. 먼저 '전典'은 불변의 법칙이라는 의미로, 중요한 역사 사건이나 전문적인 사실史實을 기록한 것이다. 「요전堯典」, 「순전舜典」은 제왕의 영원한 표준이 되는 문서로 고전 중의 고전이다. '모'는 모의한다는 의미로, 군신의 정치적 견해를 기록한 것이다. 「대우모大禹謨」와 「익직모益稷謨」처럼 대신이 성인의 정치를 돕기 위하여 헌상하던 계책計策 등이 그것이다. '훈訓'은 가르친다[誨]는 의

미로, 신하가 군주에게 간언하는 문서이다. 예를 들어 「이훈伊訓」은 대신 이윤伊尹이 군주를 가르치고 바로잡아 악행에 이르지 않도록 진언한 내용을 담고 있다. '고誥'는 부른다[김]는 의미로, 사람들로 하여금 힘써 노력하도록 격려하는 공문서이다. 「소고昭誥」나 「주고酒誥」처럼 왕이 자신의 의지와 명령을 세상에 널리 선포하는 문서가 거기에 속한다.

有誓命 書之奧　'서誓'는 믿음 혹은 맹세라는 의미로, 군주가 반역자를 토벌하기 위해 출정出征할 때 신에게 맹세하는 문서 또는 군주가 신하들을 훈계하는 선서문이다. 예를 들어, 「감서甘誓」나 「진서秦誓」는 군주가 출정할 때 스스로 삼가 하늘의 다스림을 실행하고, 장수에게 명령을 내리고, 공을 세운 사람에게는 상을 내리고 죄가 있는 사람에게 벌을 내린다는 신상필벌의 맹세를 담고 있다. '명命'은 명령命令이라는 의미로, 군주가 대신들에게 내리는 명령이다. 예를 들어, 「열명說命」이나 「문후지명文侯之命」은 임금이 대신들에게 명령을 공포하는 내용을 담고 있다. 한나라 이후, 『서경』은 제왕의 교과서, 나아가 귀족 및 사대부가 반드시 준수해야 하는 유가적 정치철학의 전범으로 여겨졌다. 나중에 공자나 맹자에 의해 제시되는 유가 민본 사상은 『서경』에 기원을 둔다.

　『서경』은 역사 문헌인 동시에 중국 최초의 산문집으로 고대 산문 형식의 전범이 되었다. 오늘의 관점으로 본다면 『서경』의 문장 대부분은 당시 국가대사를 처리하던 공문서의 총집성이라고 할 수 있다. 『서경』에 대한 주석과 연구 중에서 대표적인 것은 공영달孔穎達의 『상서정의』, 채침蔡沈의 『서집전』, 손성연孫星衍의 『상서금고문주소』 등이 있다.

4 〈육경六經〉: 『주례周禮』

我周公, 作周禮, 著六官, 存治體.   ㉧

아 주 공   작 주 례   저 육 관   존 치 체

우리 주공은 『주례』를 지어,
육관의 제도를 기술하고 치례를 보존했다.

중국 고대의 예악문명을 설명하기 위해서는 〈삼례三禮〉(『주례』·『의례』·『예기』)를 언급하지 않을 수 없다. 〈삼례〉는 고대 예악문명의 집대성으로서, 예의와 예법에 대한 기록과 해설을 담고 있다. 『삼자경』은 〈삼례〉 중에서 특히 『주례』를 소개한다. 『주례』는 『주관周官』 또는 『주관경周官經』이라고 불리는데, 주 왕조의 직관, 예법, 문물 제도를 집대성한 것으로서 주공이 지은 것으로 전해지고 있다. 일부 연구자는 주공이 『주례』의 저자라고 하는 전통적인 관점을 의심하고 전한과 후한 사이에 왕망에 의해 편찬된 문서라고 보기도 한다.

我周公 作周禮 　　주공은 주나라 문왕의 네 번째 아들이자 무왕의 동생으로 이름은 단旦이다. 봉지가 주周에 있고 작위가 상공上公이었기 때문에 사람들은 그를 주공이라고 불렀다. 주 왕조가 성립한 지 겨우 3년 만에 무왕이 병사하고 그의 아들 성왕成王이 즉위했다. 그러나 성왕은 나이가 어렸기 때문에 주공 단이 섭정했다. 섭정이 된 주공은 법령 제도를 수립했을 뿐 아니라 예악을 제작하는 등 새로운 주 왕조의 통치 제제를 확고히 했다.

　　주공이 섭정하던 기간 중에 가장 마음을 쓴 것은 천하의 뛰어난 인재를 부르는 일이었다. 머리를 감을 때 손님이 찾아오면 몇 차례나 머리털을 움켜잡고 손님을 접견했다는 이야기, 밥을 먹을 때 여러 차례 입안에 밀린 음식물을 토해냈다는 이야기가 있는데, 이는 주공이 뛰어난 인재를 중시했음을 말해주는 일화이다. 바로 '토포악발吐哺握髮'이라는 사자성어가 여기서 나왔다. 삼국 시대 조조曹操는 「단가행短

歌行」에서 "주공토포周公吐哺, 천하귀심天下歸心"이라는 시구를 통해 인재를 구하는 데 목말라하는 자신의 심정을 표현하고 있다. 7년 동안의 섭정을 끝낸 주공은 성년이 된 성왕에게 통치권을 돌려주고 대신의 위치로 돌아갔다. 주공은 섭정 시절에 이룬 치적 덕분에 후세 위정자의 모범으로 여겨졌고, 공자가 창시한 유가는 주공을 성인 혹은 군자의 모범, 주공이 수립한 전장 제도를 인정仁政의 모범으로 삼았다. 공자가 평생 추구한 것은 바로 주공이 수립한 예악 제도였다.

著六官 存治體 육관六官은 나라의 정치를 담당하는 여섯 관리, 즉 총재冢宰, 사도司徒, 종백宗伯, 사마司馬, 사구司寇, 사공司空이다.『주례』는 크게는 천하에서 작게는 곤충과 물고기에 이르는 내용을 기술하고 있다. 국가 제도, 정치 체제, 예악형정, 세법 제도, 의식주 생활, 농공상, 점술·의술, 공예 제작, 각종 물건 법령 등 주례가 논의하지 않는 것이 없기 때문에『주례』는 고대 문화를 연구하는 사람에게 중요한 자료가 되고 있다.『주례』는 주 왕조의 관직 및 업무분장의 내용을 '천지춘하추동'의 6장으로 나누어 서술하고 있다. 주공은 육부六部의 관제를 설치하고, 각 부에 속하는 다양한 관제와 관직의 구체적인 직무를 규정하고 있다. 육부 체제의 행정 체계는 전통 시대의 중국과 조선에서 거의 그대로 수용되었는데, 각부의 직무 내용을 표로 정리하면 다음과 같다.

	관제	관직	직무
육관六官 (六卿)	천관天官	총재冢宰	국정 관할
	지관地官	사도司徒	교육업무 관할
	춘관春官	종백宗伯	제례 담당
	하관夏官	사마司馬	군사업무 담당
	추관秋官	사구司寇	법무 담당
	동관冬官	사공司空	토목공사 관리

　『주례』에는 주공이 추구했던 이상 정치의 모습이 그려져 있다. 그런 이상 정치에서 천자天子는 위에서 긴 소맷자락을 늘어뜨리고 공수垂拱하고 있을 뿐이다. 그러면 아래서 육관이 기강紀綱을 잡고 직무를 분담하면서, 공평하고 순조롭게 정무를 처리한다. 이런 제도로 천하는 평화를 달성할 수 있다. 하지만 진나라에서는 『시경』과 『서경』을 훼손했을 뿐만 아니라 『주례』도 활용하지 않았다. 따라서 『주례』는 한나라에 이르러 비로소 세상에 나올 수 있었다고 한다. 『주례』에 기술된 예제禮制 중 많은 것이 한나라 이후의 왕조에서 실현되면서 역사적으로 큰 영향을 끼쳤다. 예를 들면, 수 왕조 때부터 시작된 '3성 6부' 제도의 '6부'는 주례의 '6관' 제도를 수용한 것이다. 한편 『주례』는 유가 사상과 법가 사상을 융합하는 독특한 정치사상을 제시하고 있다.

4 〈육경六經〉: 『예기禮記』

大小戴, 注禮記, 述聖言, 禮樂備. ㊳

대 소 대　주 예 기　술 성 언　예 악 비

대대大戴와 소대小戴는 『예기』를 해설하며,

성인의 말을 조술하고 예악을 정비했다.

예禮는 넓게는 문화적 질서, 좁게는 사회적으로 바른 몸짓이다. 『예기』는 일종의 자료집 성격을 띠는 책으로, 주로 선진先秦 시대의 예제 및 예의를 기록하고 논의하고 있다. 또한 『예기』는 공자와 제자들의 문답은 물론 수신의 준칙에 관해 서술하고 있다. 『예기』는 정치, 경제, 사상, 교육을 비롯하여 의약, 위생에 이르는 매우 다양한 내용을 포괄한다. 특히 선진 유가의 정치 이념 및 윤리 사상 등이 집중적으로 표현되고 있는데, 그런 점에서 『예기』는 고대 중국의 문화와 사상 및 습속과 제도를 연구하는 중요한 자료가 되고 있다.

大小戴 注禮記 (대소대 주예기)   선진 시대의 〈예경禮經〉은 곧 『의례』였다. 『의례』는 주 왕조의 자료를 집성한 것으로 모두 17편으로 구성되어 있다. 특히 귀족 계층에서 실행하던 관·혼·상·제·사射·향鄕·조빙朝聘 등 중요한 예제가 체계적으로 정리되어 있기 때문에, 역대 왕조가 예법을 제정하는 근거로 삼았다. 『의례』의 글자 수는 많지 않지만 고대 문자로 기록되어 있어서, 그 내용을 연구하는 저작이 끊임없이 나왔다. 그들 대부분은 공자의 72명 제자와 그들의 문하에서 배운 사람들의 작품으로 추정된다. 특히 한대의 대덕戴德과 대성戴聖은 『의례』 연구자로 유명하다. 대덕과 대성은 삼촌과 조카 사이였기 때문에 연장자인 대덕은 대대大戴, 조카인 대성은 소대小戴로 불린다.

네기禮記의 '기記'란 경經을 연구한 해설 내지 주석이다. 유교 경전 중에서는 오직 '예기'만 '기'라고 불린다. '오경五經'은 모두 성인이 직접 제작한 것이지만, '기'는 훗날의 학자가 성인의 말을 편찬 기술한 것이다. 다시 말해 '예기'는 본래 '경'이 아니라 '기'에 불과한 문서가 나중에 '경'의 지위로 승격된 것이다. 대덕과 대성도 〈예경〉에 대한 당시의 여러 연구와 기술, 즉 당시의 여러 '예기'를 연구하고 그 결과를 모아 독자적인 '예기'를 완성했다. 대덕이 정리한 것을 〈대대예기大戴禮記〉(85편), 대성이 정리한 것을 〈소대예기小戴禮記〉(49편)라고 부른다. 현재 13경의 하나로 인정되는『예기』는 대성이 정리한 〈소대예기〉와 편장이 일치한다. 현재 〈대대예기〉는 전체가 남아 있지 않고 40편의 〈대대예기〉만 전해지고 있다.

述聖言 禮樂備　후한後漢 시기의 유명한 경학가인 정현鄭玄은『소대예기』에 주석과 해설을 붙이고 전체 49편을 통론, 제도, 제사, 상복, 길사吉事 등 여덟 부분으로 분류했다. 그 이후『예기』는 정현이 정리한 것이 널리 유행했고, 학자들은 점차 〈소대예기〉를 중시하게 되었다. 현재 13경의 하나로 여겨지는『예기』는 곧 〈소대예기〉를 가리키는 것으로, 총 9만 9,000여 자로 구성되어 있다. 나중에는 정현이 주석한『예기』가 정식으로 '경'에 승격되어『의례』,『주례』와 함께 〈삼례〉라고 불리게 되었다. 당나라 때 정부가 주도하여 표준적인 경학 주석본『오경정의五經正義』를 편찬할 때 〈소대예기〉를 표준으로 채용했다.『예기』는 당대唐代에 와서 〈구경九經〉의 지위를 얻고, 송대에는 〈십삼경十三經〉의 하나가 되면서 독서인의 필독서가 되었다. 한편 경전으로 채택되지 않은 〈대대예기〉는 학습자가 점점 줄어서 당나라 때 반 이상이 분실되고, 현재는 일부만 전해지고 있다.

『예기』는 산문체로 쓰여 있는데, 그중 일부분은 사상적 가치는 물론 매우 높은 문학적 가치를 가지고 있다. 〈사서〉의 두 권인 『중용』과 『대학』은 본래 『예기』에 포함되어 있던 문장이며, 「예운」이나 「학기」, 「방기」, 나아가 「교특생」, 「제법」 등의 편장은 유가 사상의 정수를 드러내는 중요한 문장으로서 고전유가의 사상을 연구할 때 빼놓을 수 없는 중요성을 가지고 있다. 그리고 '가정맹어호苛政猛於虎'나 '천하위공天下爲公'과 같은 빼어난 성어가 『예기』에서 나왔다는 사실도 기억할 필요가 있다.

4 〈육경六經〉: 『시경詩經』

曰國風, 曰雅頌. 號四詩, 當諷詠.　㊵

왈 국 풍　왈 아 송　호 사 시　당 풍 영

『시경』에는 「국풍」, 「대소아大小雅」, 「송」이 있다.
이것이 '사시'로 반드시 암송해야 한다.

『시경』은 중국 최초의 시가집이다. 인간은 신에게 바치는 소망을 산문이 아니라 운문, 즉 시詩로 기록했다. 리듬을 가진 시는 악기 반주와 함께 노래로 불렸다.『시경』의 시는 4언 1구 형식으로 인간의 풍부한 감정과 정서를 표현했다.『시경』의 작자 층은 매우 다양하다. 주 왕조의 악관들은 궁중에서 연주되는 '악가樂歌'를 지었고, 공경과 사대부는 조정에 올리는 '악가'를 지었다. 민간인들은 민간의 풍속을 가요로 전승했다.

주 왕실에서는 정치의 성쇠 및 풍속의 변화를 이해하기 위해 채시관采詩官을 시켜 민간의 시가를 채집했다.『한서』「예문지」에서는 채시에 대해 다음과 같이 말한다. "고대에는 채시의 관리가 있었다. 제왕은 수집한 시를 통해 민간의 풍속을 살피고, 정치의 득실을 이해하고, 그것을 참고하여 정치를 바로잡았다." 그러나 진시황 때『시경』을 포함한 유가의 문헌 상당수가 훼손되었다. 그러나 시는 특성상 암송하기 쉽기 때문에 진나라가 망한 이후에 또다시 세상에 유행하게 되었다. 한대의 유학자 모장毛萇이 그런 시들을 수집하여『시경』을 편찬했다. 보통은 그것을 편찬자의 이름을 따서『모시毛詩』라고 부른다. 남송의 주희가 지은『시집전詩集傳』은 가장 널리 읽히는 주석서였다.

曰國風 曰雅頌　　　『시경』은 다양한 사물이나 기물, 식물과 동물을 노래하고 있기 때문에, 공자는『시경』을 배우면 기식이 싶고 넓어진다고 밀한 바 있다.『논어』에는 공자가 아들 공리孔鯉에게 "너는 시를 배웠느냐?"라고 질문하는 장면이 나온다. 공리는 아직 시를 배우지 못했다고 말했다. 그러자 공자는 이렇게 말한다. "시를 배우지 않으면 함

께 이야기할 수 없다."[25] 『시경』을 배우지 않은 사람과는 제대로 된 대화를 할 수 없다, 즉 최소한의 교양도 갖추지 않은 사람과 대화 자체가 불가능하다는 말이다. 『시경』 중의 수많은 시는 지식인들이 즐겨 인용하는 전고典故 및 성어가 되었다.

號四詩 當諷詠   『시경』을 구성하는 시는 크게 네 종류로 나눌 수 있다. 『삼자경』 본문에서 말하듯, '국풍, 대아, 소아, 송'이 그것이다. 이상의 네 종류의 형식을 일괄해서 '사시四詩'라고 부른다. 『시경』의 형식적, 내용상 분류는 위에 말한 풍·아·송이지만, 표현 방법에 따라 부賦·비比·흥興이라는 분류가 성립할 수 있다. 부賦는 평탄하게 나열하는 표현 방식이고, 비比는 비유적 수사 방법이고, 흥興은 사물에 의탁하여 흥취를 일으키는 상징적 수사 방법이다. 『시경』은 직접적인 언어가 아니라 비유적인 언어, 혹은 상징적인 언어로 사실을 비판하는 경우가 많다. 경우에 따라 대상을 풍자하거나 조롱하기도 하고, 또 어떤 경우는 대상을 찬미하고 칭찬한다.

맹자는 『시경』을 중시했기 때문에 자신의 주장에 대해 『시경』의 구절을 끌어와서 그 주장을 강화하는 방식을 즐겨 사용했다. 그리고 시의 의미에 대해 이런 의미심장한 주장을 남겼다. "왕자王者의 자취가 끊어지면서 시가 사라졌고, 시가 사라진 뒤, 『춘추』가 만들어졌다." 여기서 왕자의 자취란 문왕과 무왕의 정치의 도리를 가리킨다. 다시 말해, 유가가 이상으로 삼는 문왕과 무왕의 정치가 실종된 다음, 시가 사라지게 되었다는 말이다. 예를 들면, 문왕의 모의謀議, 무왕의 열의烈

사시四詩의 분류와 특성

형식 분류	특성
국풍國風	각 지역[國]의 민요. 그 민요의 노랫말[詩]을 '풍風'이라고 불렀다. 제후가 민간에서 채집하여 천자에게 헌상하면, 천자는 그것을 악관樂官에게 정리하게 해서 풍속을 살피고 정치의 득실을 파악했다.
대아大雅	제후가 주나라 천자를 알현할 때, 헌상하는 시가詩歌와 가사歌詞이다.
소아小雅	주나라 천자와 제후가 회견할 때, 연회 장소에서 연주되는 악가樂歌와 가사歌詞이다.
송頌	천자가 교제郊祭 및 종묘宗廟에서 제사를 지낼 때 연주되는 신령스러운 송가頌歌이다.

義, 성왕成王과 강왕康王의 성세, 성왕의 정치를 도왔던 주공 단과 소공召公 석奭의 뛰어난 공적, 그리고 『시경』 「빈풍豳風」에서 읊고 있는 창업肇業의 어려움, 주나라 선왕宣王이 국력을 중흥시킨 일 등이 모두 '사시'에 보인다. 이런 왕자의 자취는 다름 아니라 시 안에 보존되어 있었다. 그러나 왕자의 자취가 사라지면서 시마저 사라지는 운명에 처했다는 것이다.

주 왕조는 8세기에 호경(현재의 서안)에서 낙양으로 동천東遷했다. 그 이후 악사樂師는 더 이상 시를 연주하지 않게 되었고, 그 결과 '국풍'이 사라졌다. 또 천자의 권위가 추락했기 때문에 제후들은 더 이상 천자를 알현하지 않게 되었다. 그 결과 '대아'가 사라졌다. 그 이후 천자가 제후와 연회를 열지 않게 되었고, 그러자 '소아'도 사라졌다. 이제는 제후가 천자의 제사를 돕지 않게 되었고, 그 결과 '송'마저 사라졌다. 시가 사라지면서 왕자의 자취도 끊어지게 되었던 것이다.

4 〈육경六經〉: 『춘추春秋』

詩既亡, 春秋作. 寓褒貶, 別善惡.　　　　⑩

시 기 망　춘 추 작　우 포 폄　별 선 악

『시경』이 사라지자 『춘추』를 지었다.

『춘추』는 정치적 포폄을 담아 선악을 분별했다.

三傳者, 有公羊, 有左氏, 有穀梁.　　　　㊶

삼 전 자　유 공 양　유 좌 씨　유 곡 량

『춘추』에는 삼전이 있는데,

공양전, 좌씨전, 곡량전이 그것이다.

고내 중국에서는 봄과 가을 두 번 제후가 천자를 알현했다. 따라서 봄과 가을을 의미하는 '춘추'가 1년 사계절을 대표하는 명칭이 되었다. 농경문화에서는 파종하고 식물이 생장하는 봄[春]과 곡물을 추수하는 가을[秋]이 다른 계절보다 중요했기 때문에 '춘추'가 1년의 대명사로, 나아가 시간의 흐름을 의미하는 말로 사용된 것은 충분히 납득할 수 있다. 고대의 역사서는 1년 단위로 각 계절에 발생하는 중요한 사건을 기록했다. 공자의 나라였던 노나라에서는 그런 역사서를 『춘추』라고 불렀고, 그것이 나중에 역사서의 총칭이 된다.

공자는 자신이 살던 당시에 왕정王政이 시행되지 않고 제후들이 국정을 농단하는 현실을 걱정했다. 공자는 천하 유세를 마치고 위나라에서 노나라로 돌아오면서 노나라의 역사서 『춘추』를 정리하여 왕정을 바로잡고자 했다. 따라서 『춘추』는 공자가 지은 것이 아니라 공자가 정리한 것이다.

『춘추』는 노나라 은공隱公 원년(기원전 722)에서 시작하여 환공, 장공, 민공, 희공僖公, 문공, 선공, 성공, 양공, 소공昭公, 정공定公, 애공哀公 14년(기원전 481)까지 12위位의 242년간 각 제후국의 역사를 기록한 중국에서 가장 오래된 역사서이다. 1년을 단위로 편찬했다고 해서 『춘추』의 서술 방식을 편년체編年體라고 부른다. 『춘추』의 원문은 1만 8,000여 자에 이른다고 알려졌지만, 현존하는 판본은 1,600여 자만 남아 있다. 『춘추』의 문자는 매우 간결한데, 사건에 대한 기록 역시 간략하다. 『춘추』의 기술 방식은 간결하지만 그 안에는 사건 및 사건의 당사자에 대한 은밀한 비판이 포함되어 있다. 그것을 '미언대의微言大

義'라고 부른다. 작고 은밀한 말 안에 커다란 의미가 숨어 있다는 의미
이다. 후대의 경학가들은 공자의 '미언대의'를 찾아내는 것을 춘추 연
구의 목표라고 생각했다. 특히 『춘추공양전』은 『춘추』에 담긴 공자의
'미언대의'를 찾아내는 것을 목표로 삼는 주석서였다. 후대의 공양학
파는 그 「공양전」을 『춘추』 해석의 정통이라고 보았다.

詩旣亡 春秋作
시 기 망   춘 추 작

망亡은 소실되다, 없어진다는 의미이다. 여기서의
『춘추』는 〈오경〉의 하나로 공자가 편찬한 편년체 역사서이다. 서주 시
대의 12대 군주였던 유왕幽王은 주색에 빠져 백성을 돌보지 않고 후
비 포사褒姒를 총애하여 봉화烽火로 제후를 놀리는 연극 놀이를 즐겼
다. 그런 놀이 끝에 제후들이 봉화 놀이에 싫증을 내면서 봉화에 응답
하지 않게 되자, 마침내 서쪽의 이민족인 대융大戎의 군대가 서주 도읍
의 성 아래에 도달했다. 유왕을 구원하기 위한 제후들의 군대는 나타
나지 않았고, 결국 유왕은 독이 든 과일을 먹고 죽었다. 서주가 멸망한
후, 태자 의구宜臼가 왕위에 올라 평왕平王이 되었고, 도읍을 서쪽의 호
경에서 동쪽의 낙양으로 천도했기 때문에 역사에서는 평왕 이후를 동
주 시대(기원전 770~기원전 221)라고 부른다.

동주 시대에는 임금의 권력이 약하고 신하의 힘이 강했다. 각 지
역의 제후들 중에서 강한 힘을 가진 자들이 저마다 패왕霸王을 칭하면
서 주 왕실을 업신여겼다. 동주 시대의 전기는 다섯 제후가 권력을 장
악했기 때문에 오패의 시대, 후기는 일곱 제후가 권력을 장악했기 때
문에 칠웅의 시대라고 부른다. 소위 춘추오패와 전국칠웅의 시대였다.

동주 시대에는 천자가 존재했지만 정령이 통하지 않고 주 왕조의 통치 이념도 무력해졌다. 그런 현상을 비판하는 사람들은 그 시대에 "예가 무너져 악이 파괴되었다[崩禮壞樂]"라고 평가했다. 주 왕실은 명목만 남아 있을 뿐 실제로는 멸망한 것이나 다름없었다.

각 제후국은 더 이상 민중의 시가를 채집하여 사회풍속을 관찰하는 '채시관풍采詩觀風'의 활동을 하지 않았다. 주먹구구식 폭력에 의한 정치만이 유일한 정치 방법이었다. 제후들도 더 이상 주나라의 천자에게 알현하지 않았고, 천자도 제후들을 대접하지 않았으며, 종묘의 제사 역시 계속되지 않았다. 한마디로 문화와 절도가 무너진 시대, 즉 예악이 파괴된 시대였다. 이런 시대에 『시경』의 정신 또한 사라졌다. 공자는 이런 혼란한 상황 속에서 망연자실했다. "이런 상황을 참아낼 수 있다면 무엇인들 참지 못하겠는가?"라는 공자의 한탄은 이런 상황에서 나온 것이었다. 이런 상황을 목도하고 현실의 정치에 실망한 공자는 만년에 조국 노나라에 돌아와 남겨진 노나라의 『춘추』를 손보고 정리하여 현재 우리가 보는 불후의 저서 『춘추』를 완성했다.

寓褒貶 別善惡 　　우寓는 기탁한다, 포함시킨다는 의미이다. 포폄褒貶은 시비와 선악을 분별하여 칭찬하고 꾸짖는 것이다. 『춘추』가 기록하는 242년이라는 기간은 단순히 주나라 말기에 속하는 한 시기에 불과했지만, 『춘추』가 기록된 그 시기를 '춘추 시대'라고 부르는 관행이 정착되었다. 대개 난세亂世는 시비是非와 선악의 기준이 사라진 시대이다. 사람들은 무엇이 '선'이고 무엇이 '악'인지를 구별할 수 없게 되었

기 때문에 사회는 혼란에 빠진다. 이런 시대를 당해, 공자는『춘추』의 한 글자 한 글자에 가치 관념에 입각한 칭찬[褒]과 꾸짖음[貶]을 담았고, 그런 포폄으로 후대인들에게 경고했다. 특히『춘추』의 포폄을 엄중하게 생각했던 맹자는 이렇게 말한다. "공자가『춘추』를 완성하자 난신적자亂臣賊子가 두려워하고 상벌이 분별되고 선악이 분명해졌다." 이후 유학에서는 역사적 포폄을 중시하는 관점이 정립되고, 위정자가 역사를 두려워하는 기풍이 만들어졌다.

三傳者 有公羊
삼 전 자 유 공 양

공자가 정리한『춘추』의 기술은 너무나 간결하고 은유적이었다. 따라서 탁월한 지혜를 가진 사람이 아니면『춘추』의 경문을 읽고 명확한 의미를 포착할 수 없었다. 이에 '경經'의 의미를 해설하는 해석, 즉 '전傳'의 필요성이 대두했다. '전'이란 경전의 의미를 해석한 것이다. 요즘 식으로 말하면 해설서이다. 춘추에는 대표적으로〈삼전三傳〉이 존재하는데,『공양전公羊傳』,『좌전左傳』,『곡량전穀梁傳』이다.

『공양전』의 저자 공양고公羊高는 노나라 사람이었다.『곡량전』의 저자는 공자의 제하 자하子夏의 문하에서 배운 곡량적穀梁赤이라고 알려져 있다. 그들은『춘추』의 대의大義와『춘추』의 필법에 담긴 선악의 숨은 뜻[微辭]를 드러내는 데 주안점을 두고 있다.『공양전』이나『곡량전』과 달리 당시의 역사적 사건을 통해 춘추의 의미를 해명하는 데 주안점을 두었던『좌전』에는 풍부한 역사적 사건에 대한 기록이 담겨 있다.『좌전』에 대해서는 진晉나라 두예杜預의 주註가,『공양전』에 대해서는 한나라 하휴何休의 주註가,『곡량전』에 대해서는 진나라 범녕范甯

의 주註가 대표적이다.

유 좌 씨 유 곡 량
有左氏 有穀梁　　『좌전』은 좌구명左丘明의 저작으로 전승되고 있는 데, 좌구명은 공자와 동시대 인물이라고 한다. 공자는 그를 좋은 친구로 대우했고, 좌구명은 공자를 스승처럼 모셨다고 한다. 물론 현대의 학자들은 『좌전』의 저자가 좌구명이라는 전승을 있는 그대로 받아들이지는 않는다. 『좌전』은 편년기사編年紀事의 형식을 사용했고, 『좌전』의 경문기사 뒤에 상세한 역사적 배경과 관련 사건을 기록하고 있다. 천자 제후의 일에서 시작하여 전쟁[兵革]의 승패 및 제후국 사이의 교류, 국가의 흥망성쇠 및 멸망의 원인, 현신과 간신의 행동이 자세하게 기록되어 있다.

　　경전으로서 『춘추』의 말은 간단하지만 의미가 깊다. 따라서 「전」의 도움을 받지 않으면 『춘추』의 의미를 이해하는 것은 거의 불가능하다. 그래서 『춘추』와 더불어 〈삼전〉을 〈십삼경〉에 포함시켜 함께 읽도록 한 것이다. 〈삼전〉은 춘추 시대의 여러 사건의 사실성 여부를 고증할 때도 널리 활용되고 있다.

5 〈제자백가諸子百家〉

經既明, 方讀子. 撮其要, 記其事. ㊷

경 기 명 방 독 자 촬 기 요 기 기 사

유가의 경전에 밝아지면 제자백가의 저작을 읽는다.
제자서는 핵심을 골라 읽고, 맥락을 기억해야 한다.

춘추 시대 이전에는 귀족 자제들만 관학에 나가서 공부할 수 있었다. 민간에는 배움의 조건이 갖추어지지 않았다. 하지만 전국 시대가 되면서 사회 분위기가 활력을 띠고 각종 학교가 설립된다. 그 결과 민간에서도 다양한 사상과 학설이 등장하고, 자유사상가들의 활약이 시작되었다. 그들은 저마다 자신의 주장을 펼치면서 학파를 형성하거나, 적극적인 유세활동을 벌였다. 이른바 '백가쟁명百家爭鳴'의 시대가 열린 것이다. 그들은 강론과 저술, 학파의 형성을 통해 사상적 주장을 펼쳤고, 제자들을 모아 교육하고, 논쟁과 변론의 사상 풍토를 창출했다.

『삼자경』은 제자백가의 문서를 읽을 때는 요점을 잘 정리하고 맥락을 놓치지 말라고 경계한다. 제자서는 〈육경〉 및 〈육경〉의 정통적 계승자인 유학과 일치하는 순수한 부분과, 정통에서 벗어나는 이단적 왜곡을 동시에 포함하고 있기 때문이다. 따라서 제자백가를 읽을 때는 핵심을 잘 파악할 필요가 있다. 특히 아직 학문이 깊지 않은 초학자가 유학과 어긋나는 기발하고 편벽된 제자백가의 주장에 마음을 뺏겨서는 곤란하다고 생각했기 때문이다.

經旣明 方讀子 　경經은 〈오경〉, 〈육경〉 등 유가儒家의 경전이다. 자子는 경전에 속하지 않는 사상가들의 저작, 즉 제자백가의 저작을 폭넓게 가리키는 개념이다. 한자문화권에서는 전통적으로 '경經, 사史, 자子, 집集'이라는 4분법에 입각하여 도서를 분류했다. '경'은 고대사회 속에서 정치적, 윤리적 이념을 가르치는 것으로 유가의 전적典籍을 지칭한다. '사'는 각종 체제의 역사 저작이다. 여기에는 정사, 편년체 기

록, 기사본말체 기록, 별사와 잡사 등이 포함된다. '자'는 제자백가 및 불교, 도교 등 다양한 사상 학파의 저작이다. 선진 시대에는 아직 불교와 도교가 존재하지 않았기 때문에, 선진 시대의 제자백가로는 유가, 도가, 묵가, 법가, 병가, 농가, 음양가, 종횡가, 잡가, 소설가 등 10개 학파의 사상적 저작이 중심이 된다. '집'에는 역대 작가(1인 혹은 다수)의 산문, 운문 형식의 문집과 문학평론, 문학작품 등이 포함된다.

『삼자경』에서는 독서의 순서로서 먼저 "문자의 훈고를 상세하게 공부하고, 문장의 독해를 학습"한 다음에 『효경』과 〈사서〉를 학습하고, 그 다음 단계에서 〈육경〉을 읽어서 유가의 경전 전체를 파악한 다음, 마지막 단계에서 제가백가의 서적을 섭렵하는 것이 바람직하다고 생각했다.

撮其要 記其事　촬撮은 손가락으로 잡는다, 취한다의 의미이다. 『사기史記』에서는 제자백가를 음양가陰陽家, 유가儒家, 묵가墨家, 명가名家, 법가法家, 도가道家의 육가六家로 분류했다. 반면 『한서漢書』 「예문지」는 제자백가를 대표적인 10개의 학파를 중심으로 분류하고, 제자백가 전체를 구류십가九流十家라고 부르고 있다. 구류십가는 유가, 도가, 음양가, 법가, 명가, 묵가, 종횡가縱橫家, 잡가雜家, 농가農家의 구류에 소설가小說家를 더한 것이다. 이하에서는 제자백가 중에서 중요한 의미를 가진 유가, 도가, 묵가, 법가를 중심으로 간단하게 제자백가의 사상을 정리한다.

유가는 전국 시대에 가장 영향력 있는 학파 중 하나였다. 춘추 시대의 공자를 이념적 스승으로 삼고 전통적인 귀족교육의 내용인 육예를 근본으로, 문화질서(예악)와 도덕가치(인의)를 중시하는 사상을 발전시켰다. 유가 사상의 핵심은 충서(=인)의 실천과 중용의 실현이다. 그런 충서와 중용을 실천하기 위한 윤리교육과 인간의 정신적, 내면적 수양을 강조했다. 한편 유가는 교육과 교화를 통한 지배를 우선시하고, 형벌에 의한 강제적 지배를 비판적으로 평가했다. 유가가 법의 지배를 부정했던 것은 아니지만, 교화 수단인 예를 통한 통치를 확립하는 것을 목표로 삼았다는 점에서 당시의 법가와 대립했던 것이 사실이다. 따라서 유가는 관습 및 개인의 자각에 근거하는 예에 입각한 정치와 개인의 내면적 덕성인 덕에 의한 통치를 실현하고자 했다. 그런 점에서 유가가 지향하는 정치를 '예치'라고 부를 수 있고, 유가는 그런 예치를 통해 '주례'를 회복하는 것을 목표로 삼았다. 전국 시대에 와서 유가는 여덟 개 학파로 나뉘었다. 소위 유가팔파儒家八派이다. 그중에서도 중요한 것은 맹자와 순자荀子의 학파였다. 맹자와 순자는 유가의 다른 학파를 비판하거나 수용하면서 유가의 전통을 종합하고, 창의적 발전을 통해 유학의 체계를 완성했다. 이런 맹자와 순자의 활약에 힘입어 유가는 전국 시대 후기에 제자백가 중에서 가장 영향력 있는 학파로 성장할 수 있었다.

도가道家 역시 유가와 더불어 전국 시대를 대표하는 중요 학파 중 하나이다. 보통 '도덕가'라고도 불린다. 이 학파는 춘추 말기를 살았다고 알려진 노자의 도덕에 관한 학설에 근거하여 이론의 기초를 마련했다. 다시 말해, 우주만물의 본질이자 본원, 우주의 구성과 변화의 원리를 도道에서 찾는 이론을 체계화한 것이다. 도가의 주장에 따르면 '도'는 하늘에 앞서서 만물을 생성하는 천지만물의 본원이다. 또 그들은 "하늘이 위엄을 드러내고[天發威], 도는 자연을 따른다[道法自然]"라는 사상을 근간으로, 전통적인 귀족 정치의 근거를 제공했던 '천명天明' 관념을 넘어서는 이념을 확립하려고 노력했다. 노자에서 시작되고 장자에 의해 다듬어진 도가는 유교 및 법가의 중앙집권적 영토국가를 지향하는 것을 거부하면서, 소농의 삶을 보호하는 분권적 지향을 강조했는데, 그런 그들의 정치이념은 '소국과민小國寡民'과 '무위지치無爲之治'의 이상을 통해 표명되고 있다. 그런 점에서 도가의 정치론은 중국사 내내 유가적 통치 이념과 대립하는 양상을 드러냈다.

묵가의 창시자는 묵자이다. 묵자의 이름은 적翟이고 전국 초기 노나라 사람이다. 묵자의 주장은 유가와 매우 예리하게 대립했다. 묵자는 유가의 거의 모든 사상을 부정하는 '비유非儒'의 사상가였다. 그도 그럴 것이, 묵자는 유가와 달리 대대로 녹봉을 받는 세습 제도를 반대했고, 출신 성분보다는 능력을 중시하는 '상현尙賢'을 주장했으며, 가족애에서 출발하는 유가의 인仁의 사상을 부정하고 모든 사람을 공평하게 사랑하는 '겸애兼愛'를 주장했다. 한편 영토 확장을 위한 전쟁에 반대하는 '비공非攻'의 사상을 주장하고, 경제적으로는 예악 질서의 유지에 국가의 비용을 사용하는 것을 반대하며 국가 재정의 절약을 강조하는 '절용節用'을 주장했다. 종교적으로는 '하늘을 높이고 귀신을 섬긴다[尊天事鬼]'는 '명귀明鬼'의 사상을 제시했다. 묵가 집단은 '거자鉅子'라는 리더가 이끄는 사상, 종교, 군사 조직을 운영했는데, 집단의 구성원은 주로 사회 하층민으로 그들은 죽음도 불사하는 용기로 똘똘 뭉쳤다. 또한 묵가는 당시의 사상가들을 이론적으로 굴복시키기 위해 논리학, 즉 '묵변墨辯'을 발전시켰으며, 군사 조직을 조직하여 부당한 군사 공격으로 고통당하는 제후를 돕는 일종의 협객으로서 활약했기 때문에 '묵협'이라고 불렸다.

한편 제자백가의 막내 격으로 등장한 법가는 신흥지주 계층의 이익을 대변하면서, 부국강병의 정책을 주장했다. 그들은 전통적 관습법이 아니라 명확한 상벌 규정을 가진 성문법에 근거한 엄격한 통치 질서를 수립할 것을 주장했다. 성문법적 질서를 중시하는 그들은 "친소親疏를 구별하지 않았고, 귀천貴賤을 차별하지 않았으며, 한결같이 법에 따라 결정하는" 원칙을 관철하고자 했기 때문에, 그들을 법가라고 불렀다. 전기 법가를 대표하는 사상가로는 상앙商鞅과 신불해申不害 등이 있으며, 후기 법가를 대표하는 한비韓非는 전제주의적 중앙집권 이론을 집대성하는 큰 업적을 완수했다. 한비는 전국 시대의 소국이었던 한韓나라 귀족 자제로서 전국 시대 말기의 대학자인 순자의 제자이다. 그는 예를 중시하는 순자의 사상을 배웠지만, 거기서 한발 더 나아가 법의 이론을 집대성했다. 현재 법가의 대표작으로 알려져 있는 『한비자韓非子』는 전국 시대 법가 사상을 종합한 결과물이다. 그 책에서 한비는 전국 시대의 법가 사상을 종합하여 '법法, 술術, 세勢'로 대표되는 법치이론을 완성했다.

한편 한비는 경제적으로는 유가가 주장한 정전 제도를 폐지하고, 소가족 제도를 기반으로 농업 생산력의 증대를 꾀하는 한편, 상업을 억제하는 병농일치兵農一致의 정책을 추진했다. 또한 서주 시대 이래 귀족 제도의 근간인 봉건 제도를 폐지함으로써 귀족의 권력을 약화시키는 한편, 군현을 설치하여 법에 의한 지배를 관철하는 전제군주의 중앙집권적 통치를 주장했다. 그런 한비의 사상은 전국 시대에 이미 일부 제후들이 추진하던 법가적 정책의 연장선에 있는 것이지만, 진나라에서 본격적으로 실시되었기 때문에 결국은 진나라가 천하를 통일하는 기초를 마련했다.

춘추전국 시대의 정신적 산물인 유학 및 제자백가는 세계적 차원에서 동시적으로 개화한 '축의 시대Axial Age'의 산물이었다. 축의 시대에 개화한 사상을 꽃과 열매라고 말할 수 있다면, 〈육경〉은 모든 중국 사상이 발전해 나온 뿌리이자 몸통이다. 유학은 〈육경〉과 제자백가 사상을 가교하는 중심 가지라고 볼 수 있다. 유학은 뿌리에 해당하는 육경을 계승하고 발전시킨다는 자각을 가지고 중심 가지이자, 꽃과 열매가 되고자 했다. 그러나 뿌리와 몸통에서 단 하나의 가지만 나오는 것은 아니다. 뿌리와 몸통, 그리고 거기서 나온 여러 갈래의 가지에서 예상하지 못한 꽃이 피고 열매가 맺는다. 제자백가는 〈육경〉과 유학에서 자란 의외의 꽃과 열매라고 말할 수 있다.

6   오자五子: 다섯 선생

五子者, 有荀楊, 文中子, 及老莊.   ㊸

오 자 자   유 순 양   문 중 자   급 노 장

'다섯 선생'은 순자荀子와 양웅楊雄,
문중자 왕통王通과 노자老子, 장자莊子이다.

'백가쟁명'의 유파流派는 유儒 · 도道 · 묵墨 · 법法 · 명名 · 종횡縱橫 · 잡雜 등 다양하다. 그중에서 '유 · 도 · 묵 · 법'이 가장 중요하다. 제자諸子란 각 학파의 대표적 사상가이다. 유가에는 공자와 맹자, 순자가 있다. 도가에서는 노자와 장자, 묵가에서는 묵자, 법가에서는 한비자를 꼽을 수 있다. 전국 시대, 즉 선진 시대에 이런 사상가들은 여러 제후국을 돌아다니면서 국가 운영의 계책 및 전쟁을 위한 전략을 제공하면서 '백가쟁명'의 국면을 형성했다.

『삼자경』은 앞에서 〈육경〉과 〈사서〉 중 유학의 경서를 논의하고, 제자백가를 총론적으로 논의한 다음, 중요한 사상가로서 '오자'(다섯 선생)를 언급한다. 순자荀子와 양웅揚雄, 문중자文仲子, 그리고 노자老子와 장자莊子가 바로 다섯 선생이다. 그렇다면, 『삼자경』이 이 다섯 선생을 선택한 이유는 무엇일까? 중국문화 및 사상이 전승되고 수용되어 가는 두 계통을 염두에 두었기 때문이다.

첫 번째 계통은 전통문화의 정리와 계승을 기준으로 보는 '도통론' 계보이다. 그 계보에 속하는지 여부는 공자가 말한 것처럼, "옛것을 계승할 뿐 새롭게 창작하지 않고, 옛것을 믿고 좋아한다[述而不作, 信而好古]"는 태도에 의해 결정된다. 고대의 성왕인 요, 순, 우, 탕, 문, 무, 주공에서 공자와 증자, 그리고 자사로 이어지는 계보이다. 소위 도통道統에 속하는 사상가들이다. 이미 살펴본 〈육경〉과 〈사서〉의 저자들이 바로 이 첫 번째 계통에 속한다.

두 번째 계통은 발전과 창신創新이라는 기준에 따라 보는 비정통적 계보이다. 여기서 발전이란 전통의 기반 위에 자신의 관점을 융합하여 후세에 새로운 사상으로 연결시키는 것이다. 『삼자경』이 이 부분에서 언급하는 '오자' 중에서 앞의 세 사람, 즉 순자와 양웅, 문중자는 넓은 의미의 유학에 속하는 사상가이지만, 도통의 기준에서 보면 지나치게 창의적인 사상가로서 이단이라고는 말할 수 없지만, 정통적 색깔이 옅다. 노자와 장자도 정통론에서 본다면 이단 사상가라고 볼 수 있다. 하지만 중국문화의 역사에서 도가의 중요성을 생각한다면, 단순히 도가라고 해서 완전히 무시할 수 없는 인물이기 때문에 여기서 '오자' 중의 두 사람으로 거론한 것이라고 생각된다.

五子者 有荀陽 <small>오 자 자 유 순 양</small>　　오자五子는 제자백가에 속하는 사상가이기 때문에 그들의 저작은 당연히 '경서'가 아니라 '자서'에 포함된다. 공자와 맹자, 증자와 자사 역시 넓은 의미에서는 제자백가에 속한다고 볼 수 있지만, 그들의 저작은 송대에 〈사서〉로 승격되었기 때문에, 더 이상 '자서'가 아니라 '경서'로 인정되었다.

순자(기원전 325~기원전 238)는 전국 말기 조趙나라(지금의 산서성 남부) 출신의 사상가이다. 순자는 어린 시절, 당시 학문의 중심지였던 제齊나라에 유학하면서 공자의 제자인 자하 계통의 문하에서 유학을 배웠다. 나중에 순자는 높은 학식을 인정받아 제나라가 전국의 사상가를 초빙하여 운영하던 일종의 싱크탱크였던 '직하학궁稷下學宮'의 제주祭酒(책임자)를 역임했다. 기원전 264년 순자는 진나라 소왕昭王이 초빙하자 진나라로 거처를 옮겼고, 최종적으로는 초나라의 춘신군春申君에게 중용되어 난릉蘭陵의 현령이 되었고, 말년에는 교육과 저술에 힘썼다고 한다. 현재 전하는 『순자』 32편은 인간론, 논리학, 정치론, 도덕론, 수양론, 종교론 등의 다방면에 걸쳐 대단히 수준 높은 사유를 전개하고 있는데, 대부분이 순자 본인이 직접 저술한 것이라고 알려져 있다. 순자는 공자의 사상을 계승한다는 강한 의식을 가지고 있던 사상가였다. 그는 깊은 학식을 토대로 유학 전통을 종합하고 있을 뿐 아니라 도가나 묵가 등 경쟁 학파의 사상과 대결하는 한편, 그들의 장점을 적극 수용하면서 전국 시대 제자백가를 종합하는 거대한 사상 체계를 완성했다고 평가할 수 있다.

앞에서 말한 것처럼 순자는 인성의 문제에서 맹자의 '성선설'을 비판하고, 인간은 본래 이기적인 성향을 가지고 있다고 보는 '성악설'을 주장했다. 그의 주장에 따르면 인성의 선善은 자연적으로 주어진 것이 아니라 예와 의에 입각한 교육과 교화의 결과일 뿐이다. 순자는 예와 의를 중시하는 '융례隆禮' 사상을 주장했는데, 그런 '융례'에 근거하는 예치에 입각한 왕도 정치의 실현을 주장했다. 학술적 비판과 논리를 중시하는 순자의 사상은 송대 이후에 맹자가 정통으로 승격되는 과정에서 비정통의 지위로 밀려나면서 사람들의 관심에서 멀어졌다. 맹자의 '성선설'에 밀려 사상사의 주변으로 밀려났던 순자는 청말에 제자백가의 사상이 재발견되는 풍조 속에서 다시 독서인의 관심을 끌기 시작한다.

양자(기원전 53~18), 즉 양웅은 사천성 성도 출신으로 전한 말에서 후한에 걸쳐서 활동한 사상가이다. 양웅은 어려서 학문을 좋아하여 박학다식하고 사부詞賦 짓기를 좋아하는 문인 기질의 사상가였다. 언변보다는 깊이 생각하는 것을 좋아하는 사색형 사상가였던 양웅은 가난했지만 부귀를 탐하지 않았고, 40세 이후에야 비로소 도읍지를 구경했다고 한다. 사부와 문장에 뛰어났던 양웅은 사마상여司馬相如, 반고班固, 장형張衡과 더불어 한나라를 대표하는 문장가로서 이름을 날리기도 했다. 천재적인 사색의 힘을 가지고 있던 양웅은『논어』의 체제에서 영감을 받아『양자법언揚子法言』이라는 책을 저술했고,『역경』의 체제를 본떠서『태현太玄』이라는 독특한 사상서를 저술하기도 했다.

文中子 及老莊

문중자 왕통王通(584~617)은 수隋나라를 대표하는 유학자이다. 어려서부터 학문을 좋아했던 왕통은 깊고 넓은 지식을 가진 것으로 널리 이름을 얻었다. 이미 10세 때에 공자의『춘추』를 본뜬『원경元經』이라는 책을 저술했으며, 19세에는「태평십이책太平十二策」이라는 상소문을 통해 천하를 다스리기 위한 청년의 포부를 펼쳐 보이기도 했다. 그는 당시에 불교와 도교의 발전에 눌려 쇠락을 거듭하던 유학의 부흥을 위해 널리 제자를 가르치고 유학의 발전을 위해 고군분투했지만, 33세의 젊은 나이에 요절하면서 그 꿈을 이루지 못했다. 왕통의 제자들은『논어』를 본떠 스승 왕통과의 문답을 책으로 정리했는데, 그 책은 나중에『중설中說』이라는 이름으로 알려지며 널리 세상 사람들의 관심을 끌었다.

왕통은 유가의 이상이었던 왕도王道의 회복을 목표로 삼고 '인정'의 실천을 주장했지만, 한편으로는 당시 성행하던 불교와 도교의 장점을 적극적으로 수용하는 '삼교합일三教合一'을 주장하기도 했다. 도교와 불교의 장점을 수용하는 왕통의 입장은 유가적인 관점에서 볼 때는 불순한 것이다. 특히 도통론의 완성자인 주희는 왕통의 사상적 가능성을 인정하면서도, 유학의 순수성을 상실한 이단적인 사상이라고 비판했다. 따라서 주자학이 지배하는 풍토 안에서 왕통의 사상이 거의 완전히 잊힌 것은 당연하다고 볼 수 있다. 그런 점에서 『삼자경』이 도통론에 의해 배제된 양웅과 왕통을 '오자'로서 소환한 것은 대단히 진보적인 태도라고 평가할 수 있다.

노자의 사상은 '무위無爲'와 '허정虛靜'으로 요약된다. 노자는 당시 제후들이 추구하던 영토국가의 실현이라는 정치적 이념을 부정한다. 영토국가를 완성하기 위해서는 강력한 군사력을 확보하여 이웃 국가를 합병하는 전쟁이라는 수단을 포기할 수 없다. 노자의 강력한 반전론反戰論은 영토국가를 실현하는 것을 목표로 삼았던 제후들의 야심에 대한 반대였던 것이다. 노자는 영토국가와 정반대되는 작은 촌락적 삶을 이상으로 여겼다. 노자는 자신이 주장하는 이상적인 삶의 모습, 즉 소국과민小國寡民의 상태를 다음과 같이 묘사한다. "이웃나라가 서로 바라보이고, 개와 닭 울음소리가 서로 들리고, 백성이 죽을 때까지 서로 왕래하지 않는다." 이것이 촌락 중심의 소박한 생활 모습이다.

한편 노자는 '도'를 우주만물의 근거이자, 모든 변화와 발전의 기초라고 생각한다. '도'는 하늘과 땅 이전부터 존재하고 하늘과 땅이 사라진 다음에도 없어지지 않는 우주의 근원이고, 만물 존재의 근거이다. 『도덕경道德經』 42장에서 노자는 "도에서 일一이 생기고, 일에서 이二가 생기고, 이에서 삼三이 생기고, 삼에서 만물이 생긴다"라는 우주 생성론을 제시한다.『도덕경』25장에서 노자는 "사람은 땅을 본받고, 땅은 하늘을 본받고, 하늘은 도를 본받으며, 도는 자연을 본받는다"라고 말하면서, '도'의 근원성, 자연성이라는 특성을 제시한다. "도는 스스로 존재하는 것이기 때문에 바뀌지 않고, 두루 움직이면서 그 움직임에 끝이 없다[獨立而不改, 周行而不殆]"라고 '도'의 독립성, 불변성, 영원성이라는 특징을 강조하기도 한다.

노자는 변화를 말하면서 동시에 불변을 강조한다. '도'는 움직이는 것이면서 동시에 불변하는 것이다. 그런 모순을 동시에 통합하는 것이 도의 운동이다. '도'의 모순과 통합이라는 성격은 '도'의 특성으로서 '무위無爲'와 '도'의 또 다른 특성인 '무불위無不爲'의 통합으로 제시된다. 노자의 '도'는 '무'이면서 동시에 '유'이고, 그 둘을 통합하는 신비이다. 노자는 그런 '도'의 특성을 '유무상생有無相生'이라는 말로 표현한다. '무'에서 '유'가 나오고 다시 '유'에서 '무'가 나온다. '무위'에서 '무불위'가 나오고 '무불위'에서 다시 '무위'가 나오는 것이다. 재앙과 복 또한 그런 모순의 통합이라는 관계 안에서 통합된다. 노자는 이렇게 말한다. "재앙은 복이 의지하는 것이고, 복은 재앙이 엎드리는 것이다." 이런 수수께끼 같은 말들이『노자』안에 가득하다.『노자』를 제대로 이해하기 위해서는 이성적 논리, 숫자적 논리에 사로잡히지 않는 사고의 유연함이 필요하다. 그런 유연함을 가지고 있을 때, '도'의 신비, 즉『도덕경』1장에서 말하는 '현지우현玄之又玄'이라는 '도'의 신비를 포착할 수 있다.

장자(기원전 369?~기원전 286)의 이름은 주周, 전국 시대 송나라 몽성蒙城(지금 안휘성) 사람이라고 알려져 있다. 장자는 노자와 함께 '노장老莊'으로서 통칭될 정도로 도가 학파의 중심인물이다. 노자의 『도덕경』이 도가 사상의 근본 문헌이라면, 장자는 『도덕경』의 심오한 사상을 가장 깊이 이해하고 확대시킨 사상가이다. 장자 사상의 근본정신은 노자 사상과 떼놓고 생각할 수 없다. 한나라의 『회남자』에서 장자와 노자를 함께 '노장'이라고 불렀던 것은 나름의 정확한 식견에 근거한 것이라고 할 수 있다. 『노자』와 『장자』는 당대 이후 도교의 중요 경전으로 승격되면서 각각 『도덕경』, 『남화진경』이라는 이름으로 불리게 된다.

장자는 이론적으로 모든 사물이 성립하는 유일한 근거를 '도'라고 말한다. 그 점에서 장자는 노자와 일치하는데, 그 근거인 '도'를 탐구하여 인간의 상대적 지식을 철저하게 부정하는 절대적 무無의 경지를 체득하는 것을 철학의 목표로 삼았다. 장자는 그런 절대적 무의 경지에 도달하는 것을 다른 말로 '자유'라고 불렀다. 무엇에도 얽매이지 않는 상태, 물질적 한계나 신체적 부자유만이 아니라, 정신적 얽맴이나 정신적 부자유를 벗어나는 것이 장자가 말하는 '자유'의 진정한 의미이다. 굳이 노자와 장자의 차이를 이야기하자면, 노자가 도의 원리론과 그 원리론을 응용한 정치론에 강하다면 장자는 철저하게 개인의 자유, 즉 절대 무無의 경지를 강조한다는 점을 꼽을 수 있다. 그런 자유를 통해, 기존의 가치관이나 세상의 통속적 가치관을 부정하고 진정한 자신의 생명 가치를 완성하는 것이 장자 사상의 목표였다. 장자는 그런 '자유'를 이론적인 언어가 아니라 우언寓言의 형식으로 표현한다.

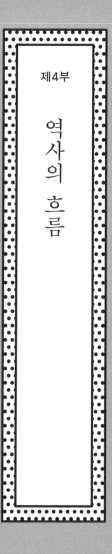

제4부

역사의 흐름

중국의 역사

	선사 시대
	황하·장강 문명 기원전 4800?~기원전 3500?
	신화·삼황오제 기원전 4000?~기원전 2070?
	하 기원전 2070?~기원전 1600?
	상 기원전 1600?~기원전 1046?
신화 ~ 진의 통일 이전	주 기원전 1046?~기원전 256
	서주 기원전 1046?~기원전 771
	동주 기원전 771~기원전 256
	춘추 시대 기원전 771~기원전 453
	전국 시대 기원전 453~기원전 221
	진 기원전 221~기원전 206
	한 기원전 202~기원후 220
	전한 기원전 202~기원후 8
	신 8~23
	후한 25~220
	삼국 시대 220~280
	위 220~265
	촉한 221~263
고대 ~ 근대의 중국	오 229~280
	진 265~420
	서진 265~316
	동진 317~420 오호십육국 시대 304~439
	남북조 시대 386~589
	수 581~619
	당 618~907
	무주 690~705
	오대십국 시대 907~979 요 916~1125

	송 960~1279	
	북송 960~1127	서하 1038~1227
	남송 1127~1279 금 1115~1234	
	원 1271~1368	
	명 1368~1644	
	청 1616~1912	
현대의 중국	중화민국(북양 정부, 국민정부) 1912~1949	
	만주국 1931~1945	
	중화인민공화국 1949~현재 중화민국(타이완) 1949~현재	

1 독서의 범주 확대: 철학에서 역사로

經子通, 讀諸史. 考世系, 知終始. ㊹

경 자 통   독 제 사   고 세 계   지 종 시

경서와 제자서에 통달한 다음 역사를 읽는다.
왕조의 계보를 살피고 흥망과 시말을 알아야 한다.

『삼자경』은 경서와 제자서를 이해하고 나서, 독서의 범주를 확대하여 역사서를 읽도록 권유한다. 역사를 읽으려면 유가 경전과 제자백가서를 통해 다양한 개념을 배우고 지식의 지평을 넓힐 필요가 있다. 자기 판단의 기초와 사물을 인식하는 기준이 형성되어야만 역사를 읽을 때 방향을 잃지 않을 것이기 때문이다.

중국 역사는 삼황三皇으로 대표되는 전설 시대부터 청말淸末에 이르기까지 무려 5,000년 동안 지속되었다. 그래서 중국의 모든 학문 분야는 역사적 연속성을 가지고 있다. 그런 사정으로『삼자경』도 전체 분량의 30퍼센트가량이 역사에 대한 서술이다. 『삼자경』의 저자가 역사를 얼마나 중시하는지를 보여주는 증거이다.

經子通 讀諸史　〈사서〉와 〈오경〉 같은 유가 경전과 제자백가서를 통달한 다음에야 역대 왕조의 역사를 공부할 수 있다. 역사 공부는 단순히 재미 삼아 옛 이야기를 들추는 것이 아니다. 역사를 배우는 목적은 인간사의 흥망성쇠, 군주의 정치력과 신하의 능력에 대한 객관적 평가, 대대로 내려오는 문화의 연속성과 단절, 한 나라의 건국과 멸망 등을 이해하는 데 있다. 제대로 역사를 이해하기 위해서는 반드시 정확한 역사관과 시시비비를 판단할 수 있는 안목을 갖추어야 하는데, 이는 사상과 철학에 통달해야만 가능하다. 역사서를 읽기 전에 먼저 〈사서〉, 〈오경〉과 제자백가서의 독서를 선결 과제로 요구하는 이유이다.

考世系 知終始　세계世系는 가족 세대 간에 전승하는 계보로서 조

선 시대 〈족보〉와 같은 것이다. 종시終始는 왕조의 흥망과 시말이다. 역사 저작의 체제에는 두 가지가 있다. 첫째는 '통사通史'이고, 둘째는 '국사國史'이다. 통사는 고금의 사건을 전체적으로 정리한 것이다. 『통감강목通鑑綱目』 같은 역사서가 통사에 속한다. 국사는 한 왕조의 사건을 기록한 것이다. 이를테면 『한서漢書』, 『진서晉書』 등이 국사에 속한다. 국사 서술에서 군주에 관한 기록은 「본기本紀」에서 다루고, 신하는 「열전列傳」에서 다룬다. 정치적 사건이나 사실은 「지志」와 「표表」로 묶어 기록한다. 이런 서술 체제는 본기와 열전이 중심이기 때문에 보통 '기전체紀傳體'라고 부른다. 통사는 주로 연도별로 기록하는 '편년체編年體' 형식을 취하지만, 편년체 서술에서 사건 자체는 국사에 근거를 둔다.

2 고대 문명의 창시자: 삼황三皇·이제二帝

自羲農, 至黃帝, 號三皇, 居上世. ㊺

자 희 농 지 황 제 호 삼 황 거 상 세

복희伏羲와 신농神農에서 황제에 이르기까지를
삼황이라고 부르는데, 그들은 상고에 속한다.

唐有虞, 號二帝. 相揖遜, 稱盛世. ㊻

당 유 우 호 이 제 상 읍 손 칭 성 세

요임금 도당陶唐씨와 순임금 유우有虞씨를 이제라고 부른다.
요임금은 제위를 순임금에게 선양했으므로, 태평성세라고 칭
한다.

중국 고대사는 언제나 '삼황오제三皇五帝'에서 시작한다. '삼황오제'는 하夏나라 이전에 출현한 전설상의 제왕들을 총칭하는 말이다. '삼황'은 전설상의 세 천자인데, 복희, 신농, 황제를 지칭한다는 견해와 천황天皇, 지황地皇, 인황人皇을 지칭한다는 견해가 있다. '오제'는 삼황 시대 이후에 하 왕조가 성립되기 전까지 존재한 제왕들인데,『순자』「비상非相」에서 그 개념이 처음 등장한다. '오제'도 마찬가지로 황제黃帝, 전욱顓頊, 제곡帝嚳, 당요唐堯, 우순虞舜이라는 견해와, 태호太昊, 염제炎帝, 황제黃帝, 소호少昊, 전욱이 라는 견해가 있다.『삼자경』은 '오제' 중에서 요임금과 순임금 두 사람만을 거론하고 '이제二帝'라고 부른다.

自羲農 至黃帝 _{자희농 지황제}　　희羲는 태호太昊 복희씨로, 전설적인 중국 문명의 시조이다. 농農은 염제炎帝 신농씨, 황제는 헌원軒轅씨이다. 전설에 따르면, 어느 날 복희의 어머니 화서華胥씨가 뇌택雷澤이라는 호수에서 거인이 남긴 커다란 발자국을 보았다. 호기심을 느낀 그녀는 자기 발로 거인의 발자국 길이를 재는 도중에 이상한 기분에 휩싸여 임신을 했고, 12년 뒤에 복희를 낳았다고 한다. 나면서부터 총명했던 복희는 여덟 방향에서 부는 바람 소리를 듣고서 천지만물의 변화 원리를 이해하고, 우주를 설명하는 팔괘八卦(건乾 · 곤坤 · 진震 · 손巽 · 감坎 · 리离 · 간艮 · 태兌)를 그리며, 팔괘를 활용하여 문자를 제정했다고 한다. 복희는 문자뿐만 아니라 어업과 목축, 나아가 혼인 제도를 창시한 중국의 문화 영웅이다.

　　염제 신농씨 또한 문화 영웅이다. 고대에는 농사가 알려지지 않

아서 수렵으로 곡물과 육류를 획득했
다. 이때 신농씨가 나무로 쟁기와 보습
을 만들어 사람들에게 농사를 가르쳤
다고 한다. 신농씨는 농사에 필요한 역
법曆法을 제정하고, 수리와 관개 기술
도 가르쳤다. 또한 신농씨는 약초를 이
용하여 질병을 치료한 중의학의 시조
로 여겨진다.

염제 신농씨

　황제 헌원씨는 성이 공손公孫이지
만, 헌원의 언덕에서 태어났기 때문에
헌원씨라고 불렸다. 전설에 따르면, 그는 태어난 지 수십 일 만에 말
을 했고, 총명하고 민첩했으며, 덕이 넘치며 곧은 인물이었다고 한다.
그의 부락은 서북 지역의 희수姬水 근처에 살았기 때문에 성을 희姬라
고 했다. 또한 그는 판천阪泉에서 염제를 격파하고 토土를 덕으로 삼았
는데, 토가 황색이기 때문에 사람들이 그를 황제黃帝라 불렀다고 한다.
황제 헌원씨는 중원에 살던 모든 부족의 선조로 여겨진다. 황제는 오
랜 기간 제왕의 자리에 있었는데, 그의 통치 아래서 국력이 신장되었
고, 정치가 안정되었으며, 문화가 발전했고, 다양한 기물이 발명되었
다. 예를 들면 문자, 음악, 수학, 집, 의복 등이 만들어졌고, 예법이 제
정되었으며, 화폐와 달력이 고안되었다. 요임금과 순임금, 우왕과 탕
왕 등 고대 중국문화의 기틀을 마련한 성왕이 모두 그의 후예였기 때
문에 황제는 중국의 시조로 여겨지고 있다.

호 삼 황   거 상 세
號三皇 居上世   세 명의 전설적 성인인 복희 · 신농 · 황제를 합쳐

서 '삼황'이라고 부르고, 그들의 시대를 상고 시대上古時代라고 한다. '삼

황' 이야기가 처음 나타나는 기록은『여씨춘추呂氏春秋』이다. 삼황 시대

는 전설 시대에 속하기 때문에 사마천이『사기』첫머리에서 삼황을 언

급하긴 하지만『사기』에서는 복희씨를 본격적인 중국 역사의 시작으

로 삼았다. 후대 왕조는 삼황을 사전祀典에 등록하고 제사를 바쳤다.

당 유 우   호 이 제
唐有虞 號二帝   당唐은 당요唐堯, 즉 요임금이다. 일반적으로 요임

금 도당陶唐이라고 부른다. 전설에 따르면, 요임금은 관직 제도를 만들

고 역법을 다듬었으며, 순임금을 선택하여 후계자로 삼고 황제의 지위

를 순임금에게 선양했다고 한다. 우虞는 우순虞舜, 즉 순임금이다. 순임

금은 일반적으로 요姚 또는 유우有虞라고 불린다. 요임금 사후에 제왕

의 자리를 계승했고, 나중에는 우왕에게 선양했다고 한다.

상 읍 손   칭 성 세
相揖遜 稱盛世   '읍손揖遜'은 '선양禪讓'이라는 의미이다. 왕위나 황

제의 지위를 혈족이 아닌 사람에게 평화적으로 양보하는 것을 말한다.

대표적인 예가 요임금이 순임금에게 선양하고, 다시 순임금이 우왕에

게 선양한 것이다. 유가 문헌에 주로 등장하는 성인이 요임금과 순임

금인데, 그들의 업적 중 '선양'이 특히 강조된다. 유가에서는 우왕禹王

이신에는 선양이 기본이었으며, 선양을 왕위 승계의 바람직한 방식으

로 본다. 최근 연구에 따르면 선양론은 묵가에서 먼저 제기한 것이라

고 한다.

3 고대 국가의 형성과 성왕: 삼왕三王

夏有禹, 商有湯. 周文武, 稱三王. ㊼

하 유 우   상 유 탕   주 문 무   칭 삼 왕

하夏는 우왕禹王이 열었고, 상商은 탕왕湯王이 열었다.
그들과 주周의 문왕·무왕을 함께 삼왕이라고 부른다.

하夏는 우왕禹王이, 상商은 탕왕湯王이, 주周는 문왕文王과 무왕武王이 세운 나라이다. 후세인들은 이 세 명의 건국자를 '삼왕三王'이라고 부르고, 그 시대를 '삼대三代'라고 불렀다. 하, 상(은), 주 삼대는 유가가 이상으로 삼는 태평성세이다.

夏有禹 商有湯
하유우 상유탕

하나라는 중국 역사상 첫 번째 왕조이다. 대개 기원전 20세기에서 기원전 16세기 동안에 존재했다고 추정되지만, 아직까지 확고한 고고학적 증거가 발견된 것은 아니다. 전설에 따르면, 우왕이 하 왕조의 창설자라고 한다. 우왕은 하후씨夏后氏 또는 대우大禹라고 불리는데, 곤鯀의 아들이다. 우왕의 공적은 황하의 홍수를 다스린 것이다. 처음에 순임금은 우왕의 아버지 곤에게 치수를 맡겼다. 그러나 곤은 치수에 실패했기 때문에 그의 아들 우왕이 아버지의 사업을 이어받아 물길을 여러 갈래로 돌리는 방법으로 치수에 성공했다. 이런 치수의 능력을 인정받은 우왕은 순임금으로부터 왕위를 선양받아 하 왕조를 열었다.

상나라는 하 왕조 다음에 성립한 왕조로 기원전 16세기에서 기원전 11세기에 실재했다고 여겨진다. 탕왕은 하 왕조를 멸망시키고 상 왕조를 열었다. 탕왕은 상나라 설립자로 무탕武湯, 성탕成湯, 상탕商湯이라고 불린다. '탕湯'이란 글자는 잔인함을 제거한다는 의미가 있다. 낭시 하나라 설왕桀王은 수지육림酒池肉林에 빠져 나라가 혼란스러웠다. 그러자 상족商族의 수령이었던 탕왕은 이윤伊尹을 임용하여 어진 정치를 베풀고, 국력을 축적하여 마침내 하 왕조를 멸망시켰다.

주 문 무 칭 삼 왕
周文武 稱三王　　주나라 문왕文王은 상나라 말기의 주족周族의 수령이었다. 그는 이름이 희창姬昌이고, 그의 아들 무왕武王은 이름이 희발姬發이었다. 문왕은 기원전 1046년 군대를 이끌고 상나라를 멸망시켰다.

주 왕조를 세운 문왕은 상 왕조의 마지막 군주 주왕紂王의 통치를 무너뜨릴 기초를 쌓았다. 그의 아들 무왕은 상나라에 반대하는 제후 연합군을 이끌고 주왕을 토벌하는 공을 세웠다. 문왕은 천하를 체계적으로 다스렸기 때문에 '문文'이라는 시호로 불렸고, 포악한 군주를 무너뜨린 무왕은 '무武'라는 시호로 불렸다.

3 고대 국가의 형성과 성왕: 하夏 왕조

夏傳子, 家天下, 四百載, 遷夏社. ㊽

하 전 자　가 천 하　사 백 재　천 하 사

하나라는 제위를 아들에게 전하고 천하를 가족 소유로 삼았고,
400년이 지난 다음 사직을 옮겼다.

하나라는 중국 역사상 최초의 왕조라고 여겨진다. 기원전 20세기 무렵 건국하여 약 400년이 흐른 다음 17대 걸傑왕에 이르러 무너졌다. 유가 전통에서는 삼황오제가 천하를 공공의 것으로 여기고 왕위를 현인에게 선양한 사실을 강조했다. 하지만 우禹임금 때부터 '선양'의 제도를 버리고 왕위를 아들에게 전하는 세습 제도가 자리를 잡았다. 유가는 그런 전환에 대해 천하를 사적인 것으로 여기는 관점이 시작되었다고 본다.

夏傳子 家天下　　하전자夏傳子란 하나라 우왕이 왕위를 아들에게 전승했다는 말이다. '가천하家天下'라는 말은 천하를 가족의 소유물로 본다는 말이다. '가국일체'의 사유가 여기서부터 시작되었다. 하 왕조 이후 선양禪讓의 아름다운 관행이 사라지고 천하는 개인, 즉 왕가의 소유가 된 것을 안타깝게 여기는 뜻이 숨어 있다. 하나라를 개국한 우왕은 홍수를 성공적으로 다스린 공적으로 선양을 받았고, 왕위를 아들 계啓에게 계승했다. 계는 왕위를 이을 만한 충분한 자격을 갖춘 인물이었다. 처음에 우왕은 왕위를 신하였던 백익伯益에게 선양하려고 했다. 그러자 백성들은 백익이 아니라 계를 왕으로 삼아줄 것을 요청했다. 이에 우왕은 아들에게 왕위를 계승했다고 한다. 그 이후 왕이 자신의 아들에게 왕위를 계승하는 관행이 확립되었고, '가천하'라는 말이 생겼다. 천하를 한 가문의 소유로 본다는 관념이다. 그 이후 중원中原 지역에는 나라를 가문과 동일시하는 '국가'라는 관념이 출현했다.

　　하 왕조의 마지막 군주 걸왕은 문무文武를 겸비한 인물이었다. 맨

손으로 쇠갈고리를 펼 수 있을 정도로 천하장사인 데다, 문화적 지식까지 겸비했다고 한다. 그러나 말년에는 음란과 폭정에 빠져들어 정사를 제대로 돌보지 않았고, 각지의 미녀를 후궁으로 삼으면서 그들을 위한 궁실과 정원을 꾸미느라 재물을 탕진했다. 걸왕의 사치와 폭정 때문에 제후들이 이반했기 때문에, 상나라 탕왕은 그 기회를 놓치지 않고 병사를 일으켜 걸왕을 공격했다. 결국 명조鳴條의 전투에서 대패한 걸왕은 남소南巢에서 생을 마쳤다.

四百載 遷夏社   재載는 본래 수레에 물건을 싣는다는 뜻이지만, 의미가 확대되어 연年과 같은 의미로 사용된다. 천遷은 옮긴다는 뜻이지만, 개혁한다, 바꾼다는 의미로도 사용된다. 사社는 토지신에게 제사祭祀하는 사당이다. 곡물신을 의미하는 직稷과 함께 '국가' 내지 '정권'을 의미한다. 우왕이 세운 하 왕조는 400년이 지난 다음 탕왕이 세운 상 왕조에 망한다. 하 왕조는 지금부터 대략 4,000년 전에 존재했다고 추정되지만, 현재로서는 하 왕조의 존재를 확인해 줄 문헌이나 기록은 남아 있지 않다. 따라서 여전히 많은 사람이 하 왕조의 역사적 실재를 의심하고 있다. 현재 중국에서는 '하상주단대공정夏商周斷代工程'이라는 국가적 규모의 연구를 통해 하 왕조의 역사에 대한 조사와 발굴이 진행되고 있다.

湯伐夏, 國號商. 六百載, 至紂亡.   ㊾

탕 벌 하   국 호 상   육 백 재   지 주 망

탕왕은 하나라를 멸망시키고 국호를 상商이라고 했다.
대략 600년을 존속하다가 주紂왕에 이르러 멸망했다.

어떤 왕조도 흥망성쇠의 법칙을 벗어나지 못한다. 하 왕조의 마지막 폭군 걸왕을 공격하여 하나라 통치를 끝낸 탕왕은 상(기원전 1600~기원전 1046)이라는 새로운 왕조를 개창했다. 상 왕조의 왕위는 644년에 걸쳐 28명의 왕에게 계승되었으나, 마지막 주紂왕은 사치와 방탕으로 정사를 돌보지 않았기 때문에 무왕의 손에 무너졌다. 상 왕조는 원시적 부족생활 방식에서 완전히 벗어나 유목생활을 거쳐 정착 문명을 건설했다. 상나라에서는 농업과 목축업이 크게 발전했고, 양어장을 이용한 인공 양식도 시작되었다. 수공업 분야에서도 괄목할 만한 발전을 이루었다. 은허殷墟에서 발굴된 갑골문甲骨文은 상 왕조 시기의 문화와 풍습을 알 수 있는 문자 자료로 중국 고대 문명의 실상에 다가갈 수 있는 중요한 자료이다.

탕 벌 하 국 호 상
湯伐夏 國號商　　탕왕은 상 왕조를 개창한 창업주이다. 성姓은 자子씨, 이름은 리履이다. 전설에 따르면, 상나라의 선조는 제곡帝嚳의 아들 설契의 후손이라고 한다. 설은 우왕의 치수 사업에서 큰 공을 세웠기 때문에 순임금으로부터 상 지역을 봉지封地로 받았다. 상나라는 500년 동안의 발전을 거쳐 탕왕 시기에 이르러 동방의 강대한 부족으로 성장했다. 기원전 1600년경 신하 이윤伊尹의 도움을 받아 탕왕은 단번에 하 왕조를 멸망시키고 상 왕조를 세울 수 있었다. 새 왕조를 개창한 탕왕은 하나라 멸망을 교훈으로 삼아 "관용으로 백성을 다스린다[寬以治民]"는 정책을 취했다. 그 후 국내적으로 안정을 이룬 상 왕조는 국력을 강화하여 사방의 부족을 정벌하면서 영토를 확대했다. 『맹자』

에서는 "[탕왕은] 11번이나 정벌하여 천하에 대적할 나라가 없었다"라고 말하면서 탕왕 시기의 발전 모습을 칭찬하고 있다.

六百載 至紂亡 ^{육 백 재 지 주 망} 상나라는 30대, 약 645년간 존속했다. 30대 왕이었던 주왕은 52년간이나 왕위를 지켰지만, 하나라의 걸왕에 비견되는 폭군으로, 결국 신흥 강국 주나라의 무왕에게 목야牧野 전투에서 패배하고 자살로 생을 마감했다. 주왕은 어려서는 총명하고 지혜로운 군주였으나, 말년에 애첩 달기妲己에게 빠져 폭군의 길로 접어들었다고 한다. 마침내 서쪽에서 발흥한 신흥국 주나라의 문왕과 무왕이 군대를 일으켜 주왕을 주살하고 상 왕조를 파괴했다. 중국 역사에서 하나라의 걸왕과 상(=은)나라의 주왕은 폭군의 대명사로 불리는데, 그런 역사 평가는 주 왕조의 시각에서 만들어진 과장이라고 보는 평가도 있다. 유명한 역사학자인 곽말약郭沫若이 주왕에 대해, "사실 그와 같은 인물은 두 번 다시 있기 어려울 정도로 중국 민족의 발전에 큰 공을 남겼다. 중국 민족이 동남부 지역으로 발전할 수 있었던 것은 그의 공로"라고 말한 것이 한 예이다.

3 고대 국가의 형성과 성왕: 주周 왕조

周武王, 始誅紂. 八百載, 最長久. ⑤

주 무 왕　시 주 주　팔 백 재　최 장 구

주나라 무왕이 상나라 주왕을 죽이고 주 왕조를 건국했다.
800년을 존속했으니 가장 오래 살아남았다.

『삼자경』은 이 부분에서 주나라가 중국 역사상 최장수 왕조라는 사실을 강조한다. 주나라는 원래 작은 제후국에 불과했지만, 문왕의 통치 아래 강성한 국가로 성장했다. 중국의 문명은 주나라 시대에 크게 발전했다. 후대에 유가는 주나라에서 이룩된 문화를 이상적인 문화로 여기는 '종주宗周' 관념을 발전시켰는데, 그것은 주나라에서 이루어진 찬란한 문화적 성취 때문이다. 『논어』에서 공자는 "주는 하나라 · 상나라 이대二代를 본받았으니, 찬란하구나! 주의 문화적 성취여![周監於二代, 郁郁乎文哉]"라고 찬탄했는데, 이런 공자의 평가가 종주 관념의 근거가 되고 있는 것이다. 주나라가 호경에 수도를 두고 있던 시기를 서주라고 부른다. 서주 시기는 중국 문명의 기틀이 마련된 때로, 특히 농업 생산력의 눈부신 발전이 있었다. 주나라에서는 목재 농기구와 함께 청동 농기구가 사용되면서 획기적인 농업 기술의 발전이 있었다. 또한 문자의 사용이 훨씬 확대되었을 뿐 아니라 청동기의 제작 기술도 발전하여 다양한 생활 모습을 보여주는 유물을 남기고 있다.

周武王 始誅紂 주무왕 시주주

주나라 문왕이 죽은 뒤, 아들 무왕은 아버지의 사업을 계승하여 상나라의 주왕을 정벌했다. 무왕은 강상姜尚으로 하여금 군대를 이끌게 하고, 아버지의 신하들에게 예의를 갖추어 원로들의 지혜를 빌렸다. 무왕은 동생 주공 단과 힘을 합쳐 상나라의 지배를 받던 제후들과 협력하여 상나라를 멸망시키기 위한 준비를 했다. 처음에 무왕의 군대가 황하를 건너 맹진孟津에 도착했을 때, 여러 제후들은 주나라에 대한 지지를 표시했다. 그러나 무왕은 상나라에는 비간比干과 같은 충신들이 있기 때문에 아직은 시기상조라고 생각했다. 따라서 그는 맹진에서 연합군과 훈련을 하면서 때를 기다렸다. 다시 2년이 지나고 주왕의 폭정이 심해졌다. 그러자 상나라는 혼란에 빠졌고 충신들과 백성의 마음이 떠났다. 그런 사실을 파악한 무왕은 시기가 무르익은 것을 깨닫고 제후들에게 출격을 요구했다. 이어서 무왕은 연합군을 이끌고 곧장 상나라의 도읍 조가朝歌로 향했다. 무왕의 진격에 주왕은 비로소 정신을 차리고 군대를 정비했지만 때는 이미 늦었다. 주왕의 군대는 무왕이 이끄는 연합군과 목야牧野에서 대치했다. 군사 숫자만 보면, 무왕이 이끄는 연합군은 10만이 채 넘지 않았으나 주왕의 군대는 70만이 넘는 대군이었다. 하지만 정신력으로 무장한 연합군은 사기가 드높았고, 노예와 포로로 구성된 주왕의 군대는 전투 의지가 없었다. 막상 전투가 벌어지자 상나라 군대에 속한 노예와 포로들은 몸을 돌려 주왕의 군대를 공격하기 시작했다. 무왕의 연합군은 혼란에 빠진 상나라 군대를 맹렬히 공격했고, 상나라 군대는 매우 빠르게 붕괴했다. 주왕은 대세가 기울어진 것을 보고 녹합鹿合에서 분신했고, 상나라는 멸망했다.

팔 백 재　최 장 구
八百載 最長久　　주나라는 서주西周와 동주東周로 나뉜다. 서주는 기원전 1046년부터 기원전 771년까지, 동주는 기원전 770년부터 기원전 221년까지 이어졌다. 주 왕조는 서주와 동주를 합쳐 대략 800년 동안 지속되었다. 무왕은 풍호豐鎬에 도읍하고 태평성대의 시대를 열었다. 그러나 서주의 마지막 군주였던 유왕幽王은 포악한 통치를 하다

가 서쪽 이민족에게 피살당했다. 개국에서부터 11대 12왕, 대략 275년이 지난 뒤였다. 그 후 주나라는 동쪽의 낙양으로 도읍을 옮겼고, 진시황이 천하를 통일한 기원전 221년까지 존속했다. 서주와 동구를 합쳐 38대, 874년 만에 주 왕조는 망했지만, 중국 역사상 가장 오래 유지된 왕조가 되었다.

4 제후의 시대: 춘추春秋 · 전국戰國

周轍東, 王綱墜. 逞干戈, 尚游說. (51)

주 철 동 왕 강 추 영 간 과 상 유 세

주나라가 동쪽으로 옮긴 후 왕권이 추락했다.
제후들 사이에 전쟁이 벌어지고 유세가가 활약했다.

始春秋, 終戰國, 五霸强, 七雄出. (52)

시 춘 추 종 전 국 오 패 강 칠 웅 출

동주는 춘추에서 시작하여 전국에서 끝나고,
춘추의 '오패'와 전국의 '칠웅'이 있었다.

동주東周 시대는 춘추 시대(기원전 770~기원전 476)와 전국 시대 (기원전 475~기원전 221)로 나뉜다. 먼저 춘추 시대는 중국사회의 혼란기였지만, 문명의 전환기로 새로운 지도자와 문명사회가 탄생하는 창조적인 시기였다. 춘추 시대에 중국은 사회경제적 격변과 정치적 위기로 인한 군사적 투쟁이 끊이지 않았다. 제후들은 군사적 투쟁에서 유리한 위치를 점하기 위해 부국강병의 정책을 추진했고, 그들의 힘이 강해지는 것에 반비례하여 주나라 천자의 권위는 더욱 하락했다.

　제후들 사이의 갈등을 조정하는 천자의 권위가 작동하지 않는 상태에서 일부 제후는 군사적 실력을 기반으로 천자를 대신하여 중재자 역할을 자처하며 나섰다. 갈등 해결을 위한 제후들의 모임을 '회맹會盟'이라고 하는데, 거기서 맹주 역할을 한 강력한 제후를 '패주霸主'라고 불렀다. 춘추 시대에 '패주'라고 불렸던 다섯 명의 제후를 '춘추오패春秋五霸'라고 한다. 제齊나라의 환공桓公, 진晉나라의 문공文公, 진秦나라의 목공穆公, 송宋나라의 양공襄公, 초楚나라의 장왕莊王이 그들이다. 하지만 송양공과 진목공을 빼고 제환공, 진문공, 초장왕, 오왕합려, 월왕구천을 '오패'라고 보는 경우도 있다.

　전국 시대 제후들은 부국강병을 통한 영토 확장을 추구했기 때문에 주나라 왕실의 권위는 거의 바닥으로 떨어졌다. 전국 시대 초기에는 춘추의 오패를 대신하는 새로운 강대국이 출현했다. 진晉, 제齊, 초楚, 월越의 4국이었다. 그 가운데 진晉나라는 귀족계층의 내분으로 위魏 · 한韓 · 조趙의 삼국으로 분리되었다(기원전 453). 이 삼국을 통칭하여 '삼진三晉'이라고 부른다. 전국 초기에 '삼진'은 최강의 세력이었기 때

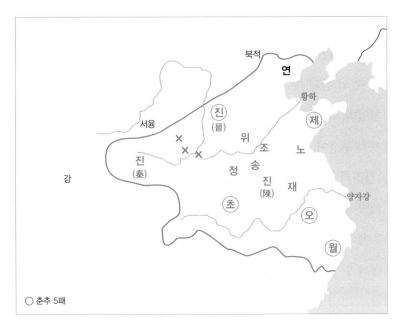

○ 춘추 5패

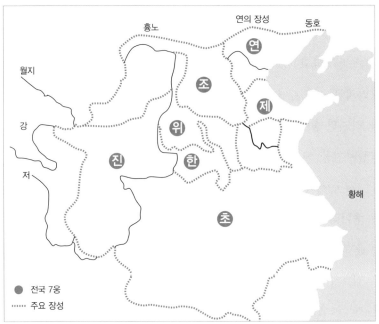

● 전국 7웅
······ 주요 장성

춘추 시대의 중국

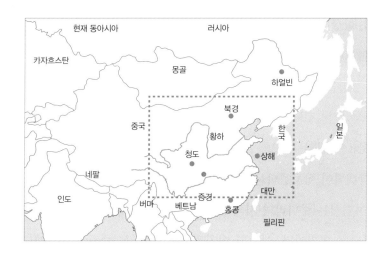

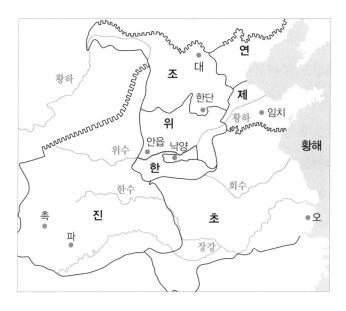

전국 시대의 중국

문에, 항상 연합하여 다른 나라를 공격했다. 그들의 힘에 눌린 주나라 천자가 '삼진'을 각각 제후로 임명할 정도였다. 한편 제후들이 추구하는 부국강병을 위한 방책을 제시하는 책사와 정객의 활약이 두드러졌다.

周轍東 王綱墜
<small>주 철 동 왕 강 추</small>

철轍은 수레바퀴가 굴러간 흔적이다. 거기서 의미가 확대되어 이동한다는 뜻을 가진다. 왕강王綱은 왕의 권위라는 뜻이고, 여기서는 주나라 천자의 권위를 의미한다. 추墜는 떨어진다, 쇠약해진다는 의미이다. 서주의 마지막 왕인 유왕은 주색에 빠져서 정치를 돌아보지 않았다. 결국 융족의 침입으로 서주는 무너지고, 기원전 770년 신후申侯를 비롯한 일부 제후가 유왕의 아들을 옹립하여 평왕平王으로 즉위시켰다. 도성 호경鎬京(지금의 섬서성 서안)은 이미 전쟁으로 무너졌고, 주변 소수민족의 침략 역시 빈번해졌다. 이에 평왕은 호경을 떠나 도읍을 동쪽의 낙읍洛邑(지금의 하남성 낙양)으로 옮겼는데 이때부터 동주 시대가 시작되었다. 평왕의 동천 이전에는 그나마 주나라 왕이 천자로서의 권위를 가지고 있었지만, 동주 시기에 들어와 주나라 왕실은 완전히 권위를 상실했다. 천자라는 이름만 가지고 있을 뿐 천하를 다스릴 실권을 완전히 상실했던 것이다.

逞干戈 尙游說
<small>영 간 과 상 유 세</small>

영逞은 드러내다, 현시한다는 뜻이다. 간과干戈는 방패와 창이지만, 여기서는 전쟁을 의미한다. 유세游說는 책사, 정객政客들이 제후들을 향해 자기 주장을 펼치는 활동이다. 당시에 정객으로 활동했던 책사들을 종횡가縱橫家라고 부르는데, 『한서』「예문지」는 그

들을 구류九流의 하나로 분류했다. '종횡'은, 즉 '합종연횡'의 줄임말로, 합종의 대표자는 소진蘇秦, 연횡의 대표자는 장의張儀였다. 그들은 대부분 빈천한 출신이지만 세 치 혀로 백만의 군대를 물리치기도 하고, 절체절명의 위험을 극복하기도 했다. 당시 육국의 합종을 이끌었던 소진은 제齊, 조趙, 연燕의 재상 직인을 가지고 다녔다고 한다. 소진의 합종책은 동방의 육국이 연합하여 진秦의 진출을 저지하는 책략이었다. 한편 연횡책을 주도했던 장의는 말 한마디로 초나라 600리를 얻을 정도로 뛰어난 전략가였다. 그들은 지략과 사상, 수단, 책략으로 역사상 위대한 업적을 남겼다.

始春秋 終戰國　시춘추 종전국　'춘추'라는 이름은 공자가 집필한 『춘추』에서 따온 것이다. 앞에서 〈육경〉을 이야기할 때 언급했지만, 『춘추』는 본래 노나라 역사 기록의 명칭이었다. 노나라 사관은 당시의 중요한 사건을 연年, 계季, 월月, 일日에 따라서 기록하고, 1년을 춘하추동 4계절로 나누어 기록했다. 『춘추』는 노나라 은공隱公 원년(기원전 722)에 시작하여 양공襄公 14년(기원전 481)에 이르는 242년 동안의 기록이다. 따라서 대강 그 『춘추』와 겹치는 시기를 춘추 시대라고 부르고 그 이후를 전국 시대라고 부른다. '전국'이라는 명칭은 서한西漢의 유향劉向이 편찬한 『전국책戰國策』의 명칭에 근거한다. '오패五霸'는 형식적이긴 하지만 인의仁義를 가장하고 존왕尊王을 외쳤다. 말뿐이긴 하지만 쇠퇴하는 주나라를 돕고 약한 자를 구하는 것이 정의라고 믿었다. 그러나 '칠웅'이 주도하는 전국 시대가 되면 제후들은 형식적으로 주나라 왕을

받드는 것조차 부정하고 스스로 왕을 참칭하기 시작했다. 이제 주 왕실은 보통의 무력한 제후국과 다를 바가 없어졌다.

五霸强 七雄出
오 패 강 칠 웅 출

五霸强 七雄出　　오패五霸는 춘추 시대 부국강병을 이루었던 5명의 제후, 칠웅七雄은 전국 시대의 7대 제후국이다. 중원中原의 제후들은 서로 패주의 지위를 차지하기 위해 경쟁했고, 천하는 혼란에 빠졌다. 이들은 패자를 칭하기도 하고, 제멋대로 왕을 칭하기도 했다. 가장 먼저 '패자'가 된 사람은 제나라 환공이다. 제나라는 강태공의 후손으로 바닷가에 위치했기 때문에 어업과 염전으로 부를 축적했고, 상업과 수공업이 발전했다. 제나라 환공은 거의 40년 동안(기원전 685~기원전 643) 자리를 지키면서 관중管仲의 개혁을 통해 인재 발굴과 부국강병에 힘써 먼저 부강을 이루고, '존왕양이尊王攘夷'의 구호를 내걸었다. 제환공이 패업을 이루는 과정에서 중요한 역할을 한 사람이 관중이다. 공자는 관중의 업적에 대해 "환공이 제후들을 규합하는 데 무력을 쓰지 않은 것은 관중의 힘이었다"[26]라고 칭찬했다.

제나라 환공이 세상을 떠나고 진나라 문공이 패자로 떠오르기 전, 잠시 패자의 이름을 얻은 사람은 송나라 양공(재위 기원전 650~기원전 643)이다. 송양공은 남쪽 초나라의 북침을 방어하고 중원의 패주가 되었다. 그러나 국력이나 업적으로 보아 송양공을 패주라고 부르는 것은 석설하시 않나.

제환공이 죽은 뒤, 제나라는 내분으로 국력이 약해졌다. 하지만 진晉나라는 발전을 거듭하여 강대국으로 떠올랐다. 진나라 문공 중이

重耳는 19년간이나 외국을 떠돌다가 진秦나라의 도움으로 기원전 636년 귀국하여 즉위했다. 그는 뛰어난 신하를 등용하여 '상업과 농업'을 꾀하는 한편, 공을 세운 자에게 상을 내리는 신상필벌의 정책을 실행했다. 강한 국력을 축적한 진문공은 주나라에서 발생한 내란을 평정하고, 송나라를 포위한 초나라를 패배시켰다. 이렇게 공로를 인정받은 진문공은 주나라 천자로부터 후백侯伯(제후들의 우두머리)의 지위를 얻어 중원의 패자가 되었다.

진문공이 죽은 뒤에는 서쪽의 진秦나라와 남쪽의 초楚나라가 잇달아 부국강병 정책으로 국력을 강화했다. 진나라는 원래 서쪽 변방의 작은 나라였지만, 주나라가 동쪽으로 천도하는 과정에서 주나라를 보호한 공로를 인정받아 제후의 지위를 얻고 점차 강력한 국가로 성장했다. 진목공秦穆公(재위 기원전 659~기원전 621)이 인재를 중시했기 때문에 많은 인재들이 진나라로 모여들었다. 목공은 동쪽으로 세력을 넓히는 동진 정책을 펼쳤는데 이는 진晉나라에 의해 좌절되었다. 이에 목공은 방향을 서쪽으로 바꾸어 영토 확장을 꾀했다. 마침내 진나라는 함곡관 서쪽의 촉蜀 지역을 장악하여 서쪽에서 국력을 확대했다. 주나라 양왕은 진목공을 서쪽의 후백侯伯으로 임명했기 때문에 그는 서융西戎의 패자로 불렸다.

초나라는 원래 남쪽의 작은 제후국이었다. 춘추 시대 초기에 한수漢水 유역의 작은 국가 몇 개를 통합하면서 국력이 강해지자 중원의 패권에 욕심을 내기 시작했다. 초나라 역시 중원의 패자였던 진晉나라에 패배하고 동쪽으로 세력을 확장하여 여러 소국을 멸망시켰다. 그 결과 초나라의 영토는 남쪽으로는 오늘의 운남성, 북쪽으로는 산동성 유역의 황하까지 확대되었고, 중원의 문화를 수용하여 경제와 문화 발전을 꾀했다. 장왕莊王(재위 기원전 613~기원전 591) 때 다른 제후국과 패권을 다툴 수 있는 실력을 갖추게 된 초나라는 제나라가 쇠약해진 틈을 타 북쪽으로 진출했고, 마침내 진晉나라와 패권을 다투기에 이른다. 기원전 598년 초나라 장왕이 진나라를 크게 격파하자 중원의 각 국은 진나라를 배반하고 초나라에 붙었고, 초장왕은 중원의 패주가 되었다. 끊이지 않는 전쟁은 백성들에게는 커다란 재난이었다. 하지만 패자들의 중재로 회맹이 거행되면서 전쟁이 크게 감소했다.

중원의 제후들이 패권을 다투다가 파국에 이르렀을 때, 절강 지역의 오吳나라와 월越나라가 발전하기 시작하였다. '와신상담臥薪嘗膽'의 고사로 유명한 월왕 구천이 최후의 패주霸主가 되고, 이후 역사는 전국 시대로 진입한다.

전국 시대는 기원전 475년에서 기원전 221년에 이르는 시기이다. 춘추 시대의 장기간에 걸친 격렬한 패권전쟁을 거치고도 살아남은 제후국은 제齊, 초楚, 연燕, 한韓, 조趙, 위魏, 진秦의 7개국이었다. 역사에서는 이들을 '전국칠웅'이라고 부른다.

5 고대 제국의 형성: 진秦 왕조의 천하통일

嬴秦氏, 始兼倂. 傳二世, 楚漢爭.　　　㊼

영 진 씨　 시 겸 병　 전 이 세　 초 한 쟁

전국 말 진나라 영씨는 여러 강국을 통일했다.

진나라는 겨우 2대를 존속했고, 이어 초한의 투쟁이 일어난다.

진秦나라(기원전 221~기원전 207)는 중국 역사상 최초로 전국을 통일했다. 진왕 영정嬴政은 기원전 230년에서 기원전 221년까지 동쪽의 여섯 나라를 굴복시키고 통일을 완성했다. 이어서 영정은 북쪽의 흉노족은 물론 남쪽의 백월족을 지배하에 두면서 진나라의 통일을 굳건하게 만든 다음, 스스로 '시황始皇'이라고 부르면서 진나라의 통일이 영원히 이어지기를 기대했다. 진나라는 군사, 경제, 교통, 문화 등 모든 면에서 새로운 정책을 펼쳐 중국 역사에 커다란 족적을 남겼다.

嬴秦氏 始兼倂
영 진 씨 시 겸 병

진나라 제후의 성씨는 영嬴이다. 따라서 역사서는 다른 나라의 국호와 구별하기 위해 영진嬴秦이라고 불렀다. 원래 진나라의 시조였던 백익伯益은 우왕의 치수 사업을 도와 공을 세웠기 때문에 순임금으로부터 영이라는 성씨를 하사받았다고 한다. 나중에 말을 사육하여 부족의 힘을 기르고 진秦 땅에 나라를 세웠다. 중국 전체에서 보면 서쪽에 위치한 진나라는 날로 번창해져 양공襄公과 무공繆公을 거쳐 혜문惠文 때에 왕을 칭하고 제후국의 하나로 자리를 잡았다. 그리고 소양공昭陽公 때는 이웃 제후들을 병합했고, 효문孝文, 장양莊襄에 이르러 동주의 왕을 죽이고 희姬성의 나라를 멸망시켰다. 천하를 통일한 진시황은 바로 장양의 아들이다.

진시황은 드디어 육국을 통합하여 통일 제국을 만들었다. 전국시대의 칠웅 중 천하를 통일한 것은 진나라였다. 통일 후 진 제국은 강력한 법가적 정책을 시행하면서 통일을 공고하게 만들고자 했다. 농업을 부활시키기 위해 무기를 녹여 농기구를 만들고 북방 민족의 침입을 차단하기 위해 장성을 쌓기 시작했다. 내부적으로는 사상을 통합하기 위해 시서詩書를 불태우는 등 분서갱유를 단행했다. 왕이 죽은 뒤행적을 평가하는 시호諡號의 관행을 없애고, 스스로를 시황제始皇帝라고 불렀다. 그러나 재위 37년에 진시황은 순시 도중 병에 걸려 도읍으로 돌아오는 중에 사구沙邱에서 병사했다. 진시황이 급사하자, 환관 조고趙高는 태자 부소扶蘇를 죽이고 호해胡亥를 2세 황제로 추대했다.

傳二歲 楚漢爭 _{전 이 세 초 한 쟁} 초楚는 패왕 항우項羽이고, 한漢은 한왕 유방劉邦이다. 진시황 37년(기원전 210) 진시황이 사구에서 병사하자, 승상 이사李斯와 연합한 환관 조고는 진시황의 유서를 조작하여 태자 부소를 죽이고 차남 호해를 진이세秦二世로 즉위시켰다. 호해가 제위에 오른 4년뒤, 기원전 206년 진의 마지막 황제 자영子嬰이 유방에게 투항하면서진 제국은 무너졌다. 진시황이 전국을 통일하고 불과 15년 만의 일이었다.

기원전 209년 초나라 출신의 진승陳勝이 반란을 일으켰으나 그반란은 실패로 끝났다. 그 뒤, 역시 초나라 귀족이었던 항량項梁과 항우가 반란을 일으켰다. 항우는 이름이 적籍, 자字가 우羽였지만, 일반적으로는 항우라고 불렸다. 그는 진나라 말기 항량을 따라 회계會稽에서 봉기했고, 기원전 207년 거록巨鹿 전투에서 진나라의 주력부대를대파했다. 항우는 진나라가 망한 후 스스로를 서초패왕西楚霸王이라고불렀고, 양梁과 초楚 지역의 9군郡을 통치했다.

항우는 유방을 한왕漢王으로 세우고, 서촉西蜀의 산간 지역에 그를 봉했다. 그리고 유방을 촉 땅에 묶어두기 위해 진나라의 장수 세 사람을 옹雍, 새塞, 적翟에 봉해주고 유방을 저지하도록 했다. 그러나 한왕 유방은 세 명의 진왕을 평정하고 관중으로 진출했으며, 성고成皐에서 초군과 자웅을 겨루다가 마침내 해하垓下 전투에서 초군을 격파했다. 초패왕 항우는 한왕 유방에게 패배하여 오강烏江(지금의 안휘성 화현)에서 자살했다. 유방은 다시 천하를 통일하고 한나라를 세워 패업霸業을 완성한다.

5 고대 제국의 형성: 한漢 왕조의 흥망성쇠

高祖興, 漢業建, 至孝平, 王莽簒. ㉔

고 조 흥   한 업 건   지 효 평   왕 망 찬

한의 고조가 일어나 한 왕조를 세웠으나,
효평왕에 이르러 왕망이 찬탈했다.

光武興, 爲東漢. 四百年, 終於獻. ㉕

광 무 흥   위 동 한   사 백 년   종 어 헌

광무제가 일어나 동한을 세웠다.
한 왕조는 400년을 이어지다 헌제 때 끝났다.

한漢 왕조(기원전 206~기원후 220)는 유방이 건립한 중국의 두 번째 통일 왕조로, 서한(기원전 206~기원후 8)과 동한(25~220)으로 나뉜다. 서한은 진秦나라의 강력한 통일 제국을 이어받아 풍요로운 가운데 200년간 지속했다. 고조高祖에서 문제文帝와 경제景帝의 시기에 국가 경제는 상승하여 서방의 로마 제국에 버금가는 제국을 수립하고, 무제武帝 때 전성기를 맞이한다. 중국인을 한족漢族 혹은 한인漢人이라고 부르거나, 중국의 문자와 언어를 한자漢字, 한어漢語, 혹은 한문漢文이라고 부르게 된 것은 한의 문화적 영향력이 그만큼 컸음을 의미한다.

高祖興 漢業建   고조高祖의 성은 유씨劉氏, 이름은 방邦, 자字는 계季이다. 패군沛郡 풍읍豐邑 양리陽里(지금의 강소성 풍현) 출신의 유방(기원전 256~기원전 195)은 평민 출신으로 진나라 시절 사수泗水에서 정장亭長을 지냈으나, 결국 패沛 땅에서 군사를 일으켜 패공沛公을 칭하게 된다. 진나라가 멸망한 뒤 유방은 항우에 의해 한왕에 봉해졌으나, 초한의 투쟁에서 초패왕 항우를 격파하고 기원전 202년 장안長安(지금의 서안)에서 한 왕조를 세웠다. 유방은 평민 출신이었기 때문에 세력 면에서 항우에 미치지 못했지만, 인재를 발탁하여 쓰는 데 탁월한 능력을 발휘했다. '한초삼걸漢初三傑'이라고 불린 장량張良, 소하蕭何, 한신韓信의 협력이 없었다면 유방은 패업을 달성하지 못했을 것이다.

기원전 183년에 문제가 즉위하고, 기원전 156년에는 경제가 즉위했다. 두 황제는 '백성과 더불어 휴식하며 안정 속에 힘을 기른다[與民休息]'는 고조의 정책을 계승하고 백성의 생활을 안정시키며 국력을 증강하는 것을 최우선 과제로 삼았다. 이 두 황제가 다스리던 시기는 한나라 초기의 태평성세로서 '문경지치文景之治'라고 불린다. 이어서 경제의 아들 무제武帝(재위 기원전 141~기원전 87)가 즉위했다. 무제는 제후들의 봉지封地를 축소하고 중앙 집권 체제를 확립하고, '제자백가를 축출하고 유교만을 숭상'해야 한다는 동중서의 건의를 받아들여 유학의 발전을 위한 기틀을 마련했다. 한편 흉노를 서북 지역으로 쫓아내고 '실크로드' 개척을 통해 서역과의 무역 및 문화교류를 확대했다. 한무제 때, 중국은 다민족을 통합하는 대제국을 건설하고 경제적 번영을 달성했다. 그러나 무제 사후에 이어지는 전쟁으로 국력이 약화되면서 한나라는 쇠퇴의 길로 접어든다.

至孝平 王莽簒

효평孝平은 한나라의 14대 황제 평제平帝(재위 기원전 9~6)이다. 왕망王莽(재위 기원전 45~23)은 전한 말기의 중신으로 한나라를 무너뜨리고 신新 왕조를 세운 인물이다. 원제 시기 황후의 인척이었던 왕망은 투철한 유학적 교양을 가진 인물로 조정과 재야에서 평판이 높았다. 사회가 혼란에 빠지자 왕망은 난국을 구제할 인물로 조야의 추대를 받으며 '세상에 다시 나온 주공'이라는 평판을 얻었다. 그는 겸손함으로 명성을 얻었고 사마司馬로서 이름을 날렸으나, 애제哀帝 시대에는 한때 실각을 경험하기도 했다. 그러나 기원후 1년 애제가 병으로 죽자 왕망은 당시 9세에 불과한 유간劉衎을 효평황제로 세우고 섭정으로 화려하게 권력에 복귀했다. 그 후 왕망은 기원후 8년 한 왕조를 무너뜨린 뒤 신新 왕조를 세우고, 연호를 '시건국始建國'이라고 부르며 새로운 정치를 펼칠 것을 선포했다. 이것을 '왕망개제王莽改制'라고 부른다. 그 후 다시 천하가 어지러워지고 녹림綠林과 적미赤眉가 이끄는 대규모 농민봉기가 일어났고, 왕망은 23년 유현劉玄의 병사에게 살해되었다.

光武興 爲東漢

광무光武는 동한의 개국군주 광무제光武帝 유수劉秀(기원전 6~기원후 57)의 시호이다. 서한西漢(=전한)이 왕망에 의해 무너진 지 18년 만에 한 왕조는 부활했다. 신 왕조가 건립되고 천하가 크게 혼란에 빠지자, 전한前漢 황제의 혈통을 이은 유수가 군사를 일으켰다. 녹림군의 지원을 받은 유수는 왕망을 죽이고 황제의 자리를 회복했다. 본래 경제의 7대손이지만, 당시에는 평민 신분이었던 유수는 낙양에 도읍을 정하고 한을 부흥시켰다. 역사에서는 유수 광무제가 회복한 나라를 후한後漢 또는 동한東漢이라고 부른다. 광무제의 '광光'은 광복이라는 의미로 한 왕조를 회복시켰다는 의미에서 붙인 이름이다. 광무제는 황제가 된 후 "매일 아침 조회에 참여하여 날이 저물어 파했다. 자주 공경公卿 대신과 장수들을 불러서 토론하고 일을 처리하느라 밤에도 잠을 제대로 자지 못했다"라고 할 정도로 정무에 온 힘을 쏟았다. 그는 재위 기간에 여러 차례 칙령을 내려 노비를 석방하고, 노비를 잔혹하게 부리는 것을 금지했다. 또한 수리 사업을 일으켜 농업 생산을 늘리고, 군현이 경계를 정리하는 한편 관리의 수를 줄였다. 이러한 그의 치세를 '광무중흥光武中興'이라고 부른다.

四百年 終於獻　'400년'이란 기원전 202년 유방이 황제가 되고 기원후 220년 헌제獻帝 때 동한이 무너질 때까지의 기간을 일컫는다. 여기서 왕망이 세운 신新 왕조가 존속한 16년은 생략되었다. 이 구절에서 헌獻은 후한의 마지막 황제 헌제獻帝 유협劉協(181~234)이다. 헌제는 재위 기간 내내 동태후董太后의 보호를 받았기 때문에 '동후董侯'라고 불리기도 한다.

　　기원후 88년 장제章帝가 갑자기 죽은 이후, 동한은 어린 황제를 등에 업은 환관과 외척이 권력을 장악함으로써 정치는 부패하고 혼란에 빠졌다. 189년 영제靈帝가 죽자 하태후가 권력을 장악하고 환관이 발호했다. 이에 동탁董卓이 군사를 이끌고 낙양에 들어와 소제少帝 유변劉辯을 폐위시키고 하태후를 죽였으며 유협劉協을 황제로 세웠다. 그가 바로 헌제이다. 헌제를 세운 동탁이 왕윤王允과 여포呂布에게 살해당한 다음, 동탁의 부장副將 이각李傕 등이 헌제를 구출하여 장안을 탈출했다. 196년 조조曹操는 헌제를 보호한다는 명분으로 허도許都로 헌제를 옮겼고, 거기서 천자를 끼고 제후들에게 명령을 내렸다. 220년 조조가 병사하자 그의 아들 조비曹丕는 헌제를 협박하여 제위를 선양받았다. 서한과 동한을 합친 한 왕조는 24대에 걸쳐 425년간 존속되다가 이렇게 헌제 때 멸망했다. 이후 약 50년에 걸친 분열 시대, 즉 삼국 시대가 시작되었다.

6 제국의 분열과 북방 민족의 약진: 위진魏晉남북조

魏蜀吳, 爭漢鼎. 號三國, 迄兩晉.　⑤⑥

위 촉 오　쟁 한 정　호 삼 국　흘 양 진

위, 촉, 오가 한을 놓고 쟁탈전을 벌였다.
그것을 삼국이라 부르니 진晉의 건국까지 이어진다.

宋齊繼, 梁陳承. 爲南朝, 都金陵.　⑤⑦

송 제 계　양 진 승　위 남 조　도 금 릉

양진兩晉을 송과 제가 계승하고, 다시 양과 진陳이 이었다.
이것을 남조라고 부르니 모두 금릉에 도읍했다.

北元魏, 分東西, 宇文周, 與高齊.　⑤⑧

북 원 위　분 동 서　우 문 주　여 고 제

북에는 북위(원위)가 있었는데 나중에 동과 서로 분열된다.
우문宇文씨의 북주北周와 고씨의 북제北齊가 공존했다.

중국 역사는 통일된 다음에 분열이 이어졌다. 중원 지역의 후한이 약해지면서 위, 촉, 오의 삼국三國이 제위帝位를 다투었다. 역사적으로는 이 시기를 삼국 시대라고 부른다. 그 뒤 삼국을 통일한 진晉은 남쪽의 왕조로서 얼마 지나지 않아 쇠퇴했다. 그 이후 수나라가 다시 중국을 통일할 때까지 이어지는 분열의 시기를 남북조 시대(420~589)라고 부른다. 중국 역사에서 대분열 시기에 해당하는 남북조 시대는 420년 유유劉裕가 동진을 무너뜨리고 남조의 송을 건립한 이후, 589년 수나라가 남조의 진陳을 멸망시킬 때까지 계속되었다. 그 사이에 남쪽에서는 송, 제, 양, 진의 네 왕조가 이어졌고, 북쪽에서는 북위北魏, 동위東魏

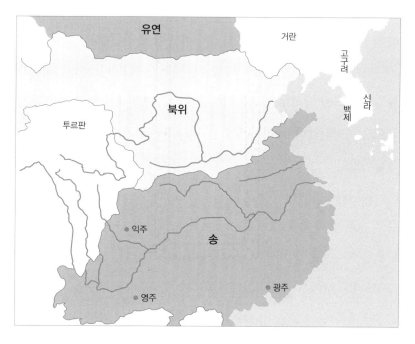

위진남북조 시대의 중국

(535~550), 서위西魏(535~556), 북제北齊(550~577), 북주北周(557~581)의 다섯 왕조가 이어졌다. 남북조 시대는 거의 1세기 반에 이르는 시기 동안 남북 민족의 대융합이 일어나는 시기였다. 특히 북위의 효문제는 한족과 유목민을 문화적으로 융합시키는 개혁을 통해 북방 민족의 중국화를 가속화했다. 그런 노력 덕분에 수나라에서는 북방인과 남방인을 통합하는 새로운 한족漢族이 탄생했다. 개방성과 포용성을 겸비한 수당의 성세盛世가 출현하는 기틀이 만들어진 것이다.

魏蜀吳 爭漢鼎　위촉오는 조위曹魏, 촉한蜀漢, 동오東吳라고도 불린다. 정鼎은 발이 셋 달린 청동 솥으로, 왕위王位나 제업帝業을 상징한다. 즉 한정漢鼎은 한나라의 왕권이라는 의미이다. 위촉오의 삼국이 한나라 왕권을 차지하려고 싸우는 시기가 바로 삼국시기이다.

위나라는 220년 조조의 아들 조비曹丕가 세운 나라이다. 조씨가 세운 나라라는 의미로 조위曹魏라고 부른다. 조위에서 삼국 시대가 정식으로 시작되었다. 조위의 왕위는 5대 46년간 존속하다 진晉(서진)에 선양되었다.

촉나라는 유비劉備가 세운 나라이다. 유비는 한나라 경제의 후손으로 형荊 땅과 촉蜀 땅에 근거하여 성도에서 촉나라를 건국했다. 한 왕조를 잇는다는 의미에서 촉한蜀漢이라고 부른다. 222년 유비가 이릉夷陵의 전투에서 패배하자 손권孫權이 형주荊州 대부분을 차지했다. 223년 유비가 세상을 떠나자 왕위는 아들 선禪에게 계승되었고, 제갈량諸葛亮이 유선劉禪을 도와 손권과 연맹을 맺고 경제력을 회복했다.

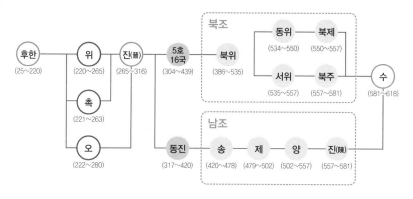

남북조 시대 연표

왕위는 2대 43년간 존속했다.

오나라는 손권孫權이 가업을 계승하여 세운 나라이다. 229년 손권이 황제를 칭하고 국호를 오吳라고 불렀다. 동쪽에 위치했다고 해서 동오東吳라고 부른다. 왕위는 4대 59년간 이어지다가 진晉나라에 멸망당했다.

<ruby>號三國 迄兩晉<rt>호 삼 국 흘 양 진</rt></ruby> 흘迄은 이른다, 도달한다는 의미이다. 양진兩晉은 서진西晉과 동진東晉을 가리킨다. 조조가 적벽赤壁의 전투에서 손권과 유비의 연합군에게 패배한 후, 삼국이 정립鼎立하는 형세가 만들어졌다. 그 이후 수십 년 동안, 촉의 제갈량과 강유姜維는 여러 차례 북쪽의 위나라를 공격했으나, 끝내 삼국 정립 상태를 끝내지 못했다.

위나라 말기에는 사마씨가 실권을 장악했다. 263년 사마소司馬昭가 오나라와 촉나라를 공격하는 전쟁을 시작하고 먼저 촉나라가 무너졌다. 2년 뒤 사마소가 병사하고 그의 아들 사마염司馬炎이 위나라 원

제元帝를 폐위시키고 황제가 되었다. 사마염은 국호를 '진晉[西晉]'이라고 부르고 낙양에 도읍을 정했다. 280년 서진이 오나라를 무너뜨리고 중국을 통일했다. 삼국 시대가 끝나고 진晉 왕조가 시작된 것이다.

하지만 서진西晉은 통일 후 얼마 지나지 않은 316년 전조前趙에게 멸망당했다. 317년 서진은 강남의 금릉(남경)으로 도읍을 옮기고 동진東晉을 건립했다. 동진은 사마씨의 후예 사마예司馬睿가 세운 왕조이다. 동진은 383년 전진前秦과 비수淝水 전투를 치른 이후, 잠시 평온한 시기를 보낼 수 있었다.

양진은 위로는 삼국 시대를 이어받고 아래로는 남북조 시대를 열어주었다. 서진과 동진을 합쳐 '양진'이라 부르고, 남조의 송, 제, 양, 진과 '동진', 그리고 남쪽의 정권이었던 손권의 '동오'를 함께 '육조'라고 부른다. 남북조 시대에는 소수민족이 중원中原으로 이주했고, 북인北人이 남쪽으로 이주했다. 420년 유유는 동진을 무너뜨리고 송을 세웠다.

송 제 계 양 진 승
宋齊繼 梁陳承　송은 동진의 장군 유유가 제위를 선양받고 건국했다. 왕위는 8대 60년간 지속되었다. 당나라 이후에 조광윤이 건설한 송과 구별하여 유송劉宋이라고 부른다. 혹은 조씨의 송, 즉 조송趙宋과 구별하기 위해 남조의 송이라고도 부른다. 유송의 문제文帝 유의륭劉義隆의 치세 30년이 유송이 전성기로 이때 남방이 경제와 문화가 발전했다. 479년 소도성蕭道成이 유송을 멸망시키고 제齊를 세웠다.

제는 제왕齊王 소도성이 건국한 남조의 두 번째 왕조이다. 전국 시대의 제나라와 구별하기 위해 남제南齊 혹은 소제蕭齊라고 부른다. 왕위는 7대 24년간 이어졌다. 왕실 내부의 권력투쟁이 격심했으며, 영원永元 3년(501) 종실의 옹주자사 소연蕭衍이 양양襄陽에서 군사를 일으켜 건강建康(지금의 남경)을 점령하고, 명제明帝의 후손을 모두 죽이고 양조梁朝를 세웠다.

소연이 건국한 양나라의 왕위는 4대 56년간 이어졌다. 소연은 문학에 재능이 있었지만, 정치적으로 무능하여 '후경侯景의 난'에서 굶어 죽었다. 557년에 후경을 토벌하는 전투 중에 힘을 키운 진패陳覇가 먼저 양나라를 공격하여 왕승변王僧辯을 죽이고 진陳을 건립했다.

진陳(557~589)은 남조의 최후 국가로 왕위는 5대 33년간 지속되었다. 진패는 황제라고 칭하고 진조陳朝를 건립했으니, 그가 진무제陳武帝이다. 진나라의 역대 왕들은 끊임없이 북벌을 시도했지만, 회남淮南의 옛 땅을 회복하지 못하고, 겨우 회북淮北의 일부분을 회복하는 데 그쳤다. 여러 해 동안 계속된 정벌 전쟁으로 국력이 쇠약해져 무너지고 말았다.

爲南朝 都金陵
위남조 도금릉

남조는 송, 제, 양, 진의 네 왕조를 가리킨다. 동오와 동진을 합쳐 '육조'라고 부르기도 한다. 남조의 네 왕조는 모두 금릉金陵(지금의 남경)에 도읍을 두고 북방과 대치했다. 한편, 북위, 북제, 북주 등은 도읍을 북방에 두었기 때문에 '북조'라고 부른다. 남조와 북조를 합쳐 '남북조'라고 부른다. 동진 왕조가 동쪽으로 천도한 뒤 통치 지역은 장강(양자강) 하류 및 그 이남으로 한정되었다. 따라서 송, 제,

양, 진의 네 왕조의 영역도 그 지역에 한정되었으며 각 왕조의 통치 시기도 길지 않았다.

이 시대는 빈번한 전란으로 사회는 혼란스러웠지만, 귀족문화가 꽃피었다. 양무제 소연의 아들 소통蕭統이 편집한『문선文選』은 중국 역사 최초의 시문집으로 유명하다. 소통이 죽은 뒤의 시호가 소명昭明이었기 때문에『문선』을『소명문선』이라고 부른다. 그는 선진先秦부터 남조의 양나라에 이르는 800년간 100여 명의 작가 및 각종 장르의 700여 편의 문학작품을 선별했다. 훗날『문선』은 과거시험의 시부詩賦 공부를 위한 표준 교재로서 경전에 맞먹는 권위를 가지게 되었다. 또한 남방의 백월百越, 삼묘三苗의 후예들과 문화적, 경제적으로 교류함으로써 회수 및 장강의 하류 지역, 즉 강남은 경제적, 문화적 번영을 이루고 남북조 시대의 경제 · 문화의 중심지로 성장했다.

北元魏 分東西
북 원 위 분 동 서

원위元魏는 북위北魏이다. 북조(386~581)는 남조와 비슷한 시기에 북방에 있었던 북위, 동위, 서위, 북제, 북주 등 다섯 왕조의 총칭이다. 서진이 무너진 후, 회수 이북의 북방 지역에서는 유목민족이 건립한 18개(16국+서연+염)의 할거정권이 출현하면서 극심한 혼란이 이어졌는데, 이를 오호십육국 시대라고 부른다. 이때 오호五胡는 북방의 흉노, 선비, 갈羯, 저氐, 강羌의 다섯 개 유목민 부족을 가리킨다.

이 시대에 북방 유목민은 끊임없이 남쪽으로 내려와 화북 지역을 점거했지만, 처음에는 큰 위험이 되지 않았다. 그러나 마침내 호인胡人

들은 관중關中 및 경수涇水와 위수渭水 지역을 점거하고, 서진의 수도 낙양을 포위하기에 이르렀다. 서진은 혜제惠帝 때 '팔왕의 난'이 일어난 후, 급격히 쇠퇴하기 시작했고, 그 기회를 틈타 호인들이 군사를 일으켜 본격적으로 중원을 침략해 들어왔다. 그 후 100여 년 동안 호인과 한인漢人이 세운 크고 작은 정권이 교체되었고, 중국인의 입장에서는 그 시기를 '오호난화五胡亂華'(이민족이 한족을 혼란에 빠트린다)라고 불렀다. '오호난화'의 시기는 일반적으로 서진이 멸망하면서 시작되었고 선비족 탁발拓跋씨가 북위를 건설할 때까지 이어졌다.

북위는 황하 유역을 통일하고 장강 유역을 차지한 남조와 대치했다. 북위는 효무제孝武帝 시대에 스스로 위제魏帝라고 칭하고, 평양平陽에 도읍했다. 적극적인 한화漢化 정책을 시행했던 북위는 효문제 때 성姓을 원元씨로 바꾸었기 때문에 원위元魏(396~543)라고 부른다. 또 100년이 지난 다음, 북위는 동위(534~550)와 서위(535~556)로 분열하였다. 그 후 동위는 북제에 망하고, 서위는 북주에 망했다. 북위에서 분리된 동위와 서위, 그리고 북제와 북주의 다섯 개 왕조를 통칭하여 북조라고 부른다.

宇文周 與高齊

북주(557~581)는 우문씨가 건국했기 때문에 우문주宇文周라고 부른다. 북제(550~577)는 고씨高氏가 건국했기 때문에 고제高齊라고 부른다. 북주(557~581)는 서위의 권신 우문태宇文泰가 국가의 기틀을 마련했고 조카 우문호宇文護가 수립했다. 우문호는 서위의 공제恭帝를 폐하고 삼남 우문각宇文覺을 세워 천왕天王으로 삼았다. 효

민제孝閔帝라고 불린 그는 국호를 주周라고 바꾸고, 장안(지금의 서안)에 도읍을 정했다. 역사에서는 주공의 주와 구별하기 위해 북주라고 부른다. 24년간 5명의 왕이 재위했으며, 북제를 멸망시키고 북방 지역을 통일했다(557). 581년 북주는 양견楊堅에게 선양되었고, 양견은 국호를 수隋로 바꾸었다.

북조는 팔왕八王의 난에서 시작된 150년에 걸친 중원의 혼란을 종식시켰다. 남북조를 통일한 수隋와 당唐 왕조는 북조의 귀족출신으로 군사와 정치 등 여러 방면에서 북조를 계승하고 창의적으로 발전시켰다.

迫至隋, 一土宇. 不再傳, 失統緖. ⑲

태 지 수　일 토 우　불 재 전　실 통 서

수나라에 이르러 천하는 하나가 되었다.

그러나 다음 대에 전하지 못하고 권력을 잃었다.

북조 시대 북방에서 왕조를 세운 유목민은 이합집산離合集散을 거듭하면서 강력한 군사력과 경제력을 바탕으로 불교나 도교 같은 정신문화를 발전시켰다. 수나라가 존속한 기간은 매우 짧았다. 수나라는 역사적으로는 남북조를 계승했고 아래로는 당唐을 열어준 과도기적 성격을 가진 왕조였다. 그래서 역사학자들은 두 왕조를 붙여서 수당隋唐이라고 불렀다.

태 지 수　일 토 우
迨至隋 一土宇　태迨는 '~까지'라는 의미의 어조사이고, 지至는 이른다, 도달한다는 의미의 동사이다. 태지迨至는 '~에 이르기까지'라는 의미로 읽을 수 있는 복합 어조사이다. 북주의 재상이었던 양견楊堅은 581년 정제靜帝의 선양을 받아 수隋를 건국했다. 그 후 양견은 남조의 마지막 왕조 진陳을 평정하고 천하를 통일했다. 수나라는 단명한 왕조였지만, 과거제를 실시하는 등 관료 제도와 국가 통치의 기반을 정비했다. 수나라 초기에는 육조 시대 이래의 구품관인법九品官人法이 계속 실시되었지만, 문제文帝 587년부터 실시된 분과分科 고시 제도에서 문벌의 등급을 묻지 않게 되었다. 과거 제도 시행 초기에는 각 주州에서 3명의 예비 관료를 선발하여 수재秀才와 명경明經 고시에 참가하게 했다. 그 후 수 양제煬帝가 진사과進士科를 신설하고 과거 제도를 정착시켰다(608).

불 재 진　실 통 서
不再傳 失統緒　통서統緒는 정통의 전승을 의미한다. '실통서'는 왕권의 전승이 끊어졌다, 즉 나라가 망했다는 의미이다. 수나라 문제 양

견을 계승한 아들 양제煬帝는 공제恭帝 양유楊侑에게 제위를 물려주었으나, 618년 당나라 개국황제 이연李淵에게 선양하고, 619년 왕세충王世忠이 애제哀帝를 폐위하면서 수나라는 멸망했다. 즉, 수나라는 40년도 채 유지하지 못한 단명한 정권이 된 셈이다.

수나라 양제는 아버지 문제의 둘째 아들이지만, 역사상 유명한 폭군이기도 하다. 그러나 그는 대운하大運河를 건설하여 오히려 중국 역사에 큰 공헌을 하였다. 수나라 운하는 낙양을 중심으로 해서 북쪽 탁군涿郡에서 시작하여 남쪽으로 여항餘杭에 이르는 전체 길이가 장장 2,000킬로미터가 넘는다. 중국의 5대 강인 황하, 양자강, 해하海河, 회하淮河, 전당강을 접하고 있어, 세계에서 으뜸가는 규모였다. 이 운하의 개통으로 중국 대륙은 동서남북이 통하게 되면서 진정한 의미의 대통일을 이루고 중앙집권적 체제의 기반을 마련했다. 그 이후로 운하 주변에는 수십 개의 번화한 도시가 자리 잡고, 다양한 민족이 융합을 이루게 되었으며, 나아가 당나라 번영의 기초가 되었다.

7 중세의 통일 왕조: 당唐 왕조

唐高祖, 起義師, 除隋亂, 創國基. ⑥⓪

당 고 조　기 의 사　제 수 난　창 국 기

당나라 고조는 의병을 일으켜,
수나라의 혼란을 수습하고 창업의 기반을 닦았다.

二十傳, 三百載. 梁滅之, 國乃改. ⑥①

이 십 전　삼 백 재　양 멸 지　국 내 개

당나라는 20대까지 왕위를 전하고 300년을 존속했다.
양나라가 당을 멸망시켜 왕조가 바뀌었다.

당나라는 명실 공히 중국 최강의 제국으로, 중국사에서 가장 찬란한 문명을 건설한 것으로 유명하다. 당나라는 20대에 걸쳐 290년간 유지되었는데, 755년 절도사 안녹산安祿山이 일으킨 '안사安史의 난'을 경계로 전후 두 개의 시기로 나누어볼 수 있다.

唐高祖 起義師

당고조唐高祖는 당나라의 개국 황제 이연李淵 (565~635)이다. 의사義師는 정의로운 군대, 즉 의병이다. 수나라 말기 전국 각지에서 농민군이 봉기하자 조정은 통치력을 상실하고 손을 놓았다. 그 사이 일부 귀족과 지방 세력이 할거를 시작했다. 이연은 귀족 출신이다. 이연의 아버지 이병李昞은 북주 시기 어사대부, 안주총관, 주국대장군을 두루 역임했고, 노국공魯國公으로 봉해졌다. 이연의 어머니는 수 문제 황후의 언니였다. 이연은 7세에 아버지가 죽자 노국공을 세습받았고, 수나라 말기 천하대란의 시기에 태원太原에서 병사를 일으켜 장안성을 점거했다. 618년 이연은 공제恭帝의 선양을 받아 당조唐朝를 세우고 장안에 도읍했다. 그 후 각지의 할거 세력을 소멸시키고 전국을 통일했다.

除隋亂 創國基

수난隋亂은 수나라 말기의 혼란이다. 국기國基는 국가의 기반, 창創은 창업이다. 당초 병사를 일으켜 수나라 양제煬帝를 토벌한 것은 이연의 아들 이세민李世民이었다. 이연은 일이 성공하면 이세민을 태자로 삼겠다고 약속했지만, 당나라를 건립한 뒤에는 약속을 어기고 이건성李建成을 태자로 세웠다. 천하가 평정된 후 이세민의 공명功名이 날로 높아지자, 이건성은 이원길李元吉과 연합하여 이세민을 배제했다. 이연의 우유부단함 때문에 정령政令들이 충돌하면서 아들들이 서로를 토벌하는 상황이 벌어졌다. 제위를 이은 태종 이세민은 왕조의 기틀을 마련한 뒤 '정관지치貞觀之治'라고 불리는 성세를 실현했다. 712년 현종玄宗 이륭기李隆基가 즉위한 뒤, 당나라는 '개원성세開元盛世'라고 불리는 전성기를 맞이한다.

二十傳 三百載   이십전二十傳이란 당나라를 세운 고조에서 시작하여 애제哀帝에 이르기까지 20명의 황제가 존재했다는 말이다. 당나라 초기 626년 돌궐이 당나라 변경을 침입했다. 이건성은 이연에게 이원길로 하여금 군대를 통솔하여 돌궐을 공격하도록 건의했다. 그러자 태자의 조언자였던 왕질王晊이 진왕秦王 이세민에게 보고했다. "이건성은 이번 기회를 빌려 당신의 병마兵馬를 제거하고, 곤명지昆明池에 복병伏兵을 두어서 당신을 죽이려고 준비하고 있습니다." 그 보고를 받은 이세민은 궁성의 현무문 근처에서 황태자 이건성과 이원길을 사살하고 대권大權을 이양하도록 태조 이연을 압박했다. 3일 뒤(626년 7월 5일) 태조는 "지금 이후 군사의 업무는 대소를 막론하고 모두 태자의 처결을 받은 뒤에 황제에게 보고하라"라는 칙령을 내리고 이세민에게 대권을 이양했다. 그리고 이연은 8월 9일 갑자일에 태상황으로 물러나고 이세민이 천자가 되었다. 그가 바로 '정관의 치'를 통해 당나라 번영의 기초를 닦은 당태종이다. 태종에 이어 즉위한 고종은 북방의 동돌궐을 물리치고 몽골고원을 지배했으며, 서쪽으로는 서돌궐과 토번(티베트)

을 정벌해 한 제국 이래 최대 판도를 가진 대제국을 건설했다.

梁滅之 國乃改　양^梁은 후량^{後梁}(907~923)으로, 오대십국 시대의
첫 번째 왕조이다. 907년 황소^{黃巢} 의용군의 장군 주온^{朱溫}이 당 왕조
를 찬탈하여 황제를 칭하고 국호를 대량^{大梁}으로 바꾸어 개봉^{開封}에
도읍했다. 이 대량을 역사가들은 후량이라고 불렀다.

　　당나라는 현종^{玄宗} 통치 후기에 정치적 위기를 맞는다. '안사의
난' 이후 지방의 호족들이 반란군을 진압하면서 군사, 경제의 실권을
장악하고 당 왕조의 모든 국토는 번진^{藩鎭}이 분할하여 소유하는 국면
에 접어들었다. 이러한 번진들은 서로 투쟁하거나 또는 서로 연합하여
중앙정부에 대항한 것이다. 헌종^{憲宗}(재위 805~820) 연간에는 중앙과
지방이 대치하는 상황에서 조정의 대신들이 파벌을 만들어 서로 공격
하고, 환관들이 지방의 관료들과 투쟁을 하면서 조정의 혼란은 걷잡을
수 없었다. 그 위에 희종^{僖宗}(재위 874~888) 시기에는 황당하고 음란한
풍속이 번성하고 천재지변이 거듭되면서 백성들의 원망이 폭발하였
다. 이에 875년 왕선지^{王仙芝}와 황소가 이끄는 농민군이 전국에서 일
어나 수도 장안으로 진격하였다. 희종은 사천지역으로 도망치면서 어
쩔 수 없이 소수민족의 역량을 빌려 내란을 진압했다. 그러나 정부의
대권은 점차로 농민군을 진압한 장수였던 주온에게 장악되었다. 이 주
온이 세운 나라가 바로 후량^{後梁}이다. 이때부터 중국은 다시 분열의 시
대인 '오대십국'으로 접어들었다.

梁唐晉, 及漢周. 稱五代, 皆有由.   ⓒ

양 당 진   급 한 주   칭 오 대   개 유 유

당나라 이후, 후량, 후당, 후진 및 후한, 후주가 이어졌다.

이 시대를 오대라고 부르는데, 흥망성쇠의 이유가 분명하다.

906년 당나라가 멸망하면서 중국은 새로운 분열과 할거의 시대가 시작되고 송나라가 다시 중원을 통일하는 960년이 되어서야 분열의 시대가 끝난다. 그 시기를 오대五代 또는 오대십국 시대라고 부른다. 오대는 후량, 후당, 후진, 후한, 후주의 다섯 왕조로 53년간 13명의 왕이 출현하고 사라졌다. 북방의 산서성 부근에서 북한北漢 정권이 출현했던 시기에, 남방에서는 전촉前蜀, 오吳, 민閩, 오월吳越, 남한南漢, 남평南平, 후촉後蜀, 형남荊南, 남당南唐의 아홉 개 국가가 출현했기 때문에, 남북의 왕조를 통틀어 오대십국五代十國이라고 부른다.

오대십국 시대의 혼란은 위진남북조 때의 혼란과는 양상이 조금 다르다. 당이 붕괴한 이후에도 당시 정치, 경제, 문화의 중심이었던 중원은 오대의 왕조가 통제했다. 반면 강남 지역에서 일어났던 십국은 거의 독립적으로 존재했다. 당시 강남 지역은 과거에 비해 경제력이 비약적으로 상승하기는 했지만 여전히 변방에 가까운 지역이었다. 중앙 정부의 통제력이 사라진 이후, 변방에 위치한 십국을 비롯한 절도사 세력들은 자기 지역에서 독자적인 왕조를 수립했다. 그러나 정치적으로 비교적 통합되어 있던 중원 지역에서는 다섯 개의 왕조가 교체되기는 했지만 비교적 통합된 정치 조직이 존속했다. 결국 이 중심부에서 송 왕조가 새로운 왕조로 탄생하여 변방의 독립 세력이었던 십국을 흡수하는 형태로 재통일을 완성한다. 그렇게 본다면, 오대십국 시대의 양상은 ㉠ 제국의 영향 범위 축소 및 주변부 지역의 독립, ㉡ 제국 중심부의 왕조 교체, ㉢ 이어지는 새로운 왕조에 의한 영향 범위의 재확장이라는 긴 과정으로 볼 수 있다.

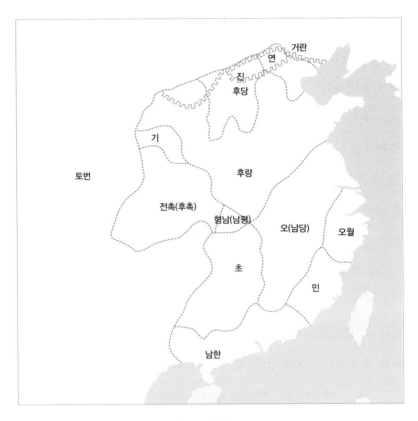

오대십국 시대의 중국

梁唐晉 及漢周
_{양 당 진 급 한 주} 양梁은 후량後梁(907~923)이다. 당唐은 후당後唐

(923~937), 진晉은 후진後晉(936~947)이라고 부른다. 한漢은 진한 제국

의 한나라와 구별하기 위해 후한後漢(947~951)이라고 칭하고, 주周는

후주後周(951~960)라고도 부른다. 이 다섯 왕조, 즉 오대의 개국 군주는

당나라 시대의 번진藩鎭에서 녹립하여 발전한 세력이다. 이 시기는 계

속되는 전란으로 끊임없이 정권이 바뀌면서 장안과 낙양 등 대도시가

황폐해졌다. 오대에 비하여 십국의 상황은 조금 나은 면이 있다. 십국

중에서 북한北漢(지금의 산서성 일대)을 제외한 나머지 9개국은 남방에 있었기 때문에 중원 지역의 혼란에서 벗어날 수 있었다. 즉 십국의 정국은 비교적 안정되었기 때문에 중국의 남방 개발이 활발하게 일어났다.

稱伍代 皆有由 <small>칭 오 대 개 유 유</small>　후량(907~923)의 태조는 주온朱溫이다. 그는 당나라에 귀순하여 절도사가 되었으나 결국 당을 멸망시키고 변汴에 도읍을 정했다. 무도한 정치를 자행하던 주온은 아들 우규友珪에게 시해당했다. 이후 주온의 셋째 아들 우정友貞이 우규를 죽이고 왕위에 올랐다. 후량은 2대 17년 만에 후당後唐에 무너졌다.

후당(923~936)은 이존욱李存勖이 세운 나라이다. 이존욱의 본성은 주朱씨로 사타沙陀족 출신이다. 그의 선조가 당나라에 공을 세우고 이씨李氏 성을 하사받았다. 891년 하동河東 절도사 이극李克이 책봉을 받아 진왕晉王이 되었고 진국晉國을 세워 태원太原을 도읍지로 정했다. 907년 주온이 당 왕조를 찬탈하여 후량 왕조를 세웠을 때, 진국이 독립하여 북방에서 가장 큰 할거 정권을 이루었다. 908년 이극이 죽자 아들 이존욱이 즉위했다. 923년 이존욱은 위주魏州(지금의 하북성)에서 황제를 칭하고 국호를 대당大唐이라고 바꾸었다. 그것이 곧 후당後唐이다. 같은 해 대당(=후당)은 후량을 멸망시키고 낙양에 도읍을 정했다.

한편 당나라 명종明宗의 사위였던 석경당石敬塘은 936년 황제를 칭하고 후진(936~946)을 건립했다. 석경당은 연운燕雲 16주州를 거란에 할양할 것을 약속하고 거란의 군사력을 빌려 낙양을 공격하고 후당을 멸망시켰다. 아들 제왕齊王에게 왕위를 물려주었지만, 12년 만에

947년 거란에 의해 무너졌다. 사마씨가 세운 진晉과 구별하기 위하여 석진石晉이라고 부르기도 하는데, 낙양을 도읍으로 정했으나 나중에 개봉으로 옮겼다.

후한(947~950)의 고조 유지원劉知遠은 후진의 석경당 아래서 하동河東 절도사가 되었다. 947년 후진을 멸망시키고 중원을 점령한 거란은 살육과 약탈을 일삼아 민심을 잃었다. 유지원이 그런 틈을 타 태원太原에서 황제라고 칭하고 국호를 대한大漢이라고 정한 뒤, 중원을 공격하여 도읍을 변경汴京(지금의 개봉)에 두면서 후진을 계승했다. 948년 고조 유지원의 둘째 아들 유승우劉承佑가 왕위를 계승하여 은제隱帝가 되었다. 950년 이수정李守貞 등이 반란을 일으키자 은제는 곽위郭威를 시켜 반란을 평정하게 했다. 그러나 은제는 곽위의 힘이 커지는 것을 시기하여 죽이려 했기 때문에 곽위가 반란을 일으켜 후한을 무너뜨렸다. 2대 4년에 그친 단명 왕조였다.

후주(950~960)는 곽위가 후한을 무너뜨리고 세운 나라이다. 곽위는 스스로 주周 왕조 곽숙虢叔의 후예라고 참칭하며 '주周'를 국호로 삼았으나, 역사에서는 그것을 후주後周 혹은 곽위의 성을 따서 곽주郭周라 부르기도 한다. 도읍지는 개봉이었고, 960년 송宋이 건국될 때까지 3명의 황제가 10년 동안 존속했다.

오대십국

시기	오대				
국가	후량	후당	후진	후한	후주
수도	변주 카이펑	낙양 하남	변주 카이펑	변주 카이펑	변주 카이펑
군주	3황제	4황제	2황제	2황제	3황제
건국 군주	주온	이존욱	석경당	유지원	곽위
멸망 군주	주우정	이종가	석중귀	유승우	시종훈
성립	907년	923년	936년	947년	951년
멸망	923년	937년	947년	951년	960년
처음	907년 주온이 당에서 선양받음.				
끝	960년 조광윤이 후주에서 선양받음.				
시기	십국				
국가	오	남당	오월	민	북한
수도	양주 강도	금릉	항주 서부	복주 장락부	태원 태원부
군주	4황제	3황제	5황제	6황제	4황제
건국 군주	양행밀	이변	전류	왕심지	유민
멸망 군주	양부	이욱	전홍숙	왕연정	유계원
성립	902년	937년	907년	909년	951년
멸망	937년	975년	978년	945년	979년
국가	전촉	후촉	형남	초	남한
수도	성도 성도부	성도 성도부	강릉 강릉부	담주 장사부	광주 흥왕부
군주	2황제	2황제	5황제	6황제	4황제
건국 군주	왕건	맹지상	고계흥	마은	유엄
멸망 군주	왕연	맹창	고계충	마희숭	유창
성립	903년	934년	924년	897년	917년
멸망	925년	965년	963년	951년	971년
처음	907년 주온이 당에서 선양받음.				
끝	979년 조광의가 북한을 멸하면서 중국 재통일.				

9 학술과 문화의 시대: 북송北宋 · 남송南宋

炎宋興, 受周禪. 十八傳, 南北混. ⑥③

염 송 흥　수 주 선　십 팔 전　남 북 혼

송나라가 일어날 때 후주의 선양을 받았다.

18명의 황제에게 이어진 후, 남북이 혼재했다.

송나라(960~1279)는 오대십국을 계승한 왕조이다. '정강의 변'이 일어난 1127년을 기준으로 북송(960~1127)과 남송(1127~1279)으로 나뉜다. 송나라를 건립한 조광윤趙匡允은 후주後周의 신양을 받아 황제가 되었다. 그는 중앙집권적 정치 체제를 수립하는 것을 국정의 방향으로 삼았다. 먼저 재상의 권력을 분할하고 군사권을 중앙에 집중시켜 수백 년 동안 이어진 할거의 국면을 정비하고 통일국가의 기틀을 세웠다. 태조 때에 경제가 급속도로 발전하고, 무역 및 수공업 생산이 확대되었다. 북송과 남송으로 이어지는 송대는 기술의 발전과 더불어 토지 제도가 정비되면서 현저한 농업생산의 증대가 일어났다. 수공업이 분업화되면서 제품의 질이 향상되었고, 송나라의 생산품은 세계에 이름을 알리게 된다. 상품 경제의 발전과 더불어 도시가 확대되고 시장이 번성했으며, 시장 경제를 뒷받침하는 유통업의 발전과 더불어 지폐의 사용이 일반화되었다. 송나라 시대의 문화는 이전과는 비교하기 어려울 정도로 다방면에서 발전했다. 특히 새로운 시대의 사상으로 신유학이 발달했을 뿐 아니라 민중문화의 발달도 두드러졌다. 따라서 일부 역사가들은 송대를 '동아시아의 르네상스 시대'라고 부르기도 한다.

炎宋興 受周禪　염송炎宋의 염炎은 불꽃이다. 오행五行의 변화를 토대로 왕조의 교체를 해석하는 오덕종시설五德終始說에 따르면, 송 왕조는 화덕火德을 존숭한 나라였기 때문에 염송이라고 불렀다. 주선周禪은 송나라가 후주後周의 선양을 받아 건국되었다는 말이다. 송 왕조를 건국한 조광윤은 본래 후주 곽위의 부하였다. 조광윤은 곽위가 반란을

일으키자 반란을 제압하면서 군대를 장악했다. 960년 거란의 요遼나라가 침범하자 나이 어린 공제恭帝는 조광윤에게 금군을 이끌고 거란의 침입을 저지하도록 했다. 전쟁터에서 여러 장수들이 조광윤을 황제로 추대했고, 조광윤은 공제의 선양을 받아 송 왕조를 세우고 태조로 즉위했다. 송 태조는 중국 남북부의 대부분 지역을 통일하고, 도읍을 동경東京(지금의 개봉)에 정했다. 이것을 북송이라고 부른다.

976년 조광윤의 동생 조광의趙光義가 황제에 올라 태종이 되었다. 979년 송 태종은 북한北漢을 멸망시켰으나, 거란을 치는 북벌 정책에 실패한다. 그 이후 북송의 황제들은 북벌을 포기하고 내실을 다지는 '중내허외重內虛外'의 정책을 추진했다. 998년 북송의 진종眞宗 조항趙恒이 즉위하면서 황노黃老 정치를 실행하는 방향으로 정책을 변경했다. 1004년 거란족의 요나라 성종과 소태후가 병사 20만을 이끌고 남침했다. 적군의 선봉대가 황하 북쪽을 공격하면서 동경(개봉)이 위급한 지경에 빠지자 진종은 도읍을 남쪽으로 옮기고 도망갈 준비를 했다. 한편, 요나라와는 형제의 나라가 될 것을 협약하고 매년 요나라에 은銀 십만 냥과 비단 20만 필을 바칠 것을 약속하며 황하의 하구를 경계로 삼는 '전연澶淵의 맹'을 체결했다. 이후 두 나라는 전쟁을 중지하고 100여 년에 걸친 평화를 유지하게 된다. 송나라와 요나라의 국경이 안정되면서 두 나라는 모두 경제가 회복되고 번창했다.

1022년 진종이 죽고 태자 조정趙禎이 즉위하니, 바로 북송의 인종이다. 인종은 나이가 어렸기 때문에 16년간 황태후가 수렴정치를 실시했다. 그 이후 송나라는 서하西夏와 치른 몇 번의 전쟁에서 패배한 뒤에 강화를 맺어 백성들의 부담은 가중되었다. 인종은 범중엄范仲淹 등을 임용하여 '신정新政'을 펼치는 등 북송의 중흥을 꾀했다. 그러나 기존의 특권을 박탈당한다고 느낀 고위관료와 대지주들의 반대에 부딪혀 끝내 '신정'이 추진한 개혁은 실패로 끝나고 말았다.

1068년 신종 조욱趙頊이 즉위했다. 신종의 재위 기간 동안 복송의 초기부터 실시된 여러 제도가 폐단을 드러내기 시작했다. 민생은 악화되고 북방 유목민의 국가는 중국을 침략할 기회를 엿보고 있었다. 신종은 전격적으로 왕안석王安石을 등용하여 변법을 통한 개혁정치를 실시했다. 토지, 세금, 시장, 경제, 농업 생산 등 전방위에 걸친 신법新法을 시행한 것이다. 하지만 신종의 지원을 받아 왕안석이 추진한 일련의 개혁조치는 대지주 및 고위관리의 이익을 침범하는 결과를 초래하여 왕안석은 축출당하고 신법은 폐지되었다. 그 이후, 신법을 지지하는 신법당과 신법에 반대하는 구법당의 권력 투쟁이 송대 정치를 특징짓게 된다.

1101년 휘종이 즉위했다. 그는 천재적인 예술가의 기질을 가진 인물이었지만, 정치적으로 무능하여 망국을 초래한 황제로 평가받는다. 그가 황제로 있을 때, 북방에서는 거란의 통치하에 있던 여진족이 세력을 키우기 시작했고, 1115년 여진족 완안부의 아쿠타阿骨打가 여진족을 통일하고 금金나라를 세워, 송나라와 해상 맹약을 맺었다. 1125년 금나라 군사가 요나라의 최후의 보루를 공격하여 요나라를 무너뜨렸다. 송나라와 동맹을 맺고 요나라를 공략하던 금나라는 북송의 부패한 실상을 알게 되었다. 따라서 요를 무너뜨린 금나라는 송나라에 대해 대규모의 군사행동을 전개했고, 1127년 금나라 군대가 휘종과 흠종 두 황제를 포로로 잡아가면서 북송은 멸망했다.

十八傳 南北混

십팔전十八傳이란 북송에서 남송까지 모두 18명의 황제가 즉위했던 것을 말한다. 태조太祖, 태종太宗, 진종眞宗, 인종仁宗, 영종英宗, 신종神宗, 철종哲宗, 휘종徽宗, 흠종欽宗까지가 북송의 황제였고, 그 이후의 고종高宗, 효종孝宗, 광종光宗, 영종寧宗, 이종理宗, 도종度宗, 공종恭宗, 단종端宗, 위왕衛王까지가 남송의 황제이다. 혼混은 1126년 금나라가 변경(지금의 개봉)을 점령하고 북송이 멸망한 다음, 북쪽에 여진의 금나라와 남쪽에 남송이 존재하는 상황, 즉 남북에 두 제국이 성립하는 혼재 상태를 가리킨다. 송나라 북방에는 송나라 건국 이전부터 거란이 존재했다. 거란은 요遼로 이름을 바꾸었는데, 나중에 여진의 금나라가 일어나 요를 무너뜨리고 북송까지 무너뜨리면서 북쪽에서 남송과 대치했다. 그 후 덕종德宗이 자립하여 서요西遼를 건립했다. 거란의 요나라는 12대 170여 년 동안 지속되다가 여진의 금나라에게 무너졌다.

한편 금나라에 의해 수도를 함락당하고 황제를 빼앗긴 송나라 왕실은 남쪽으로 이동하여 임안臨安(지금의 항주)에 새로운 도읍을 정하고 왕조를 다시 일으켰다. 임안을 도읍으로 정한 송나라를 역사적으로는 남송이라고 부른다. 북송과 남송은 북방의 금, 요, 서하, 몽골과 대립하면서 정권을 이어갔던 것이다. 1127년 휘종이 금나라에 포로로 잡혀간 다음, 그의 아홉 번째 아들 조구趙構가 응천부應天府(지금의 하남성)에

요나라의 서진(1125년)

서요
1038~1227년

서하
1038~1227년

금
1115~1234년

정강의 변
1126~1127년

고려

남송
1127~1276년

소흥의 화의(1142년): 금과 남송의 국경선 결정

주요한 중국 정복 왕조

국호	요(거란)	금	원	청
	916~1125년	1115~1234년	1271~1366년	1271~1912년
민족	몽골계: 거란족	퉁구스계: 여진족	몽골계	퉁구스계: 여진족
수도	상경임황부	상경회녕부 → 북경	화림 → 북경	심양 → 북경
건국	야율아보기	완안아구다	쿠빌라이칸	누르하치
통치 형태	이중 통치 체제	이중 통치 체제	몽골인 제일주의	상벌의 이중 통치 체제

12세기 아시아 세계

서 즉위하고, 1138년 정식으로 도읍을 임안에 정했다. 그가 남송의 첫
황제 고종이다. 남송 시기 권력자들은 진취적 기상을 포기하고 권력을
유지하기 위해 금나라와 화친을 도모했다. 금나라에 대해서는 스스로
신하를 자칭하면서 공물을 헌납하고, 금나라에 대해 항전을 주장하는
사람들을 오히려 역적으로 몰아 권력을 유지하고자 했다. 1276년 원
元나라 군대가 임안을 공격하면서 남송 정권은 최종적으로 무너졌다.

북송과 남송으로 양분된 송나라는 18대에 걸쳐 320년간 지속되었다.

원의 태조 테무진[奇渥溫鐵木眞]은 몽골 고원에서 일어나 연燕(지금의 북경 지역)에 도읍하여 힘을 키웠다. 금나라와 송나라를 멸망시킨 뒤 남북을 통일한 원나라는 14대 165년간 지속되다가 명나라에 의해 무너졌다.

10 치란과 흥망

十七史, 全在玆. 載治亂, 知興衰.   ⑥④

십 칠 사   전 재 자   재 치 란   지 흥 쇠

17왕조의 역사가 여기에 다 실려 있다.

역사의 치란 및 흥쇠가 기재되어 있다.

讀史者, 考實錄, 通古今, 若親目.   ⑥⑤

독 사 자   고 실 록   통 고 금   약 친 목

역사를 읽는 사람은 실록을 상고하여,

자기 눈으로 본 듯이 고금을 관통하는 안목을 가져야 한다.

중국은 역사 기술이 풍부하여 각 왕조의 사료史料가 거의 완비되어 있다. 역사는 왕조의 흥망성쇠를 통해 인간적 삶의 여정을 보여준다. 왜 역사를 읽는 것일까? 또 역사는 어떻게 읽어야 하는가? 역사는 있는 그대로의 사실이 아니라 승자의 정통성을 보장하기 위해 취사선택된 것이다. 그렇기 때문에 역사를 제대로 이해하기 위해서는 가공하지 않은 사실을 모아놓은 〈실록〉을 다시 살펴보아야 한다. 역사는 옛날의 일에 그칠 뿐 지금과는 아무런 관계가 없다고 생각하게 되면, 우리는 역사를 통해 아무것도 얻지 못한다. 따라서『삼자경』은 역사서를 바르게 읽는 방법으로 〈실록〉을 고찰하라고 권유한다.

十七史 全在玆
칠 십 사　전 재 자
〈17사〉는 송나라에 이르는 정사正史의 총칭이다. 정사, 즉 〈17사〉의 첫째는『사기史記』이다.『사기』는 삼황오제에서 시작하여 한나라의 무제에 이르는 시기를 기록하고 있으며, 한나라의 사마담이 집필을 시작하고 아들 사마천이 완성했다. 둘째『한서漢書』이다. 한서는 '전한前漢' 시대를 기록한 것으로 반고班固가 지었다. 셋째『후한서後漢書』로 송나라 범엽范曄이 지었다. 넷째『삼국지三國志』로 진晉나라 진수陳壽가 지었다. 다섯째『진서晉書』로 당태종唐太宗 때 완성되었다. 여섯째『송서宋書』로 양梁나라 때 심약沈約이 지었다. 일곱째『남제서南齊書』로 양나라 소자현蕭子顯이 지었다. 여덟째『양서梁書』, 아홉째『신서陳書』이다. 이 둘은 여조겸呂祖謙이 지었다. 열 번째『북위서北魏書』로 북제北齊의 위수魏收가 지었다. 열한 번째『북제서北齊書』로 당나라 이백약李百藥이 지었다. 열두 번째『북주서北周書』로 당나라

영호덕분令狐德棻이 지었다. 열세 번째 『수서隋書』로 당나라 위징魏徵이 지었다. 열네 번째 송·제·양·진의 『남사南史』이고, 열다섯 번째 위·제·주·수의 『북사北史』이다. 이 둘은 당나라 이연수李延壽가 지었다. 열여섯 번째 『신당서新唐書』로 송나라 송기宋祁와 구양수歐陽修가 지었다. 열일곱 번째 『신오대사新五代史』로 송나라 구양수가 지었다.

載治亂 知興衰
재 치 란 지 홍 쇠

역사에는 국가를 운영하는 기본 원칙이 실려 있다. 국가 운영의 원칙을 알면 다스릴 수 있고, 원칙을 잃게 되면 혼란스러워진다. 『삼자경』의 저자는 국가의 치란과 홍쇠의 이유를 이해하고 바른 정치를 실시하기 위해서 역사를 읽어야 한다고 말한다.

讀史者 考實錄
독 사 자 고 실 록

〈실록實錄〉은 글자 그대로는 진실하게 정황을 기록한 글이라는 뜻이고, 여기서는 고대에 일반적으로 군주가 재위한 기간의 중요한 사실 자료를 기재하여 편년체 역사책으로 만들어놓은 원시적 사료史料나 문헌을 가리킨다. 역사를 읽을 때는 반드시 〈실록〉을 세심하게 고증하고 비교하여야 한다. 군신의 사실을 기록한 〈실록〉과 패관稗官의 '소설'은 참으로 믿지 못할 것이 들어 있다. 고대의 〈실록〉은 대부분 조정에서 역사 사건의 기록을 전문적으로 담당하는 사관史官이 기록한 것이다. 하지만 일부 군주는 자기의 통치에 대한 후세의 평가를 걱정하여 사관으로 하여금 기록한 사실史實을 개조하게 함으로써, 은밀하게 역사적 진상을 숨기기도 하고, 심지어는 사실을 왜곡하기도 했다. 예를 들면 『후한서』, 『신당서』, 『송사』 등은 관官에서 편찬한 역사서이다.

通古今 若親目 통通은 꿰뚫어 명백하게 이해한다는 의미이다. 친목親目은 직접 눈으로 보듯이 한다는 뜻이다. 역사를 읽는 사람은 각 시대 흥망성쇠를 비교함으로써 고금에 통달하여야 한다. 스스로의 눈으로 본 것은 미세한 말과 오묘한 의미의 차이를 밝혀, 저것의 단점과 이것의 장점을 평가할 수 있어야 한다. 그렇게 읽을 때, 지금 그것이 마치 눈앞에 일어난 일처럼 상상하면서 읽을 수 있게 된다.

遼與金. 皆稱帝. 元滅金, 絕宋世.

요 여 금　개 칭 제　원 멸 금　절 송 세

요나라와 금나라는 모두 황제를 칭했다.
원나라는 금나라를 멸하고 송나라도 무너뜨렸다.

莅中國, 兼戎狄, 九十年, 國祚廢.

리 중 국　겸 융 적　구 십 년　국 조 폐

원나라는 중국을 지배하고 융적을 통일했으며,
90년간을 지배하고 마침내 무너졌다.

중국의 서북쪽에 펼쳐진 초원지대에는 유목민들이 거주하고 있었다. 유목민들은 생활에 필요한 곡식이나 섬유 등 일용품을 중국의 농경민과 교역을 통해서 구하기도 했지만, 약탈을 통해서 조달하는 경우도 많았다. 따라서 이들의 사회는 말을 타고 싸우는 전사들이 중심이 된 군사적인 형태로 조직되었다. 유목민들은 부족 단위로 생활했지만, 때때로 칸(카간)이라 불린 부족 연합의 장에 의해 통합되어 중국의 한족을 위협하기도 했다. 기원전 3세기의 흉노, 3세기의 선비족(나중에 중국화되어 북위로 발전), 6세기경의 돌궐족, 8세기경의 위구르는 한족의 국가와 대립하던 대표적인 유목국가들이다. 수당 제국이 붕괴되고 중

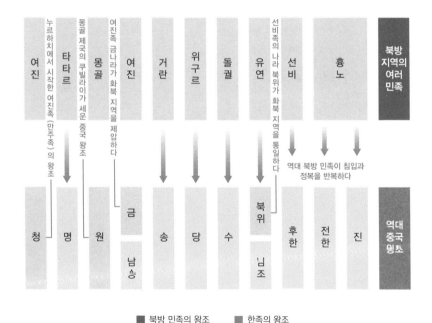

북방 유목민의 정복왕조

국이 혼란에 빠지자, 주변의 유목민족들은 점차 부족 간의 통합을 이루었다. 특히 宋 왕조의 문치주의 정책으로 인해 한족의 군사력이 약화되자, 거란족은 요, 여진족은 금, 몽골족은 원을 세워 중국의 일부 또는 전부를 지배했다. 이들을 정복 왕조Dynasties of Conquest라고 부른다.

遼與金 皆稱帝
요여금 개칭제

요는 거란족이 북방에 세운 정복 왕조이다. 거란족은 본래 시라무렌강 유역에서 살던 몽골계 민족이었다. 거란족은 당나라의 지배를 받고 있었는데 야율아보기耶律阿保機가 당나라 말기 절도사의 난과 위구르의 붕괴를 틈타 부족을 통합하고 거란을 세웠다. 태종 때는 국호를 요遼로 고치고 중국의 연운 16주(북경 인근 지역)를 차지했으며, 10세기 말에는 먼저 고려를 침략하고 이어 송나라에 침입하여 화북 지방을 지배했다. 요나라는 본거지를 그대로 두는 등 고유의 문화를 바탕으로 중국문화를 견제하면서 중국인을 지배했다. 11세기경에는 송나라 서북 지역에 있던 티베트계의 탕구트족이 요나라와 송나라의 대립을 이용하여 서하西夏를 세웠다. 서하는 비단길의 동서 무역로를 장악하여 크게 번영했다.

한편 여진족은 만주 동북의 송화강 유역에서 발해의 지배를 받다가, 발해가 멸망한 후에는 요나라의 지배를 받고 있었다. 11세기에 아구타가 부족을 통일하고 요나라와 싸워 이긴 후 나라를 세워 금金이라고 불렀다. 이어 12세기 초에는 송나라와 연합하여 요나라를 멸망시키고, 나아가 송나라에 침입하여 황제를 포로로 잡은 후 송나라를 강남으로 밀어내고 회수 이북을 지배했다. 금나라는 수도를 만주에서 화북 지방이 연경(북경)으로 옮기고, 중국을 지배하는 데 종래의 부족제와 중국의 주현제를 병행 실시하는 등 이중 체제를 유지했다. 그러나 이후 중국문화에 점차 동화되면서 북방민족의 강건한 기상이 사라지게 되었고, 1234년 결국 몽골족에 의해 멸망했다.

元滅金 絶宋世
원멸금 절송세

13세기에 들어와 동아시아의 정세는 몽골 제국이 성장하면서 큰 변화가 일어났다. 몽골족은 몽골고원에서 유목생활을 하며 흩어져 살았는데, 1206년 테무친이 부족을 통일한 후 칭기즈 칸에 추대되어 몽골 제국을 세웠다. 그는 기동력이 뛰어난 기병을 바탕으로 중앙아시아와 서하를 정복하여 대제국을 건설했다. 그가 죽은 후 몽골 제국의 영토는 그의 아들 차가타이, 오고타이에게 분할 상속되어 차가타이한국Chaghatai汗國과 오고타이한국Ogotai汗國이 성립했다. 제2대 오고타이(태종) 때에는 금나라를 멸망시켰고, 그의 조카 바투는 러시아의 대부분과 유럽의 일부를 점령하여 킵차크한국Kipchak汗國을 세웠다. 또 훌라구는 원정군을 이끌고 서아시아의 아바스 왕조를 멸망시킨 후 일한국Il汗國을 세웠다. 1271년 쿠빌라이(세조)는 수도를 대도(베이징)로 옮기고 국호를 대원大元(대원 울루스)이라 했고, 1279년 남송을 멸망시켜 중국을 통일함으로써 몽골 제국은 역사상 가장 광대한 제국이 되었다.

莅中國 兼戎狄
리 중국 겸 융적

원나라는 요·금과 마찬가지로 이중 지배 체제를 취하여 중국을 중국적인 관료조직과 주현제에 기초하여 통치했다. 원나라는 한족을 지배하기 위해 몽골인 제일주의 정책을 실시했다. 이 성책에 의해 소수의 몽골족이 주요 관직을 독점하고 정치와 군사를 담당하는 최상층을 차지했다. 중간층을 이루고 있던 색목인은 주로 서역의 이슬람을 믿는 페르시아인, 위구르인 등으로 몽골족 밑에서 재정 업무를 담당했다. 한인漢人과 남인南人은 피지배층을 이루었다. 한인은 금나라의 지배 아래에 있던 여진족, 거란족, 고려인, 한족 등으로 구성되었으며, 남인은 남송 지배 아래에 있던 한족들로 이들은 가장 심한 사회적 차별을 받았다.

원나라 초기에는 과거시험도 실시하지 않았으므로, 송대의 지배 계급이었던 사대부와 유학자는 타격을 입었다. 원나라에는 장원을 바탕으로 한 지주 · 전호제가 그대로 유지되었다. 조세 제도는 양세법이 그대로 실시되었지만, 화북 지방에 비해 강남 지방의 조세 부담이 더욱 컸다. 농업에 있어서는 목화 재배가 전국적으로 확대되면서 서민의 의생활에 큰 발전을 가져왔다. 몽골족은 상업을 중시하여 동전, 금, 은 과 함께 지폐인 교초를 사용했다. 몽골인은 강력한 무력을 배경으로 중국을 지배하면서 중국인에 대한 징세나 상품에 대한 과세로 재정을 유지했기 때문에 상업을 중시했던 것이다. 수도에 사는 관료와 상인들의 식량 공급을 위해 운하가 정비되었고, 양자강 하류에서 산동반도를 돌아 대도(북경) 방면으로 가는 해운이 발달했다.

九十年 國祚廢 구십년九十年이란 원나라 세조가 1271년에 국호를 대원으로 바꾼 다음부터 1368년 주원장에게 쫓겨나기까지의 기간

인 98년 동안을 말한다. 조祚는 황제의 지위이다.

　　원나라는 각각의 민족을 동원하여 참가시키는 통치체계를 형성
했다. 원나라는 중원 지역을 통일한 이후, 가장 강성한 시기에는 북쪽
으로는 몽골과 시베리아, 북극, 남쪽으로는 지금의 해남 지역, 서쪽으
로는 티베트 지역, 동북 지역 일대를 포함하는 광대한 영토를 형성했
다. 원 왕조는 정복전쟁을 계속하여 남쪽으로는 베트남과 미얀마에까
지 원정군을 보냈으며, 동쪽으로는 고려를 복속시킨 후 일본 원정까지
시도했다. 그러나 쿠빌라이가 죽은 후 왕위 계승 분쟁과 귀족의 사치
로 인한 재정 파탄으로 국력이 약화되고, 이를 보충하기 위한 과중한
세금 징수와 교초(지폐)의 남발로 농민들의 불만이 누적되었다. 이러한
가운데 1368년 백련교도가 중심이 된 홍건적의 난이 일어나 결국 명
明을 세운 주원장에 의해 만리장성 북쪽으로 쫓겨났다.

[중정본 읽기 2] 한족의 번영: 명明 왕조

太祖興, 稱大明, 紀洪武, 都金陵.

태 조 흥　칭 대 명　기 홍 무　도 금 릉

태조 주원장이 대명을 세우고,
연호는 홍무라 하고 금릉에 도읍했다.

迨成祖, 遷宛平, 十六世, 至崇禎.

태 성 조　천 완 평　십 육 세　지 숭 정

3대 황제 성조에 이르러 완평[북경]으로 천도하고,
16대 황제까지 이어져 숭정제 때에 무너졌다.

權閹肆, 流寇起, 自成入, 神器毀.

권 엄 사　유 구 기　자 성 입　신 기 훼

환관이 권력을 농단하고 도적과 왜구가 창궐했는데,
이자성이 북경에 입성하여 황제의 지위가 무너졌다.

태조는 명나라 개국 황제인 주원장朱元璋(1328~1398)이다. 주원장은 호주濠州(안휘성) 출신으로 젊은 시절 탁발승으로 하북성을 떠돌다가 홍건군에 가입하여, 마침내 농민 반란군의 지도자가 되었다. 반란군 지도자가 된 주원장은 오랫동안 군대를 이끌고 남방에서 북방에 이르기까지 전투를 거친 후, 마침내 명 왕조를 건립했다. 명 왕조를 세운 주원장은 연호를 홍무라고 하고 수도를 금릉, 즉 지금의 남경에 정했다. 그는 왕위를 손자 건문제建文帝에게 전했으나, 건문제가 왕위에 오른 지 겨우 4년 만에 영락제가 왕위를 찬탈했다.

명나라의 3대 황제 성조(1360~1424)는 이름이 주체朱棣로 22년간 재위했고, 연호가 영락永樂이었기 때문에 보통 영락제라고 부른다. 건문제를 폐위시키고 황제 지위를 찬탈한 성조는 북방의 방어를 굳게 하게 하기 위해 북경으로 천도하여 연호를 영락이라고 했다. 그 후 명나라는 16대 숭정제崇禎帝까지 이어진 후, 숭정제를 끝으로 막을 내렸다.

숭정제가 즉위할 무렵, 말기에 이른 명 왕조는 통치계급 내부의 붕당 투쟁과 환관들의 정권 농단, 황족들 사이의 권력 투쟁으로 혼란이 극에 달했다. 그런 와중에 부패한 관료 조직으로 인해 백성들은 무법천지에 내몰리고 있었다. 사회 전반에 퍼진 각종 모순은 마치 화산이 폭발하듯 한꺼번에 터져나왔다. 또한 대외적으로는 동북 지역 변경에서 여진족이 세운 대금 정권이 명 왕조를 노리고 있었다. 그런 와중에 1627년 섬시 북부 지방을 시작으로 전국 각지에서 농민 봉기가 일어나고, 1638년을 전후하여 이자성李自成과 장헌충張獻忠이 이끄는 농민군이 두각을 드러내면서 사천성과 섬서성에 대서大西와 대순大順이라는 농민 정권을 건립했다.

마침내 1644년 이자성이 이끄는 농민 군대는 명 왕조 통치의 중심인 북경을 함락했다. 마지막으로 명 왕조를 부흥시켜 보고자 고군분투했던 숭정제는 이미 대세가 기울었음을 직감하고 황궁의 정원에서 목을 매달았다. 이때 숭정제는 34세였다. 숭정제는 자살하면서 다음과 같은 유언을 남겼다. "나의 덕이 부족하여 하늘이 내리는 이런 난리를 만났고, 결국 죽음을 맞는다. 죽어서 조상을 뵐 면목이 없으니, 스스로 면류관을 벗고 머리카락으로 얼굴을 덮고 죽는다. 내 몸은 죽은 뒤 천 갈래 만 갈래 찢어져도 상관없지만, 백성들은 한 사람도 해치지 말라." 백성의 생명을 아끼는 불운한 황제의 생각이 잘 드러나고 있다.

清太祖, 興遼東, 金之後, 受明封.

청 태 조　흥 요 동　금 지 후　수 명 봉

청나라 태조는 요동에서 일어나,
후금을 세우고 명나라로부터 봉호를 받았다.

至世祖, 乃大同, 十二世, 清祚終.

지 세 조　내 대 동　십 이 세　청 조 종

세조 때 천하를 통일하고,
12대를 거친 후 청 왕조는 막을 내렸다.

凡正史, 廿四部, 益以清, 成廿五.

범 정 사　입 사 부　익 이 청　성 입 오

대체로 중국의 정사는 24사인데,
마지막 청사淸史를 더하면 25사가 된다.

명나라 초기에 중국 동북 지방에 살던 여진족은 건주여진建州女眞, 해서여진海西女眞, 야인野人의 3대 부족으로 분열되어 있었다. 명나라는 여진을 분열시키고 불안감을 조성하면서 통지했다. 그러던 중 건주여진 출신의 누르하치(1559~1626)가 30년에 걸쳐 여진족 전체를 통일했다. 이로써 장기간에 걸친 여진족의 분열과 전쟁은 종식되었다. 그 후 누르하치는 통치기구 및 군대 제도를 정비하여 1616년 대금大金을 세우고 초대 황제(재위 1616~1626)가 되었다. 역사적으로는 이를 후금이라고 부른다.

탁월한 지도자였던 누르하치는 여진족을 통일하는 과정에서 팔기八旗 제도를 만들었고, 만주문자[滿文]를 창안했다. 1618년 명나라에 대해 정식으로 선전 포고를 하고 곧이어 무순撫順과 심양瀋陽, 요양遼陽 등 70여 곳을 함락시켰다. 이윽고 심양을 후금의 수도로 정했다. 1926년 누르하치가 죽은 뒤, 2대 황제 황태극皇太極은 1636년 국호를 대청大淸으로 바꾸었다. 1643년에는 3대 황제 세조世祖가 황제가 되었다. 세조는 태종의 아홉 번째 아들로 6세에 청대 제3대 황제가 되었고, 나중에 이자성의 농민군을 격파하며 중국을 통일하고 북경에 수도를 두었다. 세조의 연호가 순치順治였기 때문에 보통 순치제(1638~1661)라고 불린다.

그 후 청나라는 건륭乾隆의 성세를 거친 뒤, 19세기 중엽부터 쇠퇴기로 접어든다. 특히 1840년과 1860년 두 번의 아편전쟁에서 패배한 후 청나라는 완전히 서구 열강의 반식민지 국가로 전락했다. 1911년에 청나라 조정은 황족 내각을 결성했으나 내외의 난제를 해결하지 못하다가 1911년의 신해혁명으로 무너졌다. 신해혁명을 성공시킨 손 문孫文(孫中山)은 1912년 남경에서 중화민국 임시 대총통에 취임하여 중화민국을 성립시켰다. 중화민국이 성립하면서 200여 년 동안 12명 의 황제를 두었던 청나라의 군주제 통치는 막을 내리게 된다.

청나라의 멸망으로 기원전 221년 진시황제의 통일에서 시작하여 2,132년에 걸쳐 존속했던 중국 왕조사는 끝을 맺었다. 앞에서도 언급한 것처럼, 『삼자경』은 본래 송말원초宋末元初에 왕응린이 편찬한 것이다. 왕응린은 1296년에 죽었기 때문에, '요여금遼與金 개칭제皆稱帝'부터 '십이세十二世 청조종淸祚終'까지의 내용은 후세인에 의해 증보된 것이다. 증보된 것마다 내용이 달라 『삼자경』의 다양한 판본이 존재하게 되었다.

중국은 세계적으로 가장 풍부하고 완벽한 역사 기록을 갖춘 나라이다. 『삼자경』에는 기원전 841년부터 시작하여 1912년 청조의 막이 내리는 시점까지의 자세한 역사가 기록되어 있다. 중국 역사서의 체제는 크게 둘인데, 하나는 편년체編年體이고 하나는 기전체紀傳體이다. 한대漢代 이전의 국가 정통의 역사서는 모두 편년체였다. 편년체는 시간을 중심으로 서술하기 때문에 연, 월, 일 순서에 따라 역사적 사건을 기재한다. 이것은 간편한 서술 방식이었다. 그러나 서한西漢의 사마천이 편찬한 『사기』 이후에는 기전체가 역사 서술의 중심이 되었다. 기전체는 역사적인 사실을 본기本紀, 세가世家, 열전列傳 등으로 분류하여 서술하는 양식이다. 송대에 이르기까지 누적된 17부의 기전체 사서를 '17사'라고 부른다. 그중 『사기』, 『한서』, 『후한서』, 『삼국지』를 '전사서前四書’라고 부른다. 명대에 와서는 송, 요, 금, 원의 4대代 사서를 편찬하여 ‘21사’가 만들어졌고, 청대 건륭 초기에는 명대의 역사인 『명사』가 완성되어 ‘22사’가 된다. 건륭 중기에 『사고전서』를 번십하면서 학자들이 『영락대전』 안에서 『구오대사』와 『구당서』에 해당하는 부분을 정리하여 ‘24사’가 만들어지게 된다. 다시 민국 시기 동안에 『신원사』와 『청사고』가 편찬되면서 ‘25사’ 또는 ‘26사’가 되었다.

史雖繁, 讀有次. 史記一, 漢書二.

사 수 번   독 유 차   사 기 일   한 서 이

역사서는 비록 복잡하지만 읽는 데는 순서가 있다.
『사기』가 첫 번째고,『한서』가 두 번째이며,

後漢三, 國志四. 此四史, 最精致.

후 한 삼   국 지 사   차 사 사   최 정 치

『후한서』는 세 번째,『삼국지』가 네 번째이다.
이 네 역사서가 가장 정밀하고 자세하다.

先四史, 兼證經, 參通鑑, 約而精.

선 사 사   겸 증 경   참 통 감   약 이 정

먼저 이 네 역사서를 읽고 경서로 검증하고,
『통감』을 참조하면서 요약하고 깊이를 더한다.

漢賈董, 及許鄭, 皆經師, 能述聖.

한 가 동   급 허 정   개 경 사   능 술 성

한대의 가의賈誼와 동중서, 허신許慎과 정현鄭玄은
모두 경학의 대가로서, 성인의 사상을 해설했다.

宋周程, 張朱陸, 明王氏, 皆道學.

송 주 정   장 주 육   명 왕 씨   개 도 학

송대의 주돈이周敦頤, 정호程顥와 정이程頤, 장재張載,
주희, 육구연陸九淵, 명나라의 왕수인王守仁은
모두 도학자들이다.

屈原賦, 本風人, 逮鄒枚, 暨卿雲.

굴 원 부　본 풍 인　체 추 매　기 경 운

전국 시대의 굴원은 사부辭賦로 위대한 시인이 되었고,
한나라의 추양, 승매, 사마상여와 양웅에 이르렀다.

韓與柳, 竝文雄, 若李杜, 爲詩宗.

한 여 유　병 문 웅　약 이 두　위 시 종

당나라의 한유韓愈와 유종원柳宗元은 문장의 영웅이고
이백李白과 두보杜甫는 시의 종주이다.

凡學者, 宜兼通, 翼聖敎, 振民風.

범 학 자　의 겸 통　익 성 교　진 민 풍

배움을 구하는 모든 사람은 마땅히 통달하여
성인의 가르침을 보조하고 백성의 기풍을 진작해야 한다.

제5부

어떻게 살 것인가

1 독서의 방법

口而誦, 心而惟. 朝於斯, 夕於斯. ⑥⑥

구 이 송   심 이 유   조 어 사   석 어 사

입으로 소리 내어 읽고 마음으로 생각한다.

아침에도 이렇게 하고 저녁에도 이렇게 한다.

책은 몸으로 읽어야 한다. 독서를 제대로 하기 위해서는 단지 지면을 통해 정보를 얻는 것에 그치지 않아야 한다는 말이다. 『삼자경』은 독서의 방법으로 몸에 새기듯이 소리 내어 읽고 마음으로 읽는 것이 중요하다고 강조한다. 배운 것을 단순한 지식으로 끝내지 않기 위해서는 배운 것을 몸에 익히고, 실제로 실천하기 위해 마음을 써야 한다. 귀로 듣고 입으로 내뱉는 것으로 끝나는 공부를 '구이지학口耳之學'이라고 하는데, 그런 공부는 자신을 위해서나 세상을 위해서 쓸모가 없다. 책의 내용을 몸에 새기듯 읽고, 마음으로 의미를 반추하면서 실행에 옮길 때에 참다운 독서가 완성된다.

口而誦 心而惟
구 이 송 심 이 유
송誦은 소리 내어 읽어서 암기하는 것이다. 유惟는 생각한다는 뜻이다. 독서, 특히 경전의 독서는 먼저 입으로 소리 내어 읽기를 반복해서 암기할 정도에 이르러야 한다. 그런 다음 한 구절, 한 문장의 의미를 생각하면서 마음속으로 새긴다. 마지막으로는 읽고 새긴 것을 실제 상황에 대비해 보고 실천하기 위해 노력해야 한다. 그 과정에서 내용을 더 깊이 이해할 수 있게 된다. 옛날 사람은 암기할 정도로 반복해서 읽는 것의 중요성을 '독서백편의자현讀書百篇義自見', 즉 "글을 반복해서 읽다 보면 그 뜻이 저절로 이해된다"라는 말로 요약했다. 또 공자는 공부에서 생각하면서 의미를 새기는 것이 중요하다는 사실을 "학이불사즉망學而不思則罔"(『논어』 「위정」)이라는 말로 표현하고 있다. 단지 수동적으로 배우기만 하고 의미를 생각하지 않으면 배운 것이 공허해진다는 뜻이다.

조어사 석어사
朝於斯 夕於斯　斯는 이것, 즉 독서의 방법으로서 '구송'(입으로 읽고)과 '심유'(마음으로 생각함)를 가리킨다. 초학자의 공부 방법으로 아침부터 저녁까지 '구송'하고 '심유'하면서 반복해서 자기 것으로 만들려는 노력보다 더 좋은 것은 없다. 경전의 독서에서 시작하여 역사, 제자백가, 문집의 독서에 이르기까지, 즉 경사자집經史子集의 독서에서 입과 마음의 조응만큼 중요한 것은 없다. 입으로만 읽고 마음으로 생각하지 않으면 배운 것이 자기 것이 되지 않는다. 마찬가지로 배운 것을 마음으로만 생각하고 몸으로 익히지 않으면 지식의 확장이 일어나지 않고 깊어지지 않는다. 아침에 잠시 읽고, 그 이외의 시간에는 잊어버리고 지낸다면 역시 지식과 실천이 조응하지 않게 된다. 『논어』에서 '학이시습學而時習', 즉 배움에서 반복과 반추를 중요시한 이유이다.

　남송 성리학의 완성자 주희는 독서의 방법으로 '삼도법三到法'을 제시했다. "마음으로 내용을 생각하며 읽는 것[심도心到], 눈으로 글자를 따라가며 읽는 것[안도眼到], 입으로 소리 내어 읽는 것[구도口到]이다. … 이 세 가지 가운데 마음으로 읽는 것이 가장 중요하다. 마음으로 이미 읽고 있는데 어찌 눈과 입이 따르지 않겠는가?"[27] 마음이 책 위에 있지 않으면 눈은 글자를 정확히 읽을 수 없고, 생각이 책에 집중되지 않으면 글자대로 소리 내어 읽는다고 하여도 머리에 기억되지는 않고 기억이 오래가지도 않는다. 따라서 주희는 '삼도' 중에 '심도'가 가장 중요하다고 말한 것이다.

2 바다 같은 학문의 세계

昔仲尼, 師項橐. 古聖賢, 尚勤學. ⑰

석 중 니 사 항 탁 고 성 현 상 근 학

옛날 공자는 항탁을 찾아가 배웠다.
옛날의 성현도 이렇게 배움을 숭상했다.

趙中令, 讀魯論. 彼既仕, 學且勤. ⑱

조 중 령 독 노 론 피 기 사 학 차 근

조보趙普는 중령의 관직에 올랐으나 항상 『논어』를 읽었다.
그는 이미 고관高官이 되었지만 이렇게 열심히 공부했다.

공자는 동양문화에서 성인으로 존경받는 인물이다.『삼자경』은 공자의 위대함을 담여시하고 있지만, 그의 위대함을 알려주기 위해『논어』의 구절을 소개하지는 않았다. 오히려 사실이라고 보기 어려운 구전으로 내려오는 일화를 소개하고 있을 뿐이다.

공자 모습

우리가 어떤 일을 하는 경우 마음을 다잡는 것이 중요하다. 또 새로운 정보를 얻거나 새로운 아이디어가 필요한 때 독서는 더할 나위 없이 좋은 방법이다. 책을 읽으면서 자기 자신을 단련시키고, 사색하면서 문제해결의 방도를 찾을 수 있다. 매일 책을 읽는 습관이 몸에 배면, 매일 새로운 토대를 만들어 그 위에서 일을 시작하는 효과를 얻을 수 있다. 북송의 재상을 지낸 조보가 근면하게『논어』를 읽었던 예시를 가지고 근면한 배움의 중요성을 제시하고 있다.

석 중 니   사 항 탁
昔仲尼 師項橐   공자의 이름은 구丘, 자字는 중니仲尼이다. 공자의 어머니가 니산尼山에서 기도하여 공자를 낳았으므로, 아들의 이름을 중니라고 불렀다고 한다. 사師는 명사로는 스승, 선생님, 동사로는 스승을 삼다, 또는 배운다는 의미이다. 항탁項橐은 노魯나라의 신동神童

으로 알려진 전설적인 인물이다. 전설에 따르면, 항탁이 7세 때 공자는 그를 찾아가 스승의 예를 갖추었다고 한다.

공자와 제자들이 여러 지역을 돌며 유세할 때의 일이다. 어느 날 마차를 타고 지나가던 공자는 길 위에서 흙으로 성城 쌓기 놀이를 하는 항탁을 만났다. 성질이 급한 자로는 빨리 길을 비키라고 소리를 질렀다. 그러자 항탁은 "마차가 성곽을 피해 돌아가야지 성곽이 마차를 피하겠느냐"라고 말하면서 길을 양보하지 않았다. 공자는 항탁이 총명하고 언변이 뛰어난 것을 보고 항탁이 쌓아놓은 성을 우회해서 전진했다. 그리고 나중에 다시 길에서 항탁을 만났다. 그러자 공자는 시험 삼아 이렇게 물었다. "사람이 살아가는 데는 해와 달과 별의 빛이 필요하고, 오곡의 먹을 것이 필요하다. 너는 하늘의 별이 몇 개이고, 땅위에 있는 오곡의 양이 얼마나 되는지 아는가?" 이것은 정확하게 답할 수 없는 문제로, 공자는 항탁의 지식을 물은 것이 아니라 그의 재치와 언변을 떠본 것이다. 항탁이 이렇게 답했다. "하늘은 높아서 헤아릴 수 없고, 땅은 넓어서 잴 수 없습니다. 단지 하루 낮과 하루 밤에 떠 있는 별과 일 년 일모작의 오곡이 있음을 알 수 있습니다." 공자는 항탁이 기지와 언변이 뛰어난 것을 확인했다. 공자는 자기보다 나은 사람이라면 누구에게나 배울 수 있다는 생각을 갖고 있었기 때문에 그를 스승처럼 대우했다. 이 이야기는 예로부터 널리 전해지는 이야기로, 배움에 대한 공자의 태도를 잘 보여준다.

古聖賢 尙勤學 고 성 현 상 근 학 성聖은 성인, 현賢은 현인이다. 상尙은 숭상한다는

의미의 동사 또는 '오히려', '도리어'라는 의미의 어조사로 읽을 수도 있다. 공자가 항탁을 스승으로 삼았다는 일화는 비록 실제 이야기가 아닐 수 있지만, 성인인 공자님조차도 이렇게 배움에 힘을 쏟았다는 것을 알려주는 이야기로서 의미가 있다. 사람이 아무리 널리 배워서 많은 지식을 가지고 있다고 해도 세상 모든 것을 알 수 있는 것은 아니다. 요즘은 전문가의 지식을 신뢰하지만 전문가라고 해서 모든 문제를 정확하게 오류 없이 아는 것은 아니다. 전문가이기 때문에 오히려 자기가 잘 아는 분야 이외에는 식견이 좁은 경우도 많다. 공자의 제자 번지樊遲가 공자에게 농사일에 대해 질문했다는 이야기가 논어에 나온다. 그러자 공자는 "나는 (농사일에 대해서는) 농부만 못하다"라고 대답했다. 그런 공자의 의도를 파악하지 못한 번지는 이번에는 채소 가꾸는 일에 대해 물었다. 공자는 "나는 (채소 가꾸는 일에 대해서는) 채소 농사꾼보다 못하다"라고 대답했다.[28] 배우는 사람, 질문하는 사람의 식견이 부족하면 정말 중요한 것을 배울 수 없다는 이야기이다. 번지가 조금만 더 총명해서 공자에게 인생의 도리에 대해 질문했다면, 훨씬 더 중요한 교훈을 얻을 수 있지 않았을까?

공자는 호학好學으로 유명했다. 인생의 많은 문제, 삶의 여러 주제에 대해 깊은 관심을 표명했고, 또 총명하고 재주가 많아서 배운 것을 빨리 이해하고 응용할 수 있었다. 그런 태도로 살다 보니 자연히 해박한 지식을 가지고 있었다. 그러나 해박함이 곧 공자의 위대함의 증거는 아니었다. 어릴 때 가난하고 비천했던 공자는 일정한 스승에게 배울 기회를 갖지 못했을 가능성이 높다. 그러나 공자는 언제, 어디서든 배울 수 있는 기회가 오면 그 기회를 놓치지 않고 묻고 이해하려고 했다. 그런 배움에 대한 열정과 진지함이 공자를 위대하게 만든 것이다. 이 문제에 대해 공자의 유명한 말이 있다. "세 사람이 함께 가면 반드시 나의 스승 될 사람이 있다. 그 좋은 점을 선택하여 따르고, 나쁜 점은 경계하고 그것으로 나를 변화시킨다."[29] 공자 시대에는 성인은 타고난 천재성을 가진 존재로 여겨졌다. 그런 타고난 천재성으로 모든 것을 아는 사람을 '생이지지生而知之', 줄여서 '생지生知'라고 부른다. 그러나 공자는 본인이 그런 '생지'의 천재가 아니라 배움에 뜻을 두고 노력을 통해 많은 것을 알게 된 사람이라고 스스로 말한다. 초학자가 반드시 새겨야 할 대목이다.

趙中令 讀魯論 조중령趙中令은 북송 초기의 재상 조보趙普(922~992)이다. 송나라 초기에 중서령中書令에 올랐기 때문에 세상 사람들은 그를 '조중령'이라고 불렀다. 〈노론魯論〉은 서한 초기 노나라에서 전수되고 있던 『논어』이다. 서한 초기 『논어』는 〈노론〉과 〈제론〉이 있었다고 한다. 현재 통용되고 있는 『논어』는 '노론'을 위주로 하면서, '노론'과 '제론'을 참작하여 만든 것이다. 조보는 북송의 개국공신으로 조광윤이 황제가 되는 것을 도왔다. 그는 또 남방을 평정하는 계책을 내놓는 등 큰 공을 세웠기 때문에 조광윤은 그를 발탁하여 재상으로 삼았다. 그러니 조보는 하급관리 출신이었기 때문에 어릴 적부터 본격적으로 공부를 시작한 다른 대신들에 비해 독서의 양이나 수준에서 부족한 점이 있었다. 조보는 그런 자신의 부족함을 보충하기 위해 시간만

나면『논어』를 읽었고, 또 일을 처리할 때는『논어』의 가르침을 응용하여 문제를 해결하려고 노력했다. 조보가 고관이 되어서도 부지런하게 배우고 독서하기를 좋아했던 예는, 성인이 되어서도 계속 공부하는 것의 중요성을 우리에게 알려주고 있다.

조광윤이 죽은 뒤, 황제를 계승한 태종 역시 조보를 재상으로 임명했다. 그러자 어떤 사람이 태종에게 조보를 모함했다. "조보는 단지『논어』만 읽었을 뿐 다른 책은 읽은 적이 없습니다." 태종은 조보에게 그 말이 사실인지 확인했다. 그러자 조보는 이렇게 말했다. "저는『논어』의 절반으로 태조가 천하를 얻을 수 있도록 도왔습니다. 그리고 앞으로는『논어』의 나머지 절반으로 폐하가 천하를 잘 다스릴 수 있도록 도우려고 합니다." 그 이후 "조보는『논어』절반으로 세상을 다스렸다"라는 말이 널리 퍼지게 되었다고 송대宋代에 편찬된『학림옥로鶴林玉露』에 전한다.

彼既仕 學且勤
피기사 학차근
사仕는 사환하다, 관리가 된다는 말이다. 옛날 사람들은 독서를 관리로 나아가는 준비 과정이라 생각했다. 조보는 이미 관리가 되었을 뿐 아니라, 일반인으로서는 최고의 위치라고 할 수 있는 재상이 되었으면서도, 배운 것을 실천에 옮길 수 있도록 읽고 또 생각하기를 그치지 않았다.

창조란 무無에서 유有를 만들어내는 것이 아니다. 앞선 사람들이 만든 것을 배우고 익혀 자기 시대에 필요한 방식으로 응용하여 시대의 문제를 해결하는 것이 진정한 창조이다. 따라서 무엇인가를 창조하기 위해서는 먼저 과거의 지식과 경험을 체계적으로 배우는 것이 중요하다. 배우는 사람은 수동적으로 과거의 지식을 배우는 것에 그치지 말고, 현재와 미래의 문제를 찾아내고, 그것을 해결하는 방법을 스스로 터득할 수 있어야 한다. 배운 것을 토대로 그것을 자기화하고, 과거를 토대로 새로운 것을 창조하는 것이 배움의 목표이다. 공자는 '학이시습學而時習'이라는 말을 통해 배움의 방법을 알려주고, '온고지신溫故知新'이라는 말을 통해 배움의 토대 위에서 문제를 해결하는 창조의 중요성을 강조한다.

3   역경을 이기고 독서에 힘쓴다

披蒲編, 削竹簡. 彼無書, 且知勉.   ⑥⑨

피 포 편   삭 죽 간   피 무 서   차 지 면

창포 잎으로 책을 만들고 죽편에 글을 새겼다.
그들은 책이 없었지만 오히려 배우기에 힘썼다.

頭懸梁, 錐刺股. 彼不教, 自勤苦.   ⑦⓪

두 현 량   추 자 고   피 불 교   자 근 고

상투를 들보에 묶고 송곳으로 허벅지를 찔렀다.
누가 독촉한 것이 아니라 스스로 분발하여 노력했다.

배움에서는 근면勤勉이 성공의 관건이다. 배움에는 여러 길이 있다. 어떤 사람은 훌륭한 스승의 가르침을 통해 배우고, 어떤 사람은 책을 스승 삼아 독학으로 배운다. 또 어떤 사람은 다른 사람의 어깨너머로 배우기도 하고, 몸소 체험하면서 배우기도 한다. 그러나 스승은 고사하고 책도 구할 수 없을 정도로 가난하지만, 배움을 포기하지 않고 남의 책을 빌려 필사한 다음, 그것을 공부하는 사람도 있다. 이 구절은 찢어지게 가난했으나 배움을 포기하지 않았던 두 사람, 노온서路溫舒와 공손홍公孫弘을 소개한다. 이어서 '극기'의 중요성에 대해 말한다. 공부할 때, 진지하게 공부에 매진하려고 하지만 졸음을 극복하기는 쉽지 않다. 손경孫敬의 '들보에 머리 묶기[두현량頭懸梁]'와 소진蘇秦의 '송곳으로 허벅지 찌르기[추자고錐刺股]'는 공부에 각고의 노력을 다한 대표적인 예로 자주 이야기된다.

披蒲編 削竹簡 [피 포 편 삭 죽 간]

피披는 손으로 펼치는 것이다. 포편蒲編은 창포 잎을 펼쳐서 묶은 것이다. 말하자면 창포 잎에 글씨를 쓰고 묶어서 만든 책이다. 삭削은 깎는다는 뜻이다. 죽간竹簡은 대나무를 길게 자르고 표면을 깎아서 만든 책이다. 서한西漢의 노온서는 찢어지게 가난해서 책을 구입할 수 없었다. 배움에 굶주렸던 그는 창포 잎을 묶어서 책을 만들고, 이웃에서 빌려온 『서경』를 베껴 쓰고 반복해서 읽었다. 이렇게 남에게 빌린 책을 읽고 쓰고 독학으로 공부한 그는 현의 옥리獄吏직을 맡게 되었고 나중에는 태수太守직에까지 올랐다고 한다.

같은 서한의 공손홍은 치천菑川(지금의 산동성) 출신으로 젊어서 옥리가 되었지만 죄를 범하여 면직되었다. 수입이 없어 형편이 매우 어려워진 공손홍은 다른 사람의 돼지를 지키는 일을 했다. 그러나 공손홍은 이런 곤궁한 상황에서도 독서를 중단하지 않았다. 추운 겨울 대나무 숲에서 푸른 대나무를 잘라 죽편竹片을 만든 다음, 다른 사람에게 빌려온 책을 베껴 쓰면서 공부를 계속한 것이다. 한나라 무제 때, 높은 학문을 인정받은 공손홍은 승상으로 임명되어 무제의 개혁 정책을 입안했고, 뒤에 평진후平津侯에 봉해졌다.

彼無書 且知勉 피彼는 노온서와 공손홍이다. 노온서와 공손홍 두 사람은 찢어지게 가난했지만 배움과 공부를 중단하지 않았고 각고의 노력으로 마침내 자신의 처지를 변화시킬 수 있었다. 『삼자경』은 그 두 사람의 배움에 대한 열정과 의지를 강조함으로써 후학들을 권면한다. 후한의 채륜蔡倫이 종이를 발명하기 이전에는 비단이나 가죽, 죽간 등에 글을 베껴 쓰면서 공부했다. 가난한 사람은 그것조차 마련할 수 없었기 때문에, 공부할 방법을 찾기가 쉽지 않았다. 반면 요즘에는 공부할 수 있는 방법이 넘치고 넘쳐 오히려 이것이 공부를 방해하기도 한다. 하지만 가장 중요한 것은 공부에 대한 의지와 열정이다.

頭懸梁 錐刺股 현懸은 매달다는 뜻, 량梁은 들보이다. '두현량'이란 상투를 들보에 묶는 것이다. 추錐는 송곳, 자刺는 찌르다, 고股는 허벅지, 넓적다리이다. '추자고'는 송곳으로 넓적다리를 찌르는 것이다. 유명한 학자인 손경은 자字가 문보文寶였지만, 항상 문을 닫아걸고 책

을 읽었기 때문에 폐호선생閉戶先生이라는 별명으로 불렸다. 공부에 빠진 그는 새벽부터 늦은 밤까지 쉬지 않고 책을 읽었는데, 책을 읽다 가 피곤하면 잠을 쫓기 위해 머리 상투를 들보에 묶어서 잠을 쫓았다 고 한다. 한편, 소진은 전국 시대의 유명한 종횡가의 사상가이다. 그는 자기의 계책이 받아들여지기를 기대하고 여러 제후에게 유세遊說했지 만, 끝내 등용되지 못하고 낙담하여 집으로 돌아왔는데 아내는 물론 부모, 형수 모두로부터 비웃음을 받았다. 이런 수모를 당한 소진은 치 욕을 씻기 위해 이를 악물고 피나는 노력으로 독서에 정진했다. 책을 읽다가 졸려서 정신이 혼미해지면 송곳으로 자기 허벅지를 찔러 정신 을 차리고 다시 책을 읽었다고 한다. 이런 각고의 노력 끝에 소진은 자 기 생각을 전하기 위해 제후들에게 다시 유세를 시작했다. 결국 그는, 당시 서방의 강국 진秦이 떠오른 상황에서, 조, 제, 한, 연, 초, 위의 6국 이 연합해야 한다는 합종책合從策을 주장하여 6국 동맹을 이끌어내고, 자신은 연합국의 재상이 되었다. 소진이 제후들을 설득했던 말, "닭 머 리가 될지언정, 소꼬리가 되지 말라(진나라에 복종하여 속국이 되는 것보다는 작은 나라의 왕이 되는 것이 좋을 것이다)"는 천고의 명언으로 널리 회자되고 있다.

彼不敎 自勤苦 손경과 소진의 공통점은 스스로 자신의 한계를 자 각하고, 그것을 극복하기 위해 각고의 노력을 했다는 점이다. 『삼자 경』의 저자는 어린 학생들이 지나치게 편안한 환경 속에서 부모와 선 생의 도움에도 불구하고 스스로 자각과 분발심이 없는 것을 염려하고

있다. 배움에서 진정으로 중요한 것은 선생의 도움이나 환경이 아니라 스스로 성취하고자 하는 자각과 분발심이다. 자기 스스로 공부의 동기를 찾지 않는 한, 공부를 통해 무엇인가를 성취하는 것은 쉽지 않다.

4 가난에 굽히지 않는 향학열

如囊螢，如映雪．家雖貧，學不輟． ⑦1

여 낭 형　여 영 설　가 수 빈　학 불 철

반딧불이 주머니와 눈에 비친 달빛으로 독서한다.
비록 집이 가난해도 배움을 포기한 적이 없다.

如負薪，如掛角．身雖勞，猶苦卓． ⑦2

여 부 신　여 괘 각　신 수 로　유 고 탁

땔감을 지고 가며 읽거나 소뿔에 올려놓고 읽는다.
그들은 몸은 고달팠지만 고난 때문에 탁월함을 성취했다.

책에는 저자의 정신세계와 인격이 담겨 있다. 이 구절에서 『삼자경』은 어려운 상황에 처했으나 고난을 무릅쓰고 배움의 열정으로 독서에 매진했던 아름다운 예들을 보여주고 있다. 풍요가 넘치는 현대 사회에서는 거의 실감이 나지 않는 이야기이지만, 자신이 처한 환경에서 자신의 가능성을 실현하기 위해 노력하는 이야기는 언제 읽어도 감동을 준다.

요즘 학생들은 여러 가지 일을 하느라 독서할 시간이 거의 없다고 한다. 한순간이라도 스마트폰이 없으면 불안과 초조함을 느낀다는 사람이 대부분이지만, 손에 책이 없으면 불안해진다는 사람을 본 적은 없는 것 같다. 스마트폰이 알려주는 정보가 책이 알려주는 지혜를 대신한 지 오래되었지만, 스마트폰 때문에 사람들이 더 지혜로워졌다는 소식은 듣지 못했다. 카페나 도서관에서 토익공부나 시험공부에 몰두하는 사람들을 자주 목격할 수 있다. 그러나 인생의 지혜를 얻기 위해 고전을 읽고 사색에 빠진 사람을 찾기는 대단히 어려운 시대가 되어버렸다. 이런 시대일수록 저자의 인격과 정신의 고투를 담은 고전을 읽어야 하지 않을까?

如囊螢 如映雪

여 낭 형 여 영 설

낭囊은 명주 주머니, 형螢은 반딧불이다. 낭형囊螢은 반딧불이를 넣어 만든 얇은 명주 주머니이다. 진晉나라 때의 차윤車胤이 반딧불이를 넣은 명주 주머니를 책상 앞에 매달아 그 불빛을 이용하여 독서를 했다는 이야기는 『진서』에 전해지고 있다. 차윤은 어릴 적부터 독서를 좋아했지만 등잔불에 넣을 기름을 살 수 없을 정도로 가난했다. 낮에 책 읽을 시간을 낼 수 없었던 차윤은 여름밤에 들판을 날아다니는 반딧불이를 모아 얇은 명주 주머니 속에 넣고 그 빛을 이용해 책을 읽었다고 한다. 그렇게 어려운 환경에서 열심히 공부한 차윤은 형주자사 환온桓溫에게 발탁되어 벼슬을 시작했고 나중에 이부서경까지 올랐다.

영설映雪은 눈에서 반사된 빛이다. 진나라의 손강孫康은 독서를 좋아했지만, 호롱불 기름을 살 수 없을 만큼 집이 가난했다. 그러나 손강은 눈 더미에 반사된 빛을 이용해서 책을 읽을 정도로 배움에 대한 열정이 대단했다. 이렇게 배움에 매진한 손강은 나중에 유명한 학자로 이름을 날렸고, 관직은 어사대부에 올랐다. 차윤과 손강의 이 이야기에서 '형설지공螢雪之功'이라는 성어가 만들어졌다.

家雖貧 學不輟
가 수 빈 학 불 철

철輟은 멈춘다, 어떤 일을 중도에 포기한다는 말이다. 중국 역사에서 가난함에도 불구하고 배움을 포기하지 않았다는 이야기는 대단히 많다. 위 구절에서 언급한 손강이나 차윤을 비롯하여 공자, 구양수, 송렴이 모두 그런 예이다. 당나라 때의 고승 황벽黃檗 선사는 뼈를 깎는 노력 없이 큰 성취를 이룰 수 없다는 지극히 단순한 도리를 시로 표현하여 감동을 안겨주고 있다. "뼈를 뚫는 추위를 견디지 않고 매화가 어찌 코를 찌르는 향기를 뿜을 것인가?[不經一番寒徹骨, 焉得梅花撲鼻香]"

如負薪 如掛角
여 부 신 여 괘 각

신薪은 땔감이다. 부신負薪은 땔감을 짊어진다는

말이다. 또는 출신이 미천하고 가난하다는 것을 나타내는 은유로 사용되기도 한다. 괘掛는 걸쳐놓는다는 말이고, 각角은 여기서는 쇠뿔을 말한다.

주매신朱買臣(?~기원전 115)은 서한西漢 때 사람이다. 그는 나이 40세가 넘도록 땔감 장사로 생계를 꾸렸지만, 어떤 경우에도 독서를 멈추지 않았다. 산에서 나무를 할 때는 나무 아래에 책을 펼쳐두고 읽었고, 땔감을 짊어지고 돌아올 때는 나뭇짐 앞부분에 책을 매달고 소리내어 읽으면서 걸어갔다. 함께 땔감을 짊어지고 뒤따르던 아내는 사람들이 조롱하므로 그런 행동을 하지 말라고 했지만, 그는 아내의 말을 듣지 않았고, 결국 아내는 주매신과 이혼하고 다른 사람과 결혼했다. 나중에 높은 학식을 갖추게 된 주매신은 무제武帝에게 발탁되어 회계현会稽縣 태수가 되었다. 임지에 도착한 주매신은 군중 속에 있던 옛아내를 발견하고 그녀를 관저로 부르기 위해 가마를 보냈다. 하지만옛 아내는 부끄러워 자살하고 말았다고 한다.

이밀李密(582~618)은 수나라 말기 무장봉기로 유명한 와강군瓦崗軍의 수령이었다. 귀족 출신인 이밀은 문무를 겸비한 인재였다. 특히병서를 즐겨 읽던 이밀은 아버지의 직위를 세습하여 궁중 친위대로근무했지만, 학문에 전념하기 위해 사표를 낼 정도로 책읽기를 좋아했다. 당시 사람들은 소를 타고 외출했는데, 이밀은 시간을 아끼기 위하여 소를 타고 외출할 때 황소의 양쪽 뿔 위에 『한서』등의 책을 걸어놓고 읽었다고 한다. 한 손으로는 소의 고삐를 잡고 다른 한 손으로는 책장을 넘기면서 독서에 몰두했던 것이다. 수나라의 서경령이었던 월국공越國公 양소楊素는 그의 비범함을 알아보고 자기 아들로 하여금 이밀과 친밀하게 지내도록 권했다. 이윽고 수 왕조에 반대하는 전국적인 봉기가 일어났을 때, 이밀은 와강군의 수령이 되어 중원 지역의 넓은 땅을 확보했다. 나중에 이밀은 당 왕조에 투항하고 형국공邢國公에 봉해졌다.

身雖勞 猶苦卓 고탁苦卓은 각고의 노력으로 탁월한 성취를 이룬다는 의미이다. 『삼자경』의 이 구절은 네 명의 인물을 예로 들어 독서의 중요성을 강조하고 있다. 가난하고 어려운 환경에도 불구하고 독서에 매진했던 차윤과 손강, 독서를 위해 촌음도 아껴 쓴 주매신과 이밀, 배움과 독서를 향한 이들의 열정은 오늘날에도 고사성어로 전해지고 있다.

5   늦게 시작하면 후회한다

蘇老泉, 二十七, 始發憤, 讀書籍.   ⑦⓷

소 노 천   이 십 칠   시 발 분   독 서 적

소노천은 27세 때에
처음으로 발분하여 책을 읽었다.

彼旣老, 猶悔遲. 爾小生, 宜早思.   ⑦⓸

피 기 로   유 회 지   이 소 생   의 조 사

그는 나이 들어 늦게 시작한 것을 후회하였다.
너희 젊은이는 일찍 독서에 뜻을 두어야 한다.

소순蘇洵은 27세에 독서에 뜻을 두고 공부를 시작했고, 훗날 위대한 학자로 성장했다. 하지만 훗날 나이가 든 소순은 자신이 공부를 너무 늦게 시작했다는 사실을 후회하고 젊은이들에게 공부는 어린 시절에 시작해야 한다고 권고했다. 『삼자경』은 소순의 이야기를 통해 두 가지를 말하려고 한다. 하나는 학문은 언제 시작하든지 때늦은 것은 아니라는 점이다. 소순 본인은 비록 어리지 않은 27세에 학문을 시작했지만 나중에 큰 학문적 성취를 이루었음이 그것을 보여준다. 다른 하나는 학문은 언제 시작하든지 늦지 않지만, 소순은 너무 늦게 시작했기 때문에 도달점이 낮았던 것을 후회했다는 점이다. 소순은 워낙 명민한 사람이라 비록 늦게 시작했어도 큰 성취를 거둘 수 있었지만, 보통 사람은 아마도 그렇지 못했을 것이다. 따라서 어떤 일을 평생의 목표로 삼아 시작하기에 적당한 나이는 대개 15세에서 25세 정도라고 본다. 늦게 시작해도 자질이 좋다면 너무 늦은 것은 아니겠지만, 어릴 때 시작하는 것이 목표에 도달하기가 조금 쉬울 수 있다.

蘇老泉 二十七 소노천蘇老泉은 송나라의 유명한 문장가 소식蘇軾의 부친 소순蘇洵(1009~1066)이다. 별호를 노천老泉이라고 했기 때문에 소노천이라고도 한다. 자字는 명윤明允이고 미산眉山(지금의 사천성) 출신이다. 그는 27세가 되어서야 비로소 학문에 전력할 것을 결심하고, 1년 뒤 진사進士 시험과 수재秀才 시험에 참가했지만 모두 불합격했다.

始發憤 讀書籍 발분發憤은 분발하고 노력하는 것이다. 『논어』에서

공자는 '발분망식發憤忘食', 즉 식사하는 것을 잊을 정도로 학문에 열중했다고 한다. 27세에 과거에 불합격한 소순은 발분하여 평소 자신이 쓴 글을 전부 불태우고 문을 걸어 잠그고 독서에 몰두했다. 그 후 소순은 〈육경〉과 제자백가의 문장에 통달했고, 일단 붓을 들면 순식간에 수천 자를 써내려 갈 정도로 내공이 깊어졌다고 한다.

소순은 50세가 지나서 아들 소식蘇軾, 소철蘇轍과 함께 수도 개봉에서 한림학사 구양수歐陽修를 만났다. 구양수는 그들의 글을 읽은 뒤, 그들의 문집 22편을 황제에게 추천했다. 그 이후 수많은 사람들이 소순과 소씨蘇氏 두 형제의 글을 베껴 쓰기 시작하여 소씨의 풍격을 모방했다고 한다. 나중에 조정은 소순을 비서성秘書省의 교서랑校書郎에 임명했다. 중국문학사에서는 소순과 그의 두 아들 소식, 소철을 함께 '삼소三蘇'라고 부른다. 그들은 당송팔대가唐宋八大家로 자리매김했다.

피 기 로 유 회 지
彼旣老 猶悔遲   피彼는 소순을 가리킨다. 회悔는 후회한다, 지遲는 늦다는 의미이다. 소순이 27세에 독서를 시작했다는 것은 『송사』「소순전」에 보인다. 지금으로 따지면, 27세가 아주 나이가 많다고 하기는 어렵지만, 당시에 8세가 되면 소학小學에 들어가고 15세가 되면 대학大學에 들어갔던 것을 생각하면, 소순이 학문을 시작한 나이는 늦은 편이다. 『논어』에서 공자는 "나는 열다섯에 학문에 뜻을 세웠다"[30]라고 말하고 있다. 젊어서 뜻을 바로 세우지 못하면 소순처럼 천부적인 자질을 갖춘 사람도 후회하게 된다는 사실에 주의해야 한다. '회지悔遲'라는 말을 새겨야 할 것이다.

爾小生 宜早思 이爾는 너, 너희들, 소생小生은 후배, 젊은이, 어린 학생이라는 의미이다. 의宜는 '마땅히'라는 의미의 부사(어조사)이다. 늦어서 후회하지[悔遲] 말고 일찍 뜻을 세우라고 젊은이에게 주는 당부이다. 춘추 시대 진晉나라에 사광師曠이라는 악사가 있었다. 그는 실명했지만 배우기를 좋아하여 음악에서 일가를 이루었다. 하루는 진평공晉平公이 사광에게 물었다. "내 나이가 이미 70인데 배우기를 좋아한다. 그러나 너무 늦은 게 아닌지 두렵다." 사광이 이렇게 대답했다. "왜 촛불이라도 잡지 않으십니까?" 그 말을 들은 평공이 화를 내면서 이렇게 말했다. "그대는 신하로서 주군을 희롱하는가?" 그러나 사광은 이렇게 대답했다. "눈 먼 신하가 어찌 감히 주군을 희롱하겠습니까? 제가 들으니, 어려서 배우기를 좋아하는 것은 마치 해가 떠오르는 것과 같고, 장년이 돼서 배우기를 좋아하는 것은 마치 한낮의 태양빛 같고, 노년이 되어 배우기를 좋아하는 것은 촛불의 밝음과 같다고 했습니다. 촛불의 밝음이 어둡게 암중모색하는 것보다는 낫지 않겠습니까?" 평공이 이 말을 듣고 감탄하면서 말했다. "좋은 말이로다."[31]

6 82세의 장원급제

若梁灝, 八十二, 對大廷, 魁多士. ⑦⑤

약 양 호　팔 십 이　대 대 정　괴 다 사

양호는 82세에 과거시험을 봤는데
전시에서 황제의 질문에 대답하여 장원을 차지했다.

彼旣成, 衆稱異. 爾小生, 宜立志. ⑦⑥

피 기 성　중 칭 이　이 소 생　의 입 지

그는 성공을 거두었으니 많은 사람이 경이롭게 여겼다.
너희 어린 학생은 마땅히 학문에 뜻을 세워야 한다.

여기서는 북송北宋의 양호梁灝가 82세에 장원급제한 고사를 통하여, 뜻이 있는 사람은 마침내 성취하므로, 청년들도 하루 빨리 뜻을 세우라고 격려하고 있다. 양호는 82세에 뒤늦게 겨우 과거시험에 합격하여, 궁정의 전시에서 황제가 제출한 문제에 막힘없이 대답하여, 많은 과거 합격자 가운데 으뜸을 차지했다. 그는 저처럼 연로한 나이에 성공을 획득했으니, 많은 사람들이 그를 매우 경이롭게 여기며 감탄했다. 어린 학생들은 젊은 나이에, 반드시 학문에 뜻을 세우고 노력해서 늙을 때까지 게을리해서는 안 된다.

若梁灝 八十二   양호는 오대 말기에서 북송 초기를 살았던 사람이지만, 그에 대해 더 자세한 것은 알려지지 않았다. 단지 그가 82세에 과거에 응시하여 진사가 되었다는 말이 전해지고 있을 뿐이다. 그러나 일부 문헌에서는 양호梁灝를 양호梁顥라고도 표기하고 있는데, 만일 그의 이름이 양호梁顥라면 '82세 장원'이라는 것은 사실이 될 수 없다. 왜냐하면 양호梁顥는 963년에 태어나서 1004년에 40세의 나이로 죽었다고 되어 있기 때문이다. 그는 23세에 과거에 합격하고 진사進士가 되었는데, 『둔재한람遁齋閑覽』이라는 책에서 잘못 기록되었기 때문에 '82세 장원'이라는 성구가 나왔다고 한다.[32]

對大廷 魁多士   대對는 황제의 질문에 대답하는 것이다. 대정大廷은 조정이다. 괴魁는 우두머리라는 뜻으로, 과거에 합격한 진사 중 일등, 즉 장원을 의미한다. 사士는 과거를 준비하는 독서인을 가리킨다.

과거의 마지막 시험은 전시殿試로서, 황제 앞에서 황제의 질문에 답하는 것이다. 그 전시에서는 합격자의 순위를 결정하는데, 여러 수험생 중에서 수석을 괴, 즉 장원이라고 부른다.

彼旣成 重稱異 피彼는 양호이다. 이異는 다르다, 이상하게 여긴다는 뜻이다.『송사』「양호전梁顥傳」에 의하면 양호의 아버지는 일찍 사망했고 숙부가 양호를 길렀다고 한다. 양호는 각고의 노력으로 독서에 열중했으나 진사에 합격하지 못하다가 옹희雍熙 2년(985) 23세 때 과거에 합격하여 진사가 되었다. 따라서 82세에 장원에 합격했다는 기술은 사실과 부합하지 않는다. 하지만 위와 같은 역사적 사실의 진위 여부는 그다지 중요하지 않다.『삼자경』은 양호가 어려서부터 배움의 의지를 관철하여 장원에 합격하는 성과를 거두었음을 강조하고 있다.

爾小生 宜立志 이爾는 2인칭 대명사로 너, 너희들이라는 말이다. 소생小生은 후학, 즉 어린 학생이다. 초학자는 이런 사람을 모범으로 삼아 젊을 때부터 각고의 노력으로 뜻을 세워 준비해야 한다.『삼자경』의 저자는 비록 때를 만나지 못하더라도 스스로 포기하지 않고 온 마음으로 공부하면, 비록 80세가 되어도 성공할 수 있다는 메시지를 전하고 싶었던 것이다. 유학에서는 공부하는 초학자가 가장 먼저 해야 할 일은 한 사람의 인간으로 자립하겠다는 의지를 확립하는 것이라고 말한다. 그것을 '입지立志'라고 말한다.

7 어린 영재의 성공

瑩八歲, 能詠詩, 泌七歲, 能賦碁. ⑦

영 팔 세　능 영 시　필 칠 세　능 부 기

조영祖瑩은 8세에 『시경』을 암송할 수 있었고,
이필李泌은 7세에 '바둑'에 대한 시詩를 지었다.

彼穎悟, 人稱奇. 爾幼學, 當效之. ⑱

피 영 오　인 칭 기　이 유 학　당 효 지

그들은 총명한 인물로 기재奇才라고 칭찬받았다.
너희 초학자들은 마땅히 그들을 본받아야 한다.

북제北齊의 조영祖瑩과 당唐의 이필李泌은 7, 8세의 어린 나이에『시경』을 암송하고 주제에 맞는 시詩를 지을 수 있었다. 그들은 어려서부터 보통 사람을 뛰어넘는 총명함과 민첩함을 드러냈기 때문에 사람들은 모두 그들을 특별하다고 생각했다. 여기서는 이제 막 공부를 시작하는 학생들에게 그들을 잘 본받아 학습에 열중할 것을 권하고 있다.

영 팔 세 능 영 시
瑩八歲 能詠詩　　영瑩은 북제 사람 조영이다. 자字는 원진元珍, 범양주范陽遒(지금의 하북河北) 출신이다. 그는 겨우 8세에『시경』과『서경』을 암기했고, 밤낮으로 책읽기를 멈추지 않았다고 한다. 그의 부모는 아들의 건강을 걱정하여 독서를 금지했지만, 조영은 부모가 잠든 후에 몰래 책을 읽었다. 그래서 그의 친척들은 조영을 '신성한 아이[聖小兒]'라고 불렀다고 한다. 북위의 효문제는 그의 재능을 칭찬하여 태상경太常卿에 임명했다.

필 칠 세 능 부 기
泌七歲 能賦碁　　필泌은 당나라의 이필李泌이다. 자字는 장원長源, 경조京兆(지금의 서안) 출신이다. 부賦는 시의 한 형태이다. 부기賦棋는 바둑[棋]에 관한 시이다. 이필은 겨우 7세에 뛰어난 문장을 지었다. 당나라 현종은 이필이 나이는 어리지만 남다른 학문 역량을 가진 것을 듣고 그를 궁으로 불렀다. 때마침 장열張說과 함께 바둑을 두고 있던 황제는 '방方', '원円', '동動', '정静'이라는 글자를 사용하여 부를 짓게 했다. 그러자 장열은 "방은 바둑의 판과 비슷하고, 원은 바둑알과 비슷하고, 동은 바둑 두기이며, 정은 바둑 두기를 그만두는 것이다"라고 대답

했다. 그러자 이필은 "방은 올바른 행동양식을 닮았고[方若行義], 원은 운용의 지혜를 닮았고[圓若用智], 동은 재화를 사용하는 것을 닮았고[動若騁材], 정은 목표를 달성한 것을 닮았다[靜若得意]"라고 말했다. 사각형의 바둑판은 도의에 따른 행동을 상징하고, 둥근 바둑알은 지혜를 사용할 때의 융통성을 상징하고, 움직임은 재화를 사용할 때의 적극적인 실행을 상징하고, 고요함은 성공을 손에 넣은 다음에 평정심을 회복하는 것을 상징한다는 것이다. 이런 설명을 들은 현종은 크게 기뻐했다. 그 후에 숙종은 이필의 재능을 대단히 높게 평가하여 재상보다 높은 권력을 가진 대부大夫로 임명했다.

彼穎悟 人稱奇
피영오 인칭기

彼彼는 조영과 이필 두 사람이다. 영오穎悟는 총명함이다. 조영과 이필은 보통 사람보다 뛰어난 천부적인 자질을 가지고 있었던 것은 아니다. 그들은 어린 나이에 발분 노력했기 때문에 결국 탁월한 성과를 거두었고, 인생의 목표를 실현할 수 있었다. 보통 사람들은 그들의 성공을 천부적 자질 탓으로 돌리지만, 사실은 부단한 노력의 결실이라고 보아야 한다.

爾幼學 當效之
이유학 당효지

앞에서는 82세에 장원 급제했던 양호의 사례를 제시했다. 그러나 여기서는 어려서 두각을 나타낸 소년 영재 이야기를 하고 있다 『삼자경』의 주요 독사늘의 나이와 비슷한 7~8세에 두각을 드러낸 영재의 이야기를 통해 어린 시절의 발분이 얼마나 중요한지 말해주고 있다.

8 여성교육의 성과

蔡文姬, 能辨琴, 謝道韞, 能詠吟. ㉕

채 문 희 능 변 금 사 도 온 능 영 음

채문희는 어려서부터 거문고 소리를 구별할 수 있었으며,
사도온은 어려서부터 시를 읊을 수 있었다.

彼女子, 且聰敏. 爾男子, 當自警. ㉘

피 여 자 차 총 민 이 남 자 당 자 경

그들은 여자였지만 이처럼 총명하고 기민했다.
너희는 남자로서 마땅히 스스로 경계해야 한다.

귀감이 될 만한 재능이 뛰어난 여성을 어린 학습자들에게 소개하고 있다. 왜 재능 있는 여성을 예로 들어서 어린 학생들의 학습을 격려했을까? 고대에는 남존여비 관념 때문에 여성은 재능이 부족하다고 믿었다. 그 결과 독서와 글쓰기는 남성의 전유물이라고 생각하고 여성에게는 글공부를 가르치지 않는 경우가 많았다. 그런 차별적인 상황 속에서도 채문희蔡文姬와 사도온謝道韞은 글에 있어서 남성 이상의 재능을 발휘했다. 여기서는 그런 뛰어난 여성을 예로 들어 어린이들에게 귀감을 제시하고 있다.

蔡文姬 能辨琴
채 문 희 능 변 금

채문희는 동한東漢 때의 유명한 문학가이다. 그녀는 진류陳留(지금의 하남성) 출신으로 아버지가 문학가이자 사상가로 유명한 채옹蔡邕이다. 변금辨琴은 거문고 소리를 듣고 연주자의 뜻을 헤아리는 능력이다. 아버지 채옹은 조조曹操의 친구이자 스승으로 천문과 음률에도 정통했다. 그런 아버지 밑에서 자란 채문희 역시 자연스럽게 음률에 밝아서 아버지가 연주하는 거문고의 몇 번째 줄이 끊어졌는지 연주를 들으면서 찾아낼 정도였다고 한다. 충신이었던 채옹은 동탁董卓이 정권을 농단하는 상황에서 자주 시대를 걱정하는 마음을 실어 거문고를 연주했다. 채문희는 아버지가 연주하는 거문고 소리에서 느껴지는 살의殺意를 통해 장차 고난이 다가올 것을 감지했다. 나중에 채옹은 죄를 입어 죽음을 맞게 되었고 채문희는 흉노족의 포로가 되었는데, 채문희의 재능을 안타깝게 여긴 조조가 천금을 주고 채문희를 구해냈다고 한다.

師道韞 能詠吟 사도온은 동진東晉 시기 양나라 양하陽夏(지금의 하남성 태강) 출신으로 진晉나라의 귀족이었던 사안謝安의 조카딸로서, 총명하고 글재주가 뛰어난 시인이었다. 영음詠吟의 영詠이나 음吟은 모두 시를 짓거나 읊조린다는 의미이다. 383년 전진前進의 군주 부견符堅이 백만 대군을 이끌고 동진을 공격했을 때, 동진의 최고 총수였던 사안은 겨우 8만 명의 군대로 비수淝水에서 전진의 대군을 격퇴했다. 그런 사안이 조카들과 함께 글쓰기에 대해 논할 때의 이야기가 전하고 있다. 때마침 넓은 뜰에 눈이 내리고 있었다. 그 광경을 본 사안이 칠언시七言詩로 물었다. "흰 눈이 어지럽게 날리는 것은 무엇과 비슷한가[白雪紛紛何所似]?" 그러자 조카 사랑謝朗은 "공중에 소금을 뿌린 것과 비슷합니다[撒鹽空中差可擬]"라고 시로 대답했다. 하지만 사안은 그런 비유가 무언가 미진하다고 여겼다. 그때 사도온이 "버들개지 바람 타고 일어남만 못하다[未若柳絮因風起]"라고 답했다. 버들개지가 한창 날아오르는 계절에 한바탕 바람이 불면 버들개지가 하늘 가득하게 날아오르는 광경이 눈이 내리는 모습과 비슷하지만, 눈 내리는 광경이 그보다는 덜 장관이라는 것이다. 이 말을 들은 사안이 사도온을 칭찬하자 사람들이 사도온을 '영서재詠絮才'라고 부르게 되었다고 한다.

彼女子 且聰敏 피彼는 위에 나온 채문희와 사도온이다. 차且는 '더구나', '게다가', '한층 더'라는 의미의 부사어이다. 총민聰敏은 총명하고 민첩하다는 말이다. 당시에는 책을 읽고 지식을 쌓는 것뿐만 아니라, 음악적 재능, 시를 짓는 능력 등도 중요한 교양으로 여겨졌다. 뜻

을 세우고 세상에서 활동하기 위해서는 이런 예술적, 문학적 감각을 갖출 필요가 있다고 생각했기 때문이다. 채문희와 사도온은 교육의 사각지대에 놓여 있던 여성이지만, 많은 교육을 받은 평범한 남자들보다 오히려 더욱 뛰어난 예술적, 문학적 능력을 발휘했기 때문에 세상에 널리 이름을 알릴 수 있었다.

爾男子 當自警　자경自警은 스스로 경계하고 각성하는 것이다. 『삼자경』의 저자는 공부하는 학생들이 원대한 지향을 가지고 자신을 반성하며 분발하고 노력할 것을 당부한다. 한편, 한문 문체 중에는 '자경문自警文'이라는 것이 있는데, 글자 그대로 스스로를 경계하기 위해 짓는 일종의 좌우명으로, 자신의 생각과 행동을 반성하면서 자신을 바로 세우고자 하는 자기 수양의 한 방법이다. 우리에게 널리 알려진 것으로는 율곡 이이가 쓴 「자경문」이 있다.

9 뛰어난 역량을 본받다

唐劉晏, 方七歲, 擧神童, 作正字.

당 유 안   방 칠 세   거 신 동   작 정 자

彼雖幼, 身已仕.

(81)

피 수 유   신 이 사

당나라의 유안은 겨우 일곱 살에 신동으로 추천되어
정자 직책을 담당했다.

그는 비록 어렸지만 일찍이 벼슬에 나갔다.

爾幼學, 勉而致. 有爲者, 亦若是.

(82)

이 유 학   면 이 치   유 위 자   역 약 시

따라서 너희 초학자들은 근면하게 배워야 한다.

무언가를 성취한 사람은 모두 이렇게 했기 때문이다.

『삼자경』에서는 중국 역사상 유명한 신동이 여럿 소개되고 있다. 공융, 채문희, 유안 등이다. 이런 신동들의 공통점은 다른 사람의 생각을 무조건 따르기보다는 독립적으로 사고하면서 창의적인 의견을 제시한다는 점이다. 배움에 온 힘을 다할 뿐 아니라 상상력이 뛰어나다는 점도 그들의 공통점이라고 말할 수 있다. 그들은 강렬한 지적 욕구는 물론 사고력, 상상력이 같은 나이의 어린이에 비해 월등하다. 여기서는 당나라의 유안劉晏이 나이 7세에 관리가 된 고사를 통하여 오로지 학습에 뜻을 두고 노력하면 성공한다는 것을 강조하고 있다.

唐劉晏 方七歲 당유안 방칠세　유안劉晏은 당나라 때 유명한 정치가였다. 그는 자字가 사안士安이고 조주曹州의 남화南華(지금의 동하東荷) 사람이었는데, 7세에 신동으로 이름이 알려졌다. 『당서』 「유안전」에 따르면, 당나라 현종玄宗이 태산泰山에서 천신天神과 지신地神에게 제사를 올릴 때, 겨우 7세밖에 되지 않은 유안이 스스로 황제를 찾아가 송頌을 올렸다고 한다. 현종은 몇 가지 질문을 한 뒤, 유안의 남다른 재능과 천재성을 알아차리고 즉시 한림정자翰林正字라는 관직을 제수하게 했다고 한다.

擧神童 作正字 거신동 작정자　거擧는 본래 과거시험에 응시하는 것이다. 과거에 합격하면 '거인擧人'이라는 명칭을 부여하는 것이 그 때문이다. 총명한 어린이가 동자과童子科에 합격하면 관리가 되는 길이 열렸다. 하지만 여기서는 동자과를 통과했다는 말이 아니라, 신동으로 황제에게 추천되었다는 말이다. 정자正字는 서적의 교감校勘, 즉 문자를 비교하여 검

열하는 직책이다.

彼雖幼 身而仕 ^{피 수 유 신 이 사} 정자라는 관직은 높은 벼슬은 아니지만, 어린 나이에 황제로부터 관직을 얻었다는 점에서 큰 의미가 있다. 그 이후 유안은 그 시대의 신동이라고 이름을 알렸다. 어느 날 황제가 유안에게 "그대는 정자가 되어서 몇 자를 바로잡았는가?"라고 물었다. 그러자 유안은 "모든 글자가 바른데 오직 붕朋 자 한 글자가 바르지 않습니다. 대체로 붕 자는 두 개의 월月 자와 비슷하여 형체가 바르지 않습니다"라고 대답했다. 당시 황제의 총애를 받는 신하들이 붕당朋黨을 만들어 정치를 어지럽히는 것을 풍자한 것이다. 나중에 유안은 '안사의 난' 이후 무너진 국가의 재정을 회복하고 재건하기 위해 경제정책을 개혁하는 데 노력했다고 한다. 그 결과 당나라는 경제를 회복하고 발전할 수 있었다.

爾幼學 勉而致 ^{이 유 학 면 이 치} 유학幼學은 벼슬하지 않은 어린 학생이다. 여기서는 10세 전후의 어린이를 가리킨다. 면勉은 힘쓰다, 노력한다는 의미이다. 치致는 어떤 목표에 도달하는 것이다. 초학자에게 배움에 힘써 목표와 꿈을 실현하라고 당부하고 있다.

有爲者 亦若是 ^{유 위 자 역 약 시} 위爲는 의도적 노력이다. 따라서 유위有爲는 의도적인 노력을 통해 어떤 일을 성취한다는 의미이다. 유학에서는 어떤 위대한 성취를 이룬 사람을 신적 존재로 받들어 제사하는 관습이 있

었는데, 세상 사람의 제사를 받는 인물은 '불후不朽'를 획득한다고 보았다. 공자나 관우 같은 사람을 생각하면 이해하기 쉽다.『춘추좌전』에서는 불후의 존재가 되는 세 가지 길, 즉 '삼불후'를 제시한다. "덕으로 세상에 도움이 되는 것[立德], 공적을 쌓는 것[立功], 말과 가르침을 남기는 것[立言]"이다. 독서인이 지향하는 '입신양명'이란 결국 이런 '불후'의 존재가 되는 것과 다름없다. (나중에 '양명揚名'을 다룰 때 다시 언급한다.)

10 사람다움은 배움으로 완성된다

犬守夜, 鷄司晨. 苟不學, 曷爲人. ⑧⑧

견 수 야　계 사 신　구 불 학　갈 위 인

개는 밤에 집을 지키고, 닭은 이른 아침을 살핀다.
사람이 배우지 않으면 어찌 사람이 되겠는가?

蠶吐絲, 蜂釀蜜. 人不學, 不如物. ⑧⑧

잠 토 사　봉 양 밀　인 불 학　불 여 물

누에는 실을 토해내고 벌은 꿀을 만든다.
사람이 배우지 않으면 벌레만도 못하게 된다.

사람은 배우지 않으면 인간으로서의 기본을 갖추지 못한다. 동물은 본능에 따라 움직이기 때문에 배우지 않고도 많은 것을 할 수 있다. 그러나 본능이 거의 죽어버린 인간은 후천적인 배움을 통하지 않고는 제대로 사람으로서의 역할을 하지 못하게 된다. 배움에는 책을 통한 것도 있지만 몸의 훈련이나 수련을 통해 익히지 않으면 안 되는 것도 있다. 어느 쪽이든, 남에게 도움이 되는 사람이 되기 위해서는 일정한 수준의 전문성을 갖출 필요가 있다. 전문성을 갖추기 위해서는 확고한 방향성을 가지고 노력해야 한다.

犬守夜 鷄司晨 수야守夜는 밤에 집을 지키는 것이다. 개의 역할이 그것이다. 사司는 직책을 완수한다는 말이다. 따라서 사신司晨은 새벽을 살피는 것이다. 닭의 역할이다. 개는 밤에 집을 지킨다. 닭은 울음으로 새벽을 알린다. 이처럼 사람이 기르는 가축도 타고난 본성으로 인간에게 많은 도움을 주고 있다.

苟不學 曷爲人 구苟는 여기서 '만일~하면'이라는 의미이다. 갈曷은 '어찌(=하何) ~하겠는가'라는 반어문을 이끈다. 사람은 사람답게 행동할 때 사람이라고 말할 수 있다. 사람은 배우지 않으면 사람 구실을 하기 어렵다. 여기의 '구불학苟不學'은 『삼자경』 시작 부분의 '구불교苟不敎'와 서로 수미首尾 호응하고 있다. "만일 가르치지 않으면 사람다운 본성을 잃게 된다"로 시작해서 "만일 배우지 않으면 사람이라고 할 수 없다"로 끝맺고 있다. 일본의 천년의 교과서로 알려진 전통 교재 『실

어교『實語敎』에서는 "옥도 갈지 않으면 광택이 나지 않고, 광택이 없으면 돌조각이나 기왓장과 다름없다[玉不磨無光, 無光爲石瓦]. 사람도 배우지 않으면 지혜가 없고, 지혜가 없으면 바보가 된다[人不學無智, 無智爲愚人]"라고 하면서 사람도 보석처럼 연마하는 과정인 절차탁마[切磋琢磨]가 필요함을 강조하고 있다. 동아시아의 초학교재들은 이렇게 인간답게 되기 위해서는 학습이 필요함을 공감하고 있었다.

蠶吐絲 蜂釀蜜　　잠蠶은 누에, 봉蜂은 벌이다. 누에는 타고난 능력으로 명주실을 토해낸다. 벌은 타고난 능력으로 꿀을 만든다. 개, 닭, 누에, 벌과 같은 동물이나 곤충은 배우지 않아도, 또 누가 시키지 않아도, 스스로 각자의 역할을 충실히 하면서 인간에게 도움을 준다. 그러나 사람은 배워야만 사람으로서의 맡은 바를 완수할 수 있다. 배움이 중요한 이유가 바로 이것이다.

人不學 不如物　　물物은 위에 나온 곤충이다. 세상의 만물은 모두 자연계에서 부여받은 역할과 능력을 가지고 있다. 그러나 본능이 무너진 존재인 사람은 그렇지 않다. 사람은 만물의 영장이라고 말하지만, 사실 배우지 않으면 동물이나 벌레만도 못한 존재가 될 수도 있다. 위대한 성인과 위대한 현인도 배움을 통해 그런 경지에 도달한 것이다. 유학은 배움을 통해 성인이 될 수 있다는 '성인가학聖人可學'을 기본 입장으로 한다. 『맹자』에는 "사람이 편하게 살면서 교육을 받지 않으면 금수에 가깝게 된다[逸居而無敎, 則近於禽獸]"는 경계의 말이 있다.

11 배운 것은 실천하라

幼而學, 壯而行. 上致君, 下澤民.　⑧⑤

유 이 학　　장 이 행　　상 치 군　　하 택 민

어려서 배워야 나이 들어 실행할 수 있다.
위로는 군왕을 섬기고 아래로는 백성을 풍요롭게 만든다.

揚名聲, 顯父母. 光於前, 裕於後.　⑧⑥

양 명 성　　현 부 모　　광 어 전　　유 어 후

이렇게 이름을 날리면 부모의 명예도 드러난다.
선조 앞에서 이름을 빛내고 후세에 모범이 된다.

현대는 평생교육 사회이다. 보통 '교육 과정'은 크게 다섯으로 나눌 수 있다. 태교, 유년교육, 초등교육, 중등교육, 고등교육이다. 그러나 최근에는 이런 교육 외에도 직업교육, 성인교육, 임종교육까지 다양한 형태의 교육을 받는다. 태어나서 죽을 때까지 평생, 교육을 받는다고 해도 과언이 아니다. 무엇을 위해 이런 교육을 받는 것일까? 누구나 자기만의 답을 가지고 있을 것이다. 청말의 개혁가이자 대학자였던 증국번曾國藩은 이렇게 말한다. "우리가 독서를 하는 것은 두 가지를 위해서이다. 하나는 진실하게 수양하는 방법을 구하기 위해서이고, 또 하나는 학업을 통한 사회진출을 위해서이다. 사람의 기질은 타고난 것으로 바꾸기 어렵다. 그러나 오직 독서를 통해서만 기질을 변화시킬 수 있다. 기질을 바꾸고자 한다면 우선 강건한 뜻을 세워야 한다." 현대적 의미에서 학교교육이 인격 수양을 추구하는 경우는 거의 없지만, 평생교육의 배움에서 의외로 많은 사람이 인격 수양을 추구하고 있음은 흥미로운 사실이다.

幼而學 壯而行　　유幼는 어리다는 의미이다. 장壯은 장성하다, 나이가 들었다는 의미이다. 행行은 가다, 행하다, 실천하다는 의미이고, 지행합일知行合一의 행行이다. 사람의 일생 중 유년기는 성현의 말씀을 배우는 시기이다. 그리고 성인이 되면 배운 것을 실천해야 한다. 어려서 배운 것을 나이 들어 실행에 옮기지 못한다면, 어린 시절의 배움은 아무 쓸모가 없는 것이 되고 만다. 여기서 배움은 기술이나 실용적 배움을 의미하는 것이 아니라, 사람됨에 대한 배움이다. 어른이 되어 실

행에 옮긴다는 것은 성인으로서 자신의 일을 책임지고 완수하는 사람이 된다는 것이다. 따라서 배운 것을 실행에 옮기지 못한다는 것은 나이가 들어도 사람됨을 갖추지 못하고 한 사람으로서 온전한 어른이 되지 못한다는 의미이다. 이런 사람은 자신에게는 물론 다른 사람에게도 도움이 되지 않는다.

상 치 군 하 택 민
上致君 下澤民　　치군致君은 관직에 나아가 군주를 섬기는 일이다. 국가를 다스리는 책무를 가진 군주를 섬기며 국가 다스리는 일을 보좌하는 것이다. 택민澤民은 관리로서 백성의 생명을 보호하고 삶을 윤택하게 만들도록 노력하는 것이다. 유학에서는 지식인이 배우고 독서하는 이유를 관직에 나아가, 위로는 군주에게 봉사하고 아래로는 백성의 어려움을 살피고 곤란을 해결해 주기 위해서라고 생각했다. 나 혼자 잘 먹고 잘 살기 위해서가 아니라, 군주를 돕고 백성을 돕는 것이 독서인의 책무라고 생각했던 것이다.

양 명 성 현 부 모
揚名聲 顯父母　　양揚은 밝은 기운을 드날리는 것이다. 현顯은 명예가 높아지는 것이다. 배움의 결과 사환의 기회를 얻게 되면, 위로는 군주를 돕고 아래로는 민중을 풍요롭게 만들 수 있다. 그리고 그런 공적을 이루고 나면 세상에 이름을 알리고, 세상을 위해 큰 공을 세운 명예를 획득할 수 있다. 그렇게 좋은 평판을 얻는 것이 양명揚名이다. 그렇게 되면 자신을 낳아주신 부모의 이름도 저절로 알려져 부모 또한 존경과 찬미를 받는다. 유학에서는 '삼불후三不朽'라는 사상이 있다. 살아

서 큰 덕德을 성취하거나, 위대한 말[言]을 남기거나, 위대한 공적[功]을 세운 사람은 사회적 의미에서 영원히 죽지 않는, '불후'의 존재가 된다는 생각이다. 여기서 말하는 '양명'은 결국 '불후'의 존재가 된다는 의미이다.

光於前 裕於後　_{광 어 전 유 어 후} 전前은 선조, 후後는 후손이다. 유裕는 풍요롭게 만든다는 의미이다. 양명揚名, 즉 불후의 존재가 되는 명예는 자신에게 그치는 것이 아니라 자손만대에 미친다. 공자의 경우를 생각해 보자. 공자는 '덕'과 '공', '언'의 삼불후를 모두 성취했기 때문에, 자손만대에 걸쳐 빛나는 명예를 남기고 있다. 본인이 충실한 배움을 통해 세상에 나가서 세상을 잘 이끌고 백성의 삶을 풍요롭게 만드는 일을 실행하게 되면, 그 영예는 본인에 그치는 것이 아니라 자손만대에 이어진다. 많은 사람이 오해하고 있지만, 유학에서 중시하는 '입신양명'이라는 목표는 단순히 '돈을 많이 버는 것'도 아니고 단순히 '이름을 날리는 것'도 아니다. 지식과 행동을 통해 명예로운 이름을 획득하는 것이 '입신양명'의 본래 의미이다.

12 자식에게 돈이 아니라 『삼자경』을 남겨준다

人遺子, 金滿籯, 我教子, 惟一經.   ⑧⑦

인 유 자   금 만 영   아 교 자   유 일 경

사람들은 자식에게 금을 한 바구니 남겨주지만,
나는 자식에게 삼자경 한 권을 가르칠 뿐이다.

勤有功, 戲無益. 戒之哉, 宜勉力.   ⑧⑧

근 유 공   희 무 익   계 지 재   의 면 력

노력하면 성과가 있고 놀면 이익이 없다.
경계하노니, 마땅히 배움에 힘써야 한다.

『삼자경』의 마지막 구절이다. 『삼자경』의 일관된 주제는 배움의 중요
성이다. 이 마지막 구절에서는 전체를 총괄하면서, 자식에게 유산으로
서 돈을 남겨주는 것보다는 『삼자경』을 가르치는 것이 더 중요하다는
사실을 강조하고 있다. 자식에게 재산을 남겨주는 것이 자식을 사랑하
는 방법이라고 믿는 것은 지금이나 천 년 전이나 변함없는 것 같다. 그
러나 『삼자경』의 저자는 그런 생각에 반대하고 자식에게는 돈이 아니
라 지식, 특히 인생을 바르게 사는 지식과 삶의 태도를 물려주는 것이
더 가치 있는 일이라고 말한다. 바른 인생의 지침으로서 『삼자경』을
능가하는 책이 없기 때문에, 『삼자경』 한 권을 제대로 가르치는 것이
더 바람직하다고 말한다.

인유자 금만영 아교자 유일경
人遺子 金滿籯 我敎子 惟一經　　　영籯은 대나무로 만든 바구니이다.
일경一經은 여기서는 『삼자경』을 가리킨다. 이 구절에서 저자는 자손
에게 온갖 물질적 풍요로움을 남겨주는 것보다는 한 권의 좋은 책을
잘 가르치는 것이 훨씬 의미 있는 일임을 강조한다. 세상 대부분의 부
모는 바구니 한가득 금은보화를 자식에게 남겨주는 것이 자식을 제대
로 사랑하는 방법이라고 생각한다. 그것은 동서고금을 막론하고 보통
부모의 마음인 것 같다. 하지만 『삼자경』의 저자는 그런 마음이 사실
은 잘못된 것이라고 지적한다.

　　『한서漢書』 「위현전韋賢傳」에는 "자녀에게 황금이 가득 찬 광주리
를 남겨주는 것보다는 한 권의 경서를 남겨주는 것이 더 낫다[遺子黃金
萬籯, 不如一經]"라는 유명한 구절이 나온다. 『삼자경』은 그 구절을 토대

로 3자 1구 형식으로 만든 것이라고 생각된다. "부자는 삼대를 못간다"는 속담이 있는 것을 보면, 많은 돈을 남겨주는 것이 자식을 위해 반드시 좋은 일이 아님을 알 수 있다. 돈이 많다고 해서 자식이 행복해진다는 보장은 없다. 오히려 돈 때문에 몸을 망치거나 인생을 망치는 경우가 적지 않다. 이 구절은 『삼자경』의 입장이 잘 드러나는 부분으로 자식을 가진 사람이라면 깊이 새겨야 할 대목이다.

勤有功 戲無益 戒之哉 宜勉力 근勤은 근면하다, 노력한다는 의미이다. 공功은 성과 혹은 효과이다. 희戲는 놀다, 쓸데없는 짓을 하면서 시간을 죽이는 것이다. 계戒는 경계한다는 말이다. 의宜는 '마땅히'라는 의미의 부사이다. 면勉은 노력한다, 힘을 쓴다는 말이다. 공부는 매일매일 반복하고 지속할 때 효과를 거둘 수 있다. 『삼자경』 역시 배움에서 게으름을 피우지 않고 노력하는 것의 중요성에 대해 말한다. 그렇게 노력할 때, 지식과 행동이 나아지는 성과를 거둘 수 있다. 그러나 어린아이가 스스로 자각을 가지고 미래를 기약하면서 성실하게 꾸준히 공부하는 것을 기대하기는 어렵다. 여기서 부모나 선생의 역할이 중요해진다. 아이가 마냥 노는 것에만 빠져들지 않고 배우는 것 자체에 흥미를 느낄 수 있도록 이끄는 것은 전적으로 부모나 선생의 책임이다. 어릴 때 배우지 않으면 나이 들어 후회하게 된다는 사실을 모르는 어른은 없다. 그러니 어린아이가 그런 자각을 갖는 것은 거의 불가능하기 때문이다.

북송의 황제 진종眞宗은 「권학문勸學文」이라는 글에서 "책 속에 황금처럼 화려한 집이 있고, 책 속에 옥처럼 아름다운 여인이 있다[書中自有黃金屋, 書中有女顔如玉]"라는 말로 독서의 소중함을 강조하고 있다. 배움은 자신의 삶을 풍성하게 만드는 일인 동시에 세상을 아름답게 만드는 일이기도 하다. 『삼자경』은 배움의 중요성을 강조하고 배움에 힘쓸 것을 권유하면서 책을 끝맺는다.

삼자경 모아 읽기

① 人之初　　性本善　　性相近　　習相遠
　　인지초　　성본선　　성상근　　습상원
　　rén zhī chū　xìng běn shàn　xìng xiāng jìn　xí xiāng yuǎn

② 苟不教　　性乃遷　　教之道　　貴以專
　　구불교　　성내천　　교지도　　귀이전
　　gǒu bú jiào　xìng nǎi qiān　jiào zhī dào　guì yǐ zhuān

③ 昔孟母　　擇鄰處　　子不學　　斷機杼
　　석맹모　　택린처　　자불학　　단기저
　　xī mèng mǔ　zé lín chǔ　zǐ bù xué　duàn jī zhù

④ 竇燕山　　有義方　　教伍子　　名俱揚
　　두연산　　유의방　　교오자　　명구양
　　dòu yān shān　yǒu yì fāng　jiāo wǔ zǐ　míng jù yáng

⑤ 養不教　　父之過　　教不嚴　　師之惰
　　양불교　　부지과　　교불엄　　사지타
　　yǎng bú jiào　fù zhī guò　jiào bù yán　shī zhī duò

⑥ 子不學　　非所宜　　幼不學　　老何爲
　　자불학　　비소의　　유불학　　노하위
　　zǐ bù xué　fēi suǒ yí　yòu bù xué　lǎo hé wéi

⑦ 玉不琢　　不成器　　人不學　　不知義
　　옥불탁　　불성기　　인불학　　불지의
　　yù bù zhuó　bù chéng qì　rén bù xué　bù zhī yì

⑧	爲人子 위인자 wéi rén zǐ	方少時 방소시 fāng shào shí	親師友 친사우 qīn shī yǒu	習禮儀 습예의 xí lǐ yí
⑨	香九齡 향구령 xiāng jiǔ líng	能溫席 능온석 néng wēn xí	孝於親 효어친 xiào yú qīn	所當執 소당집 suǒ dāng zhí
⑩	融四歲 융사세 róng sì suì	能讓梨 능양리 néng ràng lí	弟於長 제어장 dì yú zhǎng	宜先知 의선지 yí xiān zhī
⑪	首孝弟 수효제 shǒu xiào tì	次見聞 차견문 cì jiàn wén	知某數 지모수 zhī mǒu shù	識某文 식모문 shí mǒu wén
⑫	一而十 일이십 yī ér shí	十而百 십이백 shí ér bǎi	百而千 백이천 bǎi ér qiān	千而萬 천이만 qiān ér wàn
⑬	三才者 삼재자 sān cái zhě	天地人 천지인 tiān dì rén	三光者 삼광자 sān guāng zhě	日月星 일월성 rì yuè xīng
⑭	三綱者 삼강자 sān gāng zhě	君臣義 군신의 jūn chén yì	父子親 부자친 fù zǐ qīn	夫婦順 부부순 fū fù shùn
⑮	曰春夏 왈춘하 yuē chūn xià	曰秋冬 왈추동 yuē qiū dōng	此四時 차사시 cǐ sì shí	運不窮 운불궁 yùn bù qióng
⑯	曰南北 왈남북 yuē nán běi	曰西東 왈서동 yuē xī dōng	此四方 차사방 cǐ sì fāng	應乎中 응호중 yìng hū zhōng
⑰	曰水火 왈수화 yuē shuǐ huǒ	木金土 목금토 mù jīn tǔ	此伍行 차오행 cǐ wǔ xíng	本乎數 본호수 běn hū shù

⑱ 曰仁義 왈인의 yuē rén yì	禮智信 예지신 lǐ zhì xìn	此伍常 차오상 cǐ wǔ cháng	不容紊 불용문 bù róng wěn
⑲ 稻粱菽 도량숙 dào liáng shū	麥黍稷 맥서직 mài shǔ jì	此六穀 차육곡 cǐ liù gǔ	人所食 인소식 rén suǒ shí
⑳ 馬牛羊 마우양 mǎ niú yáng	鷄犬豕 계견시 jī quǎn shǐ	此六畜 차육축 cǐ liù chù	人所飼 인소사 rén suǒ sì
㉑ 曰喜怒 왈희노 yuē xǐ nù	曰哀懼 왈애구 yuē āi jù	愛惡欲 애오욕 ài wù yù	七情具 칠정구 qī qíng jù
㉒ 匏土革 포토혁 páo tǔ gé	木石金 목석금 mù shí jīn	絲與竹 사여죽 sī yǔ zhú	乃八音 내팔음 nǎi bā yīn
㉓ 高曾祖 고증조 gāo zēng zǔ	父而身 부이신 fù ér shēn	身而子 신이자 shēn ér zǐ	子而孫 자이손 zǐ ér sūn
㉔ 自子孫 자자손 zì zǐ sūn	至玄曾 지현증 zhì xuán zēng	乃九族 내구족 nǎi jiǔ zú	人之倫 인지륜 rén zhī lún
㉕ 父子恩 부자은 fù zǐ ēn	夫婦從 부부종 fū fù cóng	兄則友 형즉우 xiōng zé yǒu	弟則恭 제즉공 dì zé gōng
㉖ 長幼序 장유서 zhǎng yòu xù	友與朋 우여붕 yǒu yǔ péng	君則敬 군즉경 jūn zé jìng	臣則忠 신즉충 chén zé zhōng
此十義 차십의 cǐ shí yì	人所同 인소동 rén suǒ tóng		

㉗	凡訓蒙	須講究	詳訓詁	明句讀
	범훈몽	수강구	상훈고	명구두
	fán xùn méng	xū jiǎng jiū	xiáng xùn gǔ	míng jù dòu

㉘	爲學者	必有初	小學終	至四書
	위학자	필유초	소학종	지사서
	wéi xué zhě	bì yǒu chū	xiǎo xué zhōng	zhì sì shū

㉙	論語者	二十篇	群弟子	記善言
	논어자	이십편	군제자	기선언
	lún yǔ zhě	èr shí piān	qún dì zǐ	jì shàn yán

㉚	孟子者	七篇止	講道德	說仁義
	맹자자	칠편지	강도덕	설인의
	mèng zǐ zhě	qī piān zhǐ	jiǎng dào dé	shuō rén yì

㉛	作中庸	子思筆	中不偏	庸不易
	작중용	자사필	중불편	용불역
	zuò zhōng yōng	zǐ sī bǐ	zhōng bù piān	yōng bù yì

㉜	作大學	乃曾子	自修齊	至平治
	작대학	내증자	자수제	지평치
	zuò dà xué	nǎi zēng zǐ	zì xiū qí	zhì píng zhì

㉝	孝經通	四書熟	如六經	始可讀
	효경통	사서숙	여육경	시가독
	xiào jīng tōng	sì shū shú	rú liù jīng	shǐ kě dú

㉞	詩書易	禮春秋	號六經	當講求
	시서역	예춘추	호육경	당강구
	shī shū yì	lǐ chūn qiū	hào liù jīng	dāng jiǎng qiú

㉟	有連山	有歸藏	有周易	三易詳
	유연산	유귀장	유주역	삼역상
	yǒu lián shān	yǒu guī cáng	yǒu zhōu yì	sān yì xiáng

㊱	有典謨	有訓誥	有誓命	書之奧
	유전모	유훈고	유서명	서지오
	yǒu diǎn mó	yǒu xùn gào	yǒu shì mìng	shū zhī ào

㊲
我周公
아주공
wǒ zhōu gōng

作周禮
작주례
zuò zhōu lǐ

著六官
저육관
zhù liù guān

存治體
존치체
cún zhì tǐ

㊳
大小戴
대소대
dà xiǎo dài

注禮記
주예기
zhù lǐ jì

述聖言
술성언
shù shèng yán

禮樂備
예악비
lǐ yuè bèi

㊴
曰國風
왈국풍
yuē guó fēng

曰雅頌
왈아송
yuē yǎ sòng

號四詩
호사시
hào sì shī

當諷詠
당풍영
dāng fěng yǒng

㊵
詩既亡
시기망
shī jì wáng

春秋作
춘추작
chūn qiū zuò

寓褒貶
우포폄
yù bāo biǎn

別善惡
별선악
bié shàn è

㊶
三傳者
삼전자
sān zhuàn zhě

有公羊
유공양
yǒu gōng yáng

有左氏
유좌씨
yǒu zuǒ shì

有穀梁
유곡량
yǒu gǔ liáng

㊷
經既明
경기명
jīng jì míng

方讀子
방독자
fāng dú zǐ

撮其要
촬기요
cuō qí yào

記其事
기기사
jì qí shì

㊸
五子者
오자자
wǔ zǐ zhě

有荀楊
유순양
yǒu xún yáng

文中子
문중자
wén zhōng zǐ

及老莊
급노장
jí lǎo zhuāng

㊹
經子通
경자통
jīng zǐ tōng

讀諸史
독제사
dú zhū shǐ

考世系
고세계
kǎo shì xì

知終始
지종시
zhī zhōng shǐ

㊺
自羲農
자희농
zì xī nóng

至黃帝
지황제
zhì huáng dì

號三皇
호삼황
hào sān huáng

居上世
거상세
zài shàng shì

㊻
唐有虞
당유우
táng yǒu yú

號二帝
호이제
hào èr dì

相揖遜
상읍손
xiāng yī xùn

稱盛世
칭성세
chēng shèng shì

(47)
夏有禹　　　商有湯　　　周文武　　　稱三王
하유우　　　상유탕　　　주문무　　　칭삼왕
xià yǒu yǔ　shāng yǒu tāng　zhōu wén wǔ　chēng sān wáng

(48)
夏傳子　　　家天下　　　四百載　　　遷夏社
하전자　　　가천하　　　사백재　　　천하사
xià chuán zǐ　jiā tiān xià　sì bǎi zǎi　qiān xià shè

(49)
湯伐夏　　　國號商　　　六百載　　　至紂亡
탕벌하　　　국호상　　　육백재　　　지주망
tāng fá xià　guó hào shāng　liù bǎi zǎi　zhì zhòu wáng

(50)
周武王　　　始誅紂　　　八百載　　　最長久
주무왕　　　시주주　　　팔백재　　　최장구
zhōu wǔwáng　shǐzhū zhòu　bā bǎi zǎi　zuì cháng jiǔ

(51)
周轍東　　　王綱墜　　　逞干戈　　　尚游說
주철동　　　왕강추　　　영간과　　　상유세
zhōu zhé dōng　wáng gāng zhuì　chěng gān gē　shàng yóu shuì

(52)
始春秋　　　終戰國　　　五霸強　　　七雄出
시춘추　　　종전국　　　오패강　　　칠웅출
shǐchūn qiū　zhōng zhàn guó　wǔbà qiáng　qī xióng chū

(53)
嬴秦氏　　　始兼倂　　　傳二世　　　楚漢爭
영진씨　　　시겸병　　　전이세　　　초한쟁
yíng qín shì　shǐjiān bìng　chuán èr shì　chǔ hàn zhēng

(54)
高祖興　　　漢業建　　　至孝平　　　王莽篡
고조흥　　　한업건　　　지효평　　　왕망찬
gāo zǔ xīng　hàn yè jiàn　zhì xiào píng　wáng mǎng cuàn

(55)
光武興　　　爲東漢　　　四百年　　　終於獻
광무흥　　　위동한　　　사백년　　　종어헌
guāng wǔ xīng　wéi dōng hàn　sì bǎi nián　zhōng yú xiàn

(56)
魏蜀吳　　　爭漢鼎　　　號三國　　　迄兩晉
위촉오　　　쟁한정　　　호삼국　　　흘양진
wèi shǔ wú　zhēng hàn dǐng　hào sān guó　qì liǎng jìn

㊗ 宋齊繼 송제계 sòng qí jì	梁陳承 양진승 liáng chén chéng	爲南朝 위남조 wéi nán cháo	都金陵 도금릉 dū jīn líng
㊙ 北元魏 북원위 běi yuán wèi	分東西 분동서 fēn dōng xī	宇文周 우문주 yǔwén zhōu	與高齊 여고제 yǔ gāo qí
㊜ 迨至隋 태지수 dài zhì suí	一士宇 일토우 yī tǔyǔ	不再傳 불재전 bù zài chuán	失統緒 실통서 shī tǒng xù
㊐ 唐高祖 당고조 táng gāo zǔ	起義師 기의사 qǐ yì shī	除隋亂 제수난 chú suí luàn	創國基 창국기 chuàng guó jī
㊑ 二十傳 이십전 èr shí chuán	三百載 삼백재 sān bǎi zǎi	梁滅之 양멸지 liáng miè zhī	國乃改 국내개 guó nǎi gǎi
㊒ 梁唐晉 양당진 liáng táng jìn	及漢周 급한주 jí hàn zhōu	稱五代 칭오대 chēng wǔdài	皆有由 개유유 jiē yǒu yóu
㊓ 炎宋興 염송흥 yán sòng xīng	受周禪 수주선 shòu zhōu shàn	十八傳 십팔전 shí bā chuán	南北混 남북혼 nán běi hùn
㊔ 十七史 십칠사 shí qī shǐ	全在茲 전재자 quán zài zī	載治亂 재치란 zǎi zhì luàn	知興衰 지흥쇠 zhī xīng shuāi
㊕ 讀史者 독사자 dú shǐ zhě	考實錄 고실록 kǎo shí lù	通古今 통고금 tōng gǔ jīn	若親目 약친목 ruò qīn mù
㊖ 口而誦 구이송 kǒu ér sòng	心而惟 심이유 xīn ér wéi	朝於斯 조어사 zhāo yú sī	夕於斯 석어사 xī yú sī

⑥⑦ 昔仲尼 석중니 xī zhòng ní	師項橐 사항탁 shī xiàng tuó	古聖賢 고성현 gǔ shèng xián	尚勤學 상근학 shàng qín xué
⑥⑧ 趙中令 조중령 zhào zhōng lìng	讀魯論 독노론 dú lǔlùn	彼既仕 피기사 bǐ jì shì	學且勤 학차근 xué qiě qín
⑥⑨ 披蒲編 피포편 pī pú biān	削竹簡 삭죽간 xuē zhú jiǎn	彼無書 피무서 bǐ wú shū	且知勉 차지면 qiě zhī miǎn
⑦⑩ 頭懸梁 두현량 tóu xuán liáng	錐刺股 추자고 zhuī cì gǔ	彼不敎 피불교 bǐ bù jiào	自勤苦 자근고 zì qín kǔ
⑦① 如囊螢 여낭형 rú náng yíng	如映雪 여영설 rú yìng xuě	家雖貧 가수빈 jiā suī pín	學不輟 학불철 xué bù chuò
⑦② 如負薪 여부신 rú fù xīn	如掛角 여괘각 rú guà jiǎo	身雖勞 신수로 shēn suī láo	猶苦卓 유고탁 yóu kǔzhuó
⑦③ 蘇老泉 소노천 sū lǎo quán	二十七 이십칠 èr shí qī	始發憤 시발분 shǐfā fèn	讀書籍 독서적 dú shū jí
⑦④ 彼既老 피기로 bǐ jì lǎo	猶悔遲 유회지 yóu huǐchí	爾小生 이소생 ěr xiǎo shēng	宜早思 의조사 yí lǎo sī
⑦⑤ 若梁灝 약양호 ruò liáng hào	八十二 판십이 bā shí èr	對大廷 대대정 duì dà tíng	魁多士 괴다사 kuí duō shì
⑦⑥ 彼既成 피기성 bǐ jì chéng	衆稱異 중칭이 zhòng chēng yì	爾小生 이소생 ěr xiǎo shēng	宜立志 의입지 yí lì zhì

⑦	瑩八歲 영팔세 yíng bā suì	能詠詩 능영시 néng yǒng shī	泌七歲 필칠세 mì qī suì	能賦碁 능부기 néng fù qí
⑱	彼穎悟 피영오 bǐ yǐng wù	人稱奇 인칭기 rén chēng qí	爾幼學 이유학 ěr yòu xué	當效之 당효지 dāng xiào zhī
⑲	蔡文姬 채문희 cài wén jī	能辨琴 능변금 néng biàn qín	謝道韞 사도온 xiè dào yùn	能詠吟 능영음 néng yǒng yín
⑳	彼女子 피여자 bǐ nǚ zǐ	且聰敏 차총민 qiě cōng mǐn	爾男子 이남자 ěr nán zǐ	當自警 당자경 dāng zì jǐng
㉑	唐劉晏 당유안 táng liú yàn	方七歲 방칠세 fāng qī suì	舉神童 거신동 jǔ shén tóng	作正字 작정자 zuò zhèng zì
	彼雖幼 피수유 bǐ suī yòu	身已仕 신이사 shēn yǐ shì		
㉒	爾幼學 이유학 ěr yòu xué	勉而致 면이치 miǎn ér zhì	有爲者 유위자 yǒu wéi zhě	亦若是 역약시 yì ruò shì
㉓	犬守夜 견수야 quǎn shǒu yè	鷄司晨 계사신 jī sī chén	苟不學 구불학 gǒu bù xué	曷爲人 갈위인 hé wéi rén
㉔	蠶吐絲 잠토사 cán tǔsī	蜂釀蜜 봉양밀 fēng niàng mì	人不學 인불학 rén bù xué	不如物 불여물 bù rú wù
㉕	幼而學 유이학 yòu xí yè	壯而行 장이행 zhuàng zhì shēn	上致君 상치군 shàng kuāng guó	下澤民 하택민 xià lì mín

㉈ 揚名聲　　　顯父母　　　光於前　　　裕於後
　　양명성　　　현부모　　　광어전　　　유어후
　yáng míng shēng　xiǎn fù mǔ　guāng yú qián　yù yú hòu

㉉ 人遺子　　　金滿籯　　　我敎子　　　惟一經
　　인유자　　　금만영　　　아교자　　　유일경
　rén yí zǐ　　jīn mǎn yíng　wǒ jiào zǐ　wéi yī jīng

㉊ 勤有功　　　戲無益　　　戒之哉　　　宜勉力
　　근유공　　　희무익　　　계지재　　　의면력
　qín yǒu gōng　xì wú yì　　jiè zhī zāi　yí miǎn lì

중정重訂삼자경 모아 읽기

人之初	性本善	性相近	習相遠
苟不敎	性乃遷	敎之道	貴以專
昔孟母	擇鄰處	子不學	斷機杼
苟季和	有義方	敎八子	名俱揚
養不敎	父之過	敎不嚴	師之惰
子不學	非所宜	幼不學	老何爲
玉不琢	不成器	人不學	不知義
爲人子	方少時	親師友	習禮儀
香九齡	能溫席	孝於親	所當執
融四歲	能讓梨	弟于長	宜先知
首孝弟	次見聞	知某數	識某文
一而十	十而百	百而千	千而萬
三才者	天地人	三光者	日月星
三綱者	君臣義	父子親	夫婦順
曰春夏	曰秋冬	此四時	運不窮
曰南北	曰西東	此四方	應乎中
曰水火	木金土	此五行	本乎數

十干者	甲至癸	十二支	子至亥
曰黃道	日所躔	曰赤道	當中權
赤道下	溫煖極	我中華	在東北
寒燠均	霜露改	右高原	左大海
曰江河	曰淮濟	此四瀆	水之紀
曰岱華	嵩恒衡	此五嶽	山之名
古九州	今改制	稱行省	二十二
曰士農	曰工商	此四民	國之良
醫卜相	皆方技	星堪輿	小道泥
地所生	有草木	此植物	徧水陸
有蟲魚	有鳥獸	此動物	能飛走
稻粱菽	麥黍稷	此六穀	人所食
馬牛羊	雞犬豕	此六畜	人所飼
曰喜怒	曰哀懼	愛惡欲	七情具
曰仁義	禮智信	此五常	不容紊
青赤黃	及白黑	此五色	目所識
酸苦甘	及辛鹹	此五味	口所含
羶焦香	及腥朽	此五臭	鼻所嗅
宮商角	及徵羽	此五音	耳所取
匏土革	木石金	與絲竹	乃八音
曰平上	曰去入	此四聲	宜調葉
九族者	序宗親	高曾祖	父而身
身而子	子而孫	自子孫	至曾玄
五倫者	始夫婦	父子先	君臣後

次兄弟　　及朋友　　當順敍　　勿違負

有伯叔　　有舅甥　　壻婦翁　　三黨名

斬齊衰　　大小功　　至緦麻　　五服終

凡訓蒙　　須講究　　詳訓故　　明句讀

禮樂射　　御書數　　古六藝　　今不具

惟書學　　人共遵　　既識字　　講說文

有古文　　大小篆　　隸草繼　　不可亂

若廣學　　懼其繁　　但略說　　能知原

爲學者　　必有初　　小學終　　至四書

論語者　　二十篇　　群弟子　　記善言

孟子者　　七篇是　　辨王霸　　說仁義

中庸者　　子思筆　　中不偏　　庸不易

大學者　　學之程　　自修齊　　至治平

此二篇　　在禮記　　今單行　　本元晦

四書通　　孝經熟　　如六經　　始可讀

六經者　　統儒術　　文作周　　孔子述

易詩書　　禮春秋　　樂經亡　　餘可求

有連山　　有歸藏　　有周易　　三易詳

有典謨　　有訓誥　　有誓命　　書之奧

有國風　　有雅頌　　號四詩　　當諷誦

周禮者　　著六官　　儀禮者　　十七篇

大小戴　　集禮記　　述聖言　　禮法備

王跡熄　　春秋作　　寓褒貶　　別善惡

三傳者　　有公羊　　有左氏　　有穀梁

爾雅者	善辨言	求經訓	此莫先
注疏備	十三經	惟大戴	疏未成
左傳外	有國語	合群經	數十五
經既明	方讀子	撮其要	記其事
古九流	多亡佚	取五種	脩文質
五子者	有荀揚	文中子	及老莊
經子通	讀諸史	考世系	知終始
自羲農	至黃帝	并頊嚳	在上世
堯舜興	禪尊位	號唐虞	爲二帝
夏有禹	商有湯	周文武	稱三王
夏傳子	家天下	四百載	遷夏社
湯伐夏	國號商	六百載	至紂亡
周武王	始誅紂	八百載	最長久
周共和	始紀年	歷宣幽	遂東遷
周道衰	王綱墜	逞干戈	尚游說
始春秋	終戰國	五霸強	七雄出
嬴秦氏	始兼并	傳二世	楚漢爭
高祖興	漢業建	至孝平	王莽篡
光武興	爲東漢	四百年	終於獻
魏蜀吳	爭漢鼎	號三國	迄兩晉
宋齊繼	梁陳承	爲南朝	都金陵
北元魏	分東西	宇文周	與高齊
迨至隋	一土宇	不再傳	失統緒
唐高祖	起義師	除隋亂	創國基

二十傳　三百載　梁滅之　國乃改
梁唐晉　及漢周　稱五代　皆有由
趙宋興　受周禪　十八傳　南北混
遼與金　皆夷裔　元滅之　絕宋世
蒞中國　兼戎狄　九十年　返沙磧
太祖興　稱大明　紀洪武　都金陵
迨成祖　遷宛平　十六世　至崇禎
權閹肆　流寇起　自成入　神器毀
清太祖　興遼東　金之後　受明封
至世祖　乃大同　十二世　清祚終
凡正史　廿四部　益以清　成廿五
史雖繁　讀有次　史記一　漢書二
後漢三　國志四　此四史　最精致
先四史　兼證經　參通鑑　約而精
歷代事　全在茲　載治亂　知興衰
讀史者　考實錄　通古今　若親目
漢賈董　及許鄭　皆經師　能述聖
宋周程　張朱陸　明王氏　皆道學
屈原賦　本風人　逮鄒枚　暨卿雲
韓與柳　竝文雄　李若杜　爲詩宗
凡學者　宜兼通　翼聖教　振民風
口而誦　心而惟　朝於斯　夕於斯
昔仲尼　師項橐　古聖賢　尚勤學
趙中令　讀魯論　彼既仕　學且勤

披蒲編	削竹簡	彼無書	且知勉
火焠掌	錐刺股	彼不敎	自勤苦
如囊螢	如映雪	家雖貧	學不輟
如負薪	如掛角	身雖勞	猶苦卓
蘇明允	二十七	始發憤	讀書籍
彼既老	猶悔遲	爾小生	宜早思
若荀卿	年五十	遊稷下	習儒業
彼既成	眾稱異	爾小生	宜立志
瑩八歲	能詠詩	泌七歲	能賦棋
彼穎悟	人稱奇	爾幼學	當效之
蔡文姬	能辨琴	謝道韞	能詠吟
彼女子	且聰敏	爾男子	當自警
唐劉晏	方七歲	舉神童	作正字
彼雖幼	身已仕	爾幼學	勉而致
犬守夜	雞司晨	苟不學	曷爲人。
蠶吐絲	蜂釀蜜	人不學	不如物
幼習業	壯致身	上匡國	下利民
揚名聲	顯父母	光于前	裕於後
人遺子	金滿籯	我敎子	惟一經
勤有功	戲無益	戒之哉	宜勉力

주석

1   송나라 왕응린王應麟의『삼자경』은 1,068자이다. 그 외 1,092자, 1,122자, 1,140 자, 1170자 등 다양한 판본이 있다. 아울러 주해본註解本과 삽화본揷畫本이 있다. 명청 시기에는『증보삼자경增補三字經』,『절증삼자경節增三字經』,『광삼자경廣三字 經』등이 나왔고, 청말민초淸末民初에는 장병린章炳麟이 만든『삼자경』증정본增訂 本도 있다. 현대 중국에서는 다양한 판본의 새로운〈신삼자경〉도 만들어지고 있다.

2   청나라 강희康熙 5년(1666), 왕상王相의『삼자경훈고三字經訓詁』(中國書店, 1991) 서문에 "송유宋儒 왕백후王伯厚(백후는 왕응린의 자字) 선생이 자신이 엮 은『삼자경』을 가숙家塾에서 가르쳤다"라는 기록을 근거로 제시한다.

3   현대 출판물로는 다음과 같은 것을 참고할 수 있다. 馬國超,『(國學經典規範讀 本) 三字經』, 商務印書館, 2015; 何秀麗,『三字經之中華文明』, 電子工業出版社, 2014; 李凱 · 千璐娜,『(國學基本敎材)三字經』, 華東師範大學出版社, 2015; 劉 宏毅, 劉宏毅博士『三字經』講記, 海南出版社, 2007; 王丹,『三字經』, (瀋陽)萬卷 出版公司, 2011;〈小學生國學經典敎育讀本〉編寫組編,『三字經』, 吉林美術出版 社, 2015; 왕영관,『三字經 百家姓 千字文』, (鄭州)中州古籍出版社, 2010; 錢文 忠,『錢文忠講〈三字經〉』, (武漢)長江文藝出版社, 2018; 劉炯朗,『劉炯朗讀〈三字 經〉』, 中華書局, 2015; 李逸安,『三字經 · 百家姓 · 千字文』, 中華書局, 2016; 洪鎭濤,『三字經』, 上海大學出版社, 2012; 南方,『(中小學生必讀叢書)三字經』, 北京聯合出版公司, 2014.

4   蔣慶,『政治儒學』(修訂本), 福建敎育出版社, 2014.

5   『中華文化經典基礎敎育誦本』, http://www.confucius2000.com

6   『孟子』「告子上」: "人性之善也, 猶水之就下也. 人無有不善, 水無有不下."

7   『荀子』「性惡」: "人之性惡, 其善者僞也."

8   『孟子』「告子上」: "告子曰, 性猶湍水也, 決諸東方則東流, 決諸西方則西流. 人性 之無分於善不善也, 猶水之無分於東西也."

9　『論語』「陽貨」: "子曰, 性相近, 習相遠."

10　『論語』「里仁」: "理仁爲美, 擇不處仁, 焉得智."

11　『左傳』「隱公3年」: "石碏諫曰, 臣聞愛子敎之以義方, 弗納於邪.

12　『論語』「季氏」: "益者三友, 損者三友. 友直, 友諒, 友多聞, 益矣. 友便辟, 友善柔, 友便佞, 損矣."

13　『論語』「八佾」: "子入大廟, 每事問. 或曰, 孰謂鄹人之子, 知禮乎. 入大廟, 每事問. 子聞之曰, 是禮也."

14　『孟子』「告子下」: "孩提之童, 無不知愛其親者. 及其長也, 無不知敬其兄也."

15　『孝經』「三才章」: "夫孝, 天之經也, 地之義也, 人之行也."

16　『孝經』「聖治章」: "人之行, 莫大于孝."

17　『左傳』「昭公26年」: "兄愛而友, 弟敬而順."

18　『論語』「學而」: "子曰, 弟子入則孝, 出則弟, 謹而信, 泛愛衆而親仁, 行有餘力則而學文."

19　『論語』「爲政」: "子張學干祿. 子曰, 多聞闕疑, 愼言其餘則寡尤. 多見闕殆, 愼行其餘則寡悔, 言寡尤, 行寡悔, 祿在其中矣."

20　『禮記』「禮運」: "何謂七情. 喜怒哀懼愛惡欲, 七者不學而能."

21　『論語』「述而」: 子在齊聞韶, 三月不知肉味. 曰不圖爲樂之至於斯也.

22　오복五服: 초상을 당했을 때 망자亡者와의 혈통 관계의 원근에 따라 다섯 가지로 구분되는 유교의 상복 제도.

23　『孟子』「滕文公上」: "長幼序, 朋友信."

24　『論語』「述而」: "三人行, 必有我師焉, 擇其善者而從之, 其不善者而改之."

25　『論語』「季氏」: "不學詩, 無以言."

26　논어 (桓公九合諸侯, 不以兵車, 管仲之力也.)

27　朱熹, 『訓學齋規』: "余嘗謂讀書有三到, 謂心到, 眼到, 口到. …… 三到之中, 心到最急, 心旣到矣, 眼口豈不到乎?"

28　『論語』「子路」: "樊遲請學稼. 子曰, 吾不如老農. 請學爲圃. 曰吾不如老圃."

29　『論語』「述而」: "子曰, 三人行, 必有我師焉, 擇其善者而從之, 其不善者而改之."

30　『論語』「爲政」: "吾十有五而志于學."

31　『說苑』卷三「師曠論學」.

32　馮國超 譯註, 『三字經』, 商務印書館, 2015, 87쪽 참조.

삼자경 인문학
세 글자로 배우는 천년의 지혜

1판 1쇄 찍음 ㅣ 2020년 12월 28일
1판 1쇄 펴냄 ㅣ 2021년 1월 4일

지은이 ㅣ 한예원
펴낸이 ㅣ 김정호

책임편집 ㅣ 박수용

펴낸곳 ㅣ 아카넷
출판등록 2000년 1월 24일(제406-2000-000012호)
10881 경기도 파주시 회동길 445-3
전화 031-955-9511(편집) · 031-955-9514(주문) ㅣ 팩시밀리 031-955-9519

Printed in Paju, Korea.

ISBN 978-89-5733-719-6   03150

이 도서의 국립중앙도서관 출판시도서목록(CIP)은 서지정보유통지원시스템 홈페이지(http://seoji.nl.go.kr)와
국가자료공동목록시스템(http://www.nl.go.kr/kolisnet)에서 이용하실 수 있습니다.
(CIP제어번호: CIP2020053306)